Das dritte Auge öffnen

Harald Wessbecher

Das dritte Auge öffnen

Eine neue Dimension der Wahrnehmung
und Entfaltung mentaler Kräfte

Integral

Der Integral-Verlag ist ein Unternehmen
der Econ Ullstein List Verlag GmbH & Co. KG, München

ISBN 3-7787-9081-1

Inhalt

Vorwort 7
Einführung: So fing alles an 13

1. TEIL
Theorie und Grundlagen der außersinnlichen Wahrnehmung 25
Das dritte Auge öffnen 27
Vorteil und Nutzen der
    außersinnlichen Wahrnehmung 28
Die Ebene der geistigen Gesetzmäßigkeiten 30
Das menschliche Bewusstsein 31
Sinnliche Wahrnehmung und Urhypnose 58
Wahrnehmung der Wirkungskräfte 61
Gefühle als Wahrnehmungsebene 63
Der Nullpunkt, die Zone der Freiheit 70

2. TEIL
Die Praxis der außersinnlichen Wahrnehmung 73
Von der sinnlichen zur außersinnlichen
    Wahrnehmung 76
Innere Einstimmung auf die
    außersinnliche Wahrnehmung 81
Gefühle als Ebene ganzheitlicher Wahrnehmung 87
Wirkungskräfte erkennen und verinnerlichen 92
Wirkungskräfte von Namen 98
Wirkungskräfte der Umgebung spüren 118
Die menschliche Aura 125

Geistige Energietore 174
Weitere Übungen zu Wirkungskräften der Umgebung 181
Die Wirkung der Chakrenenergien 184
Ein energetisches Gesamtbild erhalten 209

3. TEIL
Unsere Wirklichkeit selbst gestalten 217
Mit Phantasie und Vorstellungskraft
    unser Leben verändern 221
Gefühle frei wählen 228
Inhalt und Intensität der Wirkungskräfte 230
Alte Wirkungskräfte auflösen und neue erzeugen 237
Energiekanäle zur Vergangenheit 238
Energiekanäle schließen 240
Energien als Gefühlsträger benutzen 241
In Gefühlen baden 244
Die Stimme des Gewissens hören 245
Magie als die Kunst, wirkende Kräfte zu erzeugen 248
Mit Wirkungskräften spielen 250
Übungsmöglichkeiten im Alltag 253
Entscheiden, was man wahrnehmen will 257
Intensiv und lebendig leben 260
Clubmitglieder treffen 261
Geistige Freunde und Helfer 262
Die Melodie der Seele 266
Die Liebe zum Sein 267

Ausklang: 271
Begleitworte für Ihren Übungsweg 273
Zusätzliche Wahrnehmungsübungen für den Alltag 275

Anhang 285
Meditationssammlung 287
Technisch unterstützte Übungskassetten/CD's 300
Weiterführende Literatur 315

Vorwort

Haben Sie in Ihrem Leben schon einmal Phasen erlebt, in denen Sie völlig klar spürten, dass Veränderungen anstehen, aber Sie wussten weder genau welche, noch wie Sie diese erreichen sollten? Haben Sie sich schon nach mehr Glück und Zufriedenheit, nach mehr Erfüllung und Erfolg gesehnt, und das nicht nur in einem Lebensbereich, sondern in mehreren – in der Partnerschaft, im Beruf, in der Wohnqualität oder vielleicht sogar überall –, aber ein Weg dorthin schien sich nirgendwo aufzutun?

Ich habe einige solcher Phasen in meiner Vergangenheit erlebt. Nach anstrengenden Versuchen mit anfänglich sehr zweifelhaftem Erfolg wurde mir bald klar, dass Veränderungen in meinem Leben hin zu mehr Erfolg und Lebensqualität nur dann wirklich gezielt und kraftvoll angezogen werden konnten, wenn ich mich um zwei Dinge bemühte: einerseits müsste ich mich selbst tiefer erforschen, um mich besser in meinen Sehnsüchten und Fähigkeiten zu begreifen, und andererseits müsste ich einen Weg finden, um mein Umfeld bewusster wahrnehmen zu können, um zu verstehen, wie mein Leben sich um mich herum formt, welchen Gesetzmäßigkeiten es folgt und durch welche Kräfte es bewirkt wird.

Ich wusste, dass ich Wege finden musste, um mich selbst besser kennen zu lernen und mehr Klarheit über mich zu erhalten – über mein Wesen, meine Eigenheiten und meine Fähigkeiten –, um dann über dieses wachsende Selbst-Bewusstsein Zugang zu meiner ureigensten Kraft finden zu können.

Ich erkannte, dass ich mich nicht isoliert von der Welt betrachten konnte, sondern dass ich mich in einem ständigen Austausch mit den verschiedensten Aspekten meiner direkten Umgebung und der Wirklichkeit insgesamt befand und dass deshalb auch deren Kräfte ständig auf mich wirkten und mich bewusst oder unbewusst beeinflussten und prägten. Sie wahrnehmen, erforschen und begreifen zu lernen erschien mir absolut notwendig, um sie bewusst als Unterstützung in meine erfolgreiche Lebensgestaltung mit einbeziehen zu können. Die Energien und Umstände, die mir hemmend im Wege standen, selbst wenn ich sie nicht bewusst wahrnehmen konnte, raubten mir kostbare Energie, die ich für eine erfolgreiche Gestaltung meines Lebens aber dringend brauchen würde. Mir war auch klar, dass die günstigen Energien dagegen mich stark voran treiben würden. Ich wollte deshalb Wege finden, um die hilfreichen Energien erkennen zu können, sie bewusst zu suchen oder sogar zu schaffen und gezielt in mein Leben zu integrieren.

Aber bevor ich günstige Energien erkennen und für mich nutzen konnte, musste ich zunächst wissen, wer ich wirklich bin, wohin ich in meinem Leben wollte und auf welche Weise ich mich am liebsten dorthin bewegen würde. Denn wie sollte ich sonst wissen, was überhaupt zu mir passen und mir wirklich gut tun würde.

Ein tiefes Verstehen von dem, was wir sind und wollen, einerseits und bewusste Wahrnehmung der im Außen wirkenden Kräfte andererseits gehören zusammen. Danach wollte ich suchen, und danach sollten wir alle suchen.

Unser wahres Wesen, unsere tiefen Sehnsüchte und Fähigkeiten sind oft verborgen unter einem Berg von Sichtweisen, die wir im Laufe unseres Lebens von außen übernommen haben. Fremde Bedürfnisse und Werte prägen unsere Wahrnehmung und unser Verhalten von Kindheit an und lassen uns schon früh fremdbestimmt leben, ohne dass uns dies vielleicht je klar wird. Solche Zusammenhänge und Abhängigkeiten aus der Vergangenheit zu durchschauen und sich bewusst davon zu lösen und unser eigenes Wesen und unsere Möglichkeiten ans Licht zu bringen, bedeutet einen ersten wichtigen Schritt hin zu Freiheit, Glück und Erfolg. Zu erkennen, was uns auch jetzt in unserem Umfeld noch prägt und wahrscheinlich weiter prägen wird, die verschiedenen Formen der auf uns wirkenden Kräfte wahrnehmen und sie bewusst auswählen zu lernen und sie dann für uns gezielt arbeiten zu lassen, stellt den nächsten Schritt dar. Mit diesem Schritt verleihen wir unserem Leben eine größere Erfolgsdynamik, und können irgendwann das erfolgen lassen, was wir erfolgen lassen wollen.

Die zunehmend bewusste und gezielte Arbeit mit den wirkenden Kräften in unserem Leben lässt uns nicht mehr nur hoffnungsvoll auf unser Glück warten, sondern hilft uns, es bewusst entstehen zu lassen. Diese ganzheitliche Wahrnehmung zu entwickeln, um eine größere Kontrolle über die schöpferischen Kräfte unseres Bewusstseins zu erreichen, bildet das Anliegen dieses Buches.

Ich möchte Ihnen Wege zu dieser größeren Form von Freiheit aufzeigen. Ich habe sie für mich selbst gefunden und weiß aus Erfahrung, dass und wie sie begehbar sind. Das wichtigste Tor zu diesem Weg ist unsere Wahrnehmung, und zwar nicht die geschichtlich geprägte Wahrnehmung unserer körperlichen Sinne, sondern die erweiterte Wahrnehmung außerhalb und unabhängig von unseren Sinnen. Ich meine die große Dimension unserer außersinnlichen Wahrnehmung, die uns, frei von den Grenzen von Raum und Zeit, die hinter der Oberfläche wirkenden Kräfte zeigt. So phantastisch und vielleicht befremdlich sich dies für einen unvorbereiteten Leser zunächst anhören mag, so verblüffend einfach, praktisch erlebbar und nutzbar wird sich diese größere Dimension der Wahrnehmung für Sie beim Lesen des Buches offenbaren.

Ich werde einfache praktische Übungen und Meditationen erklären, die nicht nur mir, sondern auch Tausenden von Teilnehmern meiner Seminare die Möglichkeit zu mehr Freiheit und Selbstverwirklichung gebracht haben. In diesen Übungen wird sich Ihre Wahrnehmung ständig weiter ausdehnen und sich für die tieferen, hinter der Oberfläche liegenden Energien und ihre Wirkungskräfte öffnen, die auf alle Aspekte unseres Lebens prägend Einfluss nehmen. In ihrer bewussten Wahrnehmung können Sie dann entscheiden, welche Energien Sie auf sich wirken lassen möchten, weil sie Ihnen gut tun und Sie auf dem Weg zur Erfüllung Ihrer Sehnsüchte unterstützen. Sie werden auch erkennen, welche Energien Sie aufhalten und die Sie deshalb vermeiden oder verändern sollten.

Menschen, Situationen, Umstände oder auch Gegenstände werden für Sie in ihrer Wirkung vielschichtig durchschaubar. Sie beginnen dann selbst aktiv mit diesen Kräften zu spielen und über sie gezielt auf Ihr Leben Einfluss zu nehmen, statt noch länger Spielball der unbewusst auf Sie wirkenden Kräfte des Umfeldes zu sein. Zwischenmenschliche Beziehungen oder Partnerschaften werden transparenter und lassen sich bewusster und fruchtbarer gestalten. Geschäftliche Kontakte können gezielter und erfolgreicher gesucht und gestaltet werden, die Atmosphäre von Wohn- und Arbeitsräumen lässt sich ganzheitlicher den vorhandenen Bedürfnissen anpassen. Sie werden ganz allgemein leichter erkennen, was Ihnen gut tut, was Sie in Ihrem Leben voran bringt, Sie inspiriert und energetisiert oder was Sie dagegen besser meiden sollten, weil es Sie bei der erfolgreichen Umsetzung Ihrer Sehnsüchte, Fähigkeiten und Möglichkeiten eher aufhält.

Unsere Freiheit beginnt dort, wo wir nicht mehr in unseren geschichtlich geprägten Verhaltensweisen und Wahrnehmungsperspektiven gefangen sind, sondern in einer größeren Dimension der Wahrnehmung diese in unserem Leben wirkenden Kräfte erkennen können. Sie sind es, die Menschen, Situationen und Dingen eine ganz bestimmte Qualität verleihen und den Fluss und Charakter von Ereignissen prägen. Nichts geschieht durch Zufall, alles hat seinen Grund, und alles was existiert, nimmt auf sein Umfeld Einfluss durch die wirkenden Kräfte, die es ausstrahlt. Wer davon nicht nur weiß, sondern bewusst damit umgehen und spielen kann, erfährt eine bewusste Freiheit und spielerische Leichtigkeit in der Gestaltung des eigenen Lebens. So wie eine Stimme den Charakter einer Person verraten kann, sprechen auch unsere Hände. Unser Name offenbart Sehnsüchte, Fähigkeiten und Möglichkeiten. Selbst ein Foto erzählt eine Geschichte. Es ist auch nicht gleich, welche Klänge uns umgeben, welche Materialien, Formen, Proportionen, Stoffe und Farben. Alles wirkt auf uns und auf unser Umfeld. Was existiert, wirkt.

Vielleicht wohnen wir in einer schwarz gestrichenen Wohnung und fühlen uns dort eingeengt, bedrückt, lustlos oder sogar depressiv. Wir wissen nicht, dass die Farbe mit unserem Zustand etwas zu tun hat, weil wir ja glauben, dass schwarz schön ist und wir deshalb nie bewusst die Wirkung der Farbe auf uns untersucht haben. Wird uns aber jetzt ihre Wirkung bewusst, können wir uns auch frei dafür entscheiden, sie zu verändern und die Wände gelb oder hellgrün zu streichen, weil wir nun spüren, dass wir uns mit diesen Farben leichter und vergnügter fühlen. So wie Farben prägend wirken, wirkt auch die Ausstrahlung von Landschaften, Städten, Pflanzen, Tieren und besonders von Menschen auf uns. Wir sollten uns dessen bewusst sein, damit wir gezielt damit umgehen können. Dieses Bewusstsein wird wachsen in dem Maße, wie in den Übungen unsere Wahrnehmung wächst.

Wer dieses Buch nicht nur liest, sondern die praktischen Übungen auch verinnerlicht, wird die Welt nie wieder durch die gleichen Augen betrachten. Viel Unbefangenheit wird vielleicht verloren gehen, aber dafür wird sich ein deutliches Gefühl von Kraft und Souveränität entwickeln, mit dem sich unser Leben bewusst und frei gestalten lässt. Das Gefühl, ein Spielball von nicht beeinflussbaren Kräften zu sein, weicht einem starken Gefühl von Kontrolle über das eigene Leben und der Lust, aktiv und bewusst mit den gestaltenden Kräften unserer Wirklichkeit zu spielen. Das wünsche ich jedem Leser. Lassen Sie sich auf dieses Abenteuer ein und Sie werden erfahren, dass in Ihnen eine Lebensqualität von ungeahnter Intensität entstehen wird, spannend, erfüllend und erfolgreich, so wie es bei mir war und ist, und wie es auch die Teilnehmer meiner Seminare in ihrem praktischen Leben erfahren haben.

Viel Freude bei diesem Abenteuer!

Harald Wessbecher
April 2001

Einführung: So fing alles an

Oft werde ich gefragt, wie und warum ich selbst dazu kam, meine Fähigkeit der außersinnlichen Wahrnehmung zu entwickeln. Wie kam ich überhaupt auf die Idee? Und – was vielleicht noch entscheidender ist – wieso bin ich bis heute dabei geblieben und unterrichte sogar andere Menschen darin, ihre verborgenen Fähigkeiten auf diesem Gebiet zu entdecken?

Die zweite Frage ist nicht unbedingt einfacher, aber mit Sicherheit schneller zu beantworten: Die außersinnliche Wahrnehmung birgt geradezu ungeahnte und einfach großartige Möglichkeiten, das eigene Leben erfolgreicher und erfüllter zu gestalten. Eine Art innerer Antrieb ist mir dabei immer der Gedanke gewesen, am Ende meines Lebens einmal auf Fragen wie: Habe ich intensiv und gut gelebt? Haben sich meine tiefsten Wunschträume erfüllt? Bin ich wirklich glücklich und zufrieden mit dem, was ich getan, erlebt und erreicht habe? Habe ich in Liebe gelebt? Konnte ich spüren, was es heißt zu leben?, mit einem überzeugten »Ja« antworten zu können. Ich kann heute schon sagen, dass mein Leben ausgesprochen erfüllt war und noch ist. Ich fühle mich in meinem materiellen Umfeld wohl, ich bin glücklich mit meiner Familie und ich tue das, was ich wirklich tun möchte. Als Beruf folge ich meiner Berufung, anderen Menschen dabei zu helfen, ihre Lebensabsicht und ihre wahren Sehnsüchte zu erkennen und zu erfüllen, so wie ich dies in meinem eigenen Leben getan habe. Ich lebe für mich gut und passend und nutze meine Fähigkeiten und Möglichkeiten, um mein Leben intensiv und erfolgreich zu gestalten, so wie es mir wirklich entspricht, und daran möchte ich auch gerne andere Menschen teilhaben lassen.

Um die erste Frage zu beantworten – wie ich meine Fähigkeiten entdeckt habe –, muss ich in meiner Kindheit beginnen, denn damals bekam ich erstmals die Gewissheit, dass außerhalb der bis dahin wahrgenommenen Welt noch etwas anderes existierte. Und dieses Andere war in hohem Maße faszinierend und auch beruhigend für mich.

Meine Eltern hatten mich sehr religiös erzogen. Die Gestalt von Jesus, seine Persönlichkeit, seine Fähigkeiten und seine Berufung faszinierten mich sehr und ich sprach jeden Abend mit ihm in einer Art Phantasie-Dialog. Gleichzeitig war ich sehr an Religion interessiert und stellte im Religionsunterricht immer viele Fragen, die mich beschäftigten und manchmal sogar quälten: Wie es sein könne, wenn Gott gerecht ist, dass es so viel Krieg und Hunger auf der Erde gibt; oder wenn Gott die Menschen liebt, warum er sie dann manchmal so jung sterben lässt?

Solche grundsätzlichen Fragen brachten mir bei meinem Religionslehrer den Ruf als Ketzer ein. Statt Antworten oder zumindest Verständnis erntete ich Rauswürfe aus der Klasse. Befriedigende Antworten erhielt ich nie. Ich wollte sie aber haben und begab mich allmählich auf meine eigene Suche nach Wahrheit und Klärung, nach dem Sinn des Lebens und nach Gott.

Als ich etwa zwölf war, wurde meine Mutter wieder einmal schwer krank und ich sprach mit Jesus und Gott noch inbrünstiger als sonst und bat darum, dass sie am Leben bleiben und wieder gesund werden möge. Doch Antworten erhielt ich keine, oder zumindest waren sie mir nicht bewusst. Aber eines Nachts bin ich dann unerwartet aufgewacht und erlebte, wie sich die mir bekannte Wirklichkeit um mich herum einfach zu verflüchtigen begann. Es war, als ob Steine aus einer Ziegelwand einfach einer nach dem anderen wegflogen und alles sich auflöste. Ich nahm mich als ein strahlend helles Licht wahr, strahlend mitten im Nirgendwo, allein mit mir selbst, erfüllt von brennender intensiver Liebe. Dann näherten sich zwei weitere »Lichter« und strahlten ihre unvorstellbare große Liebe auf mich aus, in der ich mich aufzulösen begann. Wie von selbst entstand in dieser unendlichen Liebe auch unendliche Klarheit und alle Fragen waren beantwortet, alle Probleme gelöst. Ich begriff, was Gott ist, ich erlebte den Kern des Wesens alles

Seins. Ich wusste, wer ich bin, was das Leben ist und war eins mit allem, was ist. Ich war ganz in dieser liebevollen Einheit, ich war Licht ohne Grenzen, eins mit dem Kern allen Seins. Doch irgendwann lösten sich die beiden Lichter wieder auf und ich musste in meinen Körper zurückkehren. Ein schmerzlicher Prozess, in dem mein Licht wieder dunkler wurde und die Wirklichkeit sich wieder neu aufbaute zu dem, was ich kannte.

Das Wissen aus dieser Erfahrung verblasste zusehends bei meiner Rückkehr, doch was blieb, war die intensive Erinnerung an die Einheit mit allem, was ist, und die Gewissheit, dass es Antworten auf meine Fragen gab und dass einfach alles in Ordnung ist, so wie es ist, auch wenn ich es in meinem jetzt wieder normalen Bewusstseinszustand im Körper nicht mehr verstehen konnte. So intensiv dieses Erlebnis auch wahr, so verlor es doch über die Jahre hinweg an Bedeutung. Allerdings die Sehnsucht nach diesem Zustand von Einssein, von Liebe und tiefem Verstehen verließ mich nie wieder. Auf einer sehr tiefen Ebene war etwas geschehen, was mich grundsätzlich für immer verändert hatte. Ich wurde viel ruhiger und auch die Angst um meine Mutter wich danach einem unerschütterlichen Vertrauen in den Sinn allen Lebens. Außerdem unterließ ich fortan meine Fragen im Religionsunterricht. Sie kamen mir jetzt banal vor, und außerdem war mir klar geworden, dass ich dort sowieso keine Antworten erhalten würde.

Acht Jahre später, etwa mit Anfang zwanzig, hatte ich ein weiteres einschneidendes Erlebnis während meines frisch begonnenen Architekturstudiums. Eines Nachts wachte ich in meinem Zimmer von einer Stimme auf, die leise meinen Namen rief: »Harald«. Noch schlaftrunken, ohne Ahnung, wo sie herkam, knipste ich beunruhigt das Licht an, konnte aber nichts entdecken. In dem Glauben, geträumt zu haben, schaltete ich das Licht wieder aus und war schon fast wieder eingeschlafen, als ich die Stimme erneut rufen hörte: »Harald«. Noch bevor ich das Licht anmachen konnte, entdeckte ich, dass jemand an meiner Zeichenplatte saß und meine Zeichnungen betrachtete – eine Entwurfsarbeit für mein Architekturstudium. Ich konnte diesen Menschen im Dunkeln sehen, weil von ihm ein helles, aber weiches Licht ausging und er schien leicht durchsichtig zu sein, wie aus Milchglas, innen eher bläulich, außen eher weiß-lich. Verblüfft betrachtete ich die Gestalt genauer und stellte überrascht, aber ohne Angst fest, dass sie mein genaues Eben-bild zu sein schien. In dieser merkwürdigen Erkenntnis zog es mich augenblicklich oder, besser gesagt, zog es mein Bewusst-sein aus meinem Körper heraus und es schlüpfte hinein in die-sen anderen Körper, der aussah wie meiner. Das Ganze ging blitzschnell. Ich konnte mich wahrnehmen, wie ich auf dem Stuhl am Zeichentisch saß: Ich war sehr irritiert und sah meine Zeichnungen an. Dann blickte ich zurück auf mein Bett und stellte fest, dass ich bzw. mein Körper dort immer noch lag, den Kopf auf die Hände gestützt und mich – der ich auf dem Stuhl vor dem Zeichentisch saß – mit leeren Augen ansah. Ich war ir-ritiert und genauso schnell wie vorher heraus, zog es mein Be-wusstsein nun wieder in meinen Körper hinein. Aber kaum war ich im Körper, zog es mich wieder zurück auf den Stuhl, dann wieder ins Bett, einige Male in schneller Folge, bis sich mein Be-wusstsein plötzlich teilte und ich zweimal da war. Ich empfand mich aber nicht wirklich als geteilt, sondern eher als verdoppelt – und dann geschah etwas, was sich kaum wirklich vorstellen lässt, wenn man es noch nie erlebt hat. Ich schaute mir selbst in die Augen und begegnete meiner eigenen Energie. Es war wie eine erschütternde Explosion tief in meinem Innern, ein tiefer Schock, der sich in jeder Faser meines Seins breit machte, und sofort riss es mich von meinem neuen Körper auf dem Stuhl zu-rück in den Körper auf dem Bett, wo ich physisch noch immer mit aufgestütztem Kopf lag und zum Stuhl und dem Zeichen-tisch hinüber starrte. Der Stuhl aber war jetzt leer. Mein Herz raste und ich versuchte ruhig zu werden und nach einer Erklä-rung zu suchen. Es war real, aber es konnte nicht wirklich sein. Ein Traum war es nicht. Ich war genauso wirklich auf dem Stuhl wie jetzt im Bett. Ich fand keine Erklärung und war nur einfach tief beunruhigt.

All dies geschah lange Zeit, bevor ich jemals etwas über As-tralreisen gehört hatte. In den Tagen danach bekam ich etwas mehr Abstand und meine ohnehin seit jener Nacht in meiner Kindheit vorhandene Gewissheit, dass die Wirklichkeit nicht das ist, wofür wir sie normalerweise halten, verstärkte sich zusehends. Meine Neugier und Motivation, diese offensichtlich ganz anderen Aspekte und Bereiche unserer Realität, die uns im normalen Wachbewusstsein nicht zugänglich sind, zu erforschen, wuchsen erheblich. Und ich denke, es war diese gewaltige Lust auf Erfahrungen in den erweiterten Bereichen unserer Wirklichkeit, die mich in den nächsten Jahren immer wieder Begegnungen mit Phänomenen haben ließen, welche mit dem rationalen Verstand und auf der Basis meines realen und eher naturwissenschaftlichen Weltbildes nicht erklärbar waren. Ein solches Phänomen geschah beispielsweise zwei bis drei Jahre später.

Eines Nachts weckte mich eine Art »Geisterscheinung« mitten aus meinem Schlaf. Ein Mann – orientalisch gekleidet mit weißem Turban, besetzt mit einem großen, leuchtenden Smaragd, mit einer weißen Brokatbluse, roten knielangen Hosen und herrlich verzierten Schnabelschuhen – stand plötzlich in meinem Zimmer. Das Licht, das von ihm ausstrahlte, hatte mich offensichtlich geweckt. Er erklärte mir auf meine in völliger Verblüffung einfältig gestellte Frage nach seinem Namen, dass da, wo er herkomme, Namen keine Bedeutung hätten. Er komme von der »Grenze«, ließ er mich wissen, deren Natur er mir jedoch in meiner jetzigen Lebensphase und meinem jetzigen Wissensstand nicht so erklären könnte, dass ich es begreifen würde. Dann gab er mir zu verstehen, dass er sich ohnehin nicht mit mir unterhalten wolle, sondern dass er hier sei, um mein Verständnis von der Wirklichkeit und ihren Gesetzmäßigkeiten zu erweitern.

In diesem ersten Kontakt zeigte er mir Phänomene wie Materialisation, Levitation und Zeitverschiebung, die mich völlig begeisterten und die ich unbedingt verstehen und beherrschen wollte. Aber dazu war er nicht bereit. Seine deutliche Botschaft war, dass jeder Mensch die Fähigkeiten dazu in sich trägt, aber sie sich erst bewusst machen muss. Der Mensch müsse die Fähigkeiten seines Bewusstseins wieder suchen. Und der Weg dorthin sei, zumindest für mich – und das schien ihm sehr wichtig zu sein –, nicht durch das Studium fremder Lehren oder durch Hingabe an Meister welcher Art auch immer, zu errei-

17

chen, sondern durch aufmerksames Wahrnehmen der eigenen inneren Stimme und das Erspüren des eigenen Schicksalsweges. Das Leben durch eigenes Tun wahrnehmen und beherrschen zu lernen und die geistigen Gesetzmäßigkeiten selbstständig zu erforschen und ihnen zu folgen, das sei mein Weg. Ich solle niemandem blind vertrauen und folgen, sondern auf meine eigene Wahrnehmung, meine tiefen Gefühle und meine Intuition vertrauen lernen. Es sei in Ordnung, die Aussagen anderer Menschen zu hören, Rat zu holen und Unterstützung zu suchen und zu geben, solange ich innerlich frei bliebe und mich nicht in der Verwicklung mit fremden Energien verliere.

Dieser geistige Freund und Führer erschien mir mehrmals in Abständen von einigen Jahren, um mich an diese Kernaussagen zu erinnern. Er gab mir zu verstehen, dass alles, was ich mir an innerer und äußerer Freiheit wünschte, das tiefe Verständnis dessen, was er mir zeigte, und die Einheit mit den größeren Ebenen des Seins zur richtigen Zeit kommen werden, wenn ich auf meinem Weg bliebe und ständig bereit wäre, nach innen zu lauschen und meinen Gefühlen zu folgen. Ich solle nicht fremden Lehrern und Meistern folgen, sondern mein eigener Meister werden im Einklang mit meiner Bestimmung. Was ich auf diese Art lernen würde, könne ich anderen weitergeben.

Das letzte Mal besuchte er mich, als ich achtundzwanzig war und in England wohnte. Er manifestierte sich mitten am Nachmittag vor meinen Augen in einer strahlend weißen Wolke, die unerwartet im Garten vor mir auftauchte. Er kam, um mich noch einmal an meine innere Freiheit zu erinnern, die ich suchen und an andere weitergeben sollte. Dieser Zeitpunkt war perfekt gewählt, weil ich mich damals gerade mit der Idee befasste, einige Zeit in ein tibetisches Kloster nach Kanada zu gehen, um dort unter geistiger Führung meine Bewusstseinsentwicklung voranzutreiben.

Ich folgte seinem Rat, mich allein auf die Suche nach den tieferen Dimensionen meines Seins zu machen, und auch heute noch folge ich meiner inneren Führung. Ich baue meinen Weg auf meinen eigenen Erfahrungen auf und gebe meine Ideen über das Sein und die Möglichkeiten unseres Bewusstseins lediglich als Impulse an andere Menschen weiter. Jeder Mensch muss freigelassen werden, um er selbst zu sein, eigenständig seine Wirklichkeit zu erforschen und sein eigenes Weltbild aufzubauen. Trotz dieser inneren Selbstständigkeit habe ich natürlich immer wieder erfahren, wie schön es ist, sich mit bestimmten Menschen auszutauschen, ihren Rat in mir zu bewegen, ihre Hilfe und ihren »Rückenwind« anzunehmen und ihnen das Gleiche anzubieten.

Meine paranormalen oder manchmal sogar mystischen Erlebnisse prägten mich sehr, auch wenn ich sie anfänglich nicht verstehen konnte. Ich speicherte sie einfach in meiner Erinnerung, um sie später zu einem großen Bild verknüpfen zu können. Wie normal diese recht verwirrenden Erlebnisse jedoch zu sein schienen, verstand ich erst, als ich mit Anfang zwanzig von Ivor James hörte, einem englischen Medium, dessen Spezialität es war, Verstorbene zu sehen. Er porträtierte sie und gleichzeitig übermittelte er Informationen oder Botschaften an die Hinterbliebenen. Diese Botschaften enthielten manchmal atemraubende Details, die niemand außer dem Verstorbenen selbst wissen konnte. Ich erlebte Ivor auf einer öffentlichen Demonstration mit hunderten Menschen, und ich war so berührt, geradezu erschüttert von seinen Fähigkeiten, dass ich mehr darüber erfahren wollte. Ich bewarb mich als Übersetzer für seine Konsultationen.

Zu dieser Begegnung gehörte eine Vorgeschichte. Nach meinem Vordiplom in Architektur entschied ich mich, alleine mit meinem Auto durch Amerika zu reisen. Ich wollte wochen- oder monatelang unterwegs sein, bis ich erforscht haben würde, was ich wirklich mit meinem Leben anfangen wollte. Zu dieser Zeit war mir schon klar, dass ich mein Leben nicht als Architekt verbringen wollte. Ich suchte etwas, das mich mehr berührte: Ich suchte meine Berufung.

Während dieser Reise durch 48 Staaten der USA erlebte ich viele wunderliche Dinge. Aber ein Erlebnis, von dem ich bis heute nicht weiß, ob es in mir oder im Außen stattfand, möchte ich erzählen. Ich lag eines Nachts einsam in meinem Ford-Kombi, mitten im Irgendwo mit offener Heckklappe auf meiner geblümten Luftmatratze, und starrte in den sternenklaren Himmel, gedankenlos, aber berührt von einer Ahnung über die unermessliche Tiefe des Seins. In mir und um mich herum war es ganz still. Plötzlich hörte ich eine Stimme laut und klar sagen: »Harald, du bist nicht hier, um als Architekt dein Leben zu verbringen. Du willst in diesem Leben Menschen helfen. Geh zu ihnen, sprich mit ihnen!«

In Panik sprang ich aus dem Auto, konnte aber niemanden sehen. Tränenüberströmt, verwirrt und verzweifelt, rief ich hinaus: »Gut, aber wie? Womit soll ich helfen, worüber soll ich sprechen?«

Keine Antwort kam. Ich setzte mich hinter das Steuer und fuhr die ganze Nacht, um diesem gewaltigen Eindruck zu entgehen. Ich wusste nicht, was diese Stimme war, ich wusste nur, sie hatte Recht und ich musste einen neuen Weg finden.

Ich reiste noch lange durch die USA, allerdings ohne eine Antwort zu finden. Zurück in Deutschland las ich von Ivor James' Veranstaltung. Ich spürte sofort, ich musste dort hin, dort warten Antworten auf mich.

Nach den ersten zwei Wochen Übersetzungstätigkeit für Ivor war ich tief beeindruckt über die Selbstverständlichkeit, mit der er offensichtlich mit anderen Dimensionen oder Ebenen dieser Wirklichkeit umging. Er sprach auch mit mir sehr viel über mich und meinen Weg. Er gab mir Bücher mit spirituellen Inhalten, und ganz langsam begann ich meine Erfahrungen in einem übergeordneten Zusammenhang zu sehen.

Wenig später übersetzte ich wieder für ein englisches Medium, Inger Wilson, eine dynamische und respektlose Person, die ähnlich wie Ivor völlig selbstverständlich mit anderen Dimensionen umging und Zugang hatte zu Informationen, die damals weit über meinem Vorstellungsvermögen lagen. Sie konnte in die Vergangenheit von Menschen schauen, Personen, die sie nie gesehen hatte, über ihren Namen beschreiben, Krankheiten diagnostizieren, bewussten Kontakt mit Verstorbenen herstellen und Gespräche zwischen diesen und ihren Klienten zustande bringen.

Inger Wilson brachte mich auch letztlich über ihren Mann Reg Wilson, Leiter des College of Psychic Studies in London und bekannt als Trancemedium und Heiler, nach London und initiierte meine Ausbildung als Medium und Heiler. Über sechs

Jahre hielt ich mich in regelmäßigen Abständen in London auf, arbeitete in verschiedenen Zirkeln an der Ausbildung meiner medialen und paranormalen Fähigkeiten und meiner Heilkräfte. Ich studierte esoterische Psychologie und Philosophie in der Absicht, meine inzwischen schon sehr zahlreichen Erfahrungen im Bereich des Paranormalen zu einem Gedankengebäude zusammenfassen oder sie in bestehende Sichtweisen einordnen zu können. Ich suchte Klarheit und Übersicht. Wahrscheinlich war es die ständige Auseinandersetzung mit spirituellen, esoterischen und metaphysischen Inhalten, die mehr und mehr eigene Erlebnisse erzeugte.

Fast jede Nacht verließ ich meinen Körper in einer Art Energiewolke, manchmal sogar mehrmals, und machte Erfahrungen in einem faszinierenden erweiterten Bewusstseinszustand. Ich bekam außerhalb meines physischen Körpers Zugang zu einer erweiterten Wahrnehmung, die die Möglichkeiten meiner Sinnesorgane weit hinter sich ließ. Der Großteil meines Wissens über die Phänomene Astralreisen und außerkörperliche Erfahrung stammt aus dieser Zeit. Ich verstand allmählich, wie sich meine paranormalen Erlebnisse seit der Kindheit aufgebaut hatten, was sie bewirkten und welchen Sinn sie hatten.

Die Zeit in England veränderte mich sehr. Es entstand eine große Sehnsucht, das Sein und das menschliche Bewusstsein, das Leben und seine Gesetzmäßigkeiten gründlich zu erforschen, aber nicht nur um ihrer selbst willen. Ich wollte auch meine Erfahrungen und Erkenntnisse dazu nutzen können, um intensiv zu leben und aktiv mit meinem Leben umzugehen wie ein Architekt, der seine Entwürfe Gestalt werden lässt. Ich wollte frei werden, mein Leben so gestalten zu können, wie ich es wollte und wie es mir entsprach. Ich sehnte mich auch danach, anderen Menschen von meinem Weg zu erzählen und ihnen Inspiration und Hilfsmittel zu bieten, mit denen sie ihren eigenen Weg finden konnten, indem sie lernten, hinter die Oberfläche zu schauen. Das schien es zu sein, was mir die Stimme damals in der Nacht mitteilen wollte, was ich aber damals noch nicht verstehen konnte. Diese neue Entwicklung, die in England begonnen hatte, wurde immer wieder durch wichtige Begegnungen vorangetrieben. Persönlichkeiten wie Robert

Monroe oder Daskalos auf Zypern prägten mein Vorwärtskommen genauso wie der Kontakt mit engen Freunden.

Meine Wahrnehmung und mein Weltverständnis wurde schon früh in meinem Leben erschüttert und erweitert, aber erst die bewusste Beschäftigung mit der Natur des Bewusstseins und die gezielte Anwendung meiner schöpferischen und wahrnehmenden Bewusstseinskräfte in der Praxis haben mir einen wirklichen Zugang zu den Möglichkeiten unseres Bewusstseins geöffnet. Wenn mich heute, nach 25 Jahren Erfahrung im praktischen Umgang mit solchen Möglichkeiten, jemand fragt, welche Fähigkeiten ich habe oder zumindest am intensivsten nutze, dann spreche ich am liebsten von meiner Fähigkeit, das Energiefeld oder die Aura von Menschen, Tieren und Pflanzen sehr genau wahrnehmen und deuten zu können. Diese Fähigkeit hat mein Leben mehr geprägt als die meisten anderen Fähigkeiten, sie hat mir geholfen, intensiv und gemeinsam mit anderen Menschen zu leben und glücklich zu sein.

In England lernte ich zunächst, mein Bewusstsein zu öffnen für Energien und Informationen aus anderen Ebenen des Seins. Ich lernte, in mich aufzunehmen und weiterzugeben, was von anderen Instanzen oder Wesen zu mir getragen wurde. Man nennt diese Arbeitsweise des Bewusstseins »Medialität«. Aber weil ich schon immer sehr aktiv war, wollte ich auch lernen, mein Bewusstsein und meine Wahrnehmung über meine eigenen Körpergrenzen hinaus auszudehnen und alles zu durchdringen und zu verstehen, was ich verstehen wollte: die Energie anderer Menschen oder von Orten, Häusern, Pflanzen, Tieren, Nahrungsmitteln usw. Ich wollte nicht allein darauf angewiesen sein, Informationen und Energien aus einer fremden Quelle zu empfangen, ich wollte sie mir selbst beschaffen, und diese Fähigkeit nennt man Sensitivität.

Sowohl Sensitivität als auch Medialität sind Formen entwickelter paranormaler Wahrnehmung. Wer sensitiv die Aura von Menschen erspüren kann, weiß, wie eine Person in ihrem Wesen wirklich ist, wie sie gelebt hat, was sie fühlt und denkt. Er spürt ihre Sehnsüchte und Probleme, ihre Fähigkeiten und Möglichkeiten. Auch enge Beziehungen hinterlassen Spuren in der Aura, aus denen man die entsprechende Person beschreiben kann. Ihr Lebensstil, der Charakter, die Lebensziele, der Lebenszweck sind dort erkennbar, ebenfalls körperliche Symptome, gegenwärtige, vergangene oder solche, die sich sogar erst anbahnen. Für mich war die Erforschung der Aura eines der spannendsten Abenteuer auf meinem Weg, und ich nutze meine Fähigkeiten in diesem Bereich täglich und mit viel Freude und Befriedigung. Ob ich erspüre, was für die Menschen in meinem Vortrag oder Seminar hilfreich ist, ob ich versuche, Antworten auf Fragen oder Lösungen zu Problemen im Leben eines Menschen zu finden, ob ich Ernährungsberatung mache und jemandem erkläre, was für seinen Körper momentan am besten wäre, oder ob ich gelegentlich mithelfe, Vermisste zu suchen für die Bergwacht oder die Polizei – all dies ist nur als Sensitiver möglich. Ich kann die Energien der menschlichen Aura selbst über Fotos, Schriftproben oder Gegenstände, spüren und deuten. Hin und wieder berate ich Firmen bei der Auswahl eines Mitarbeiters für einen wichtigen Arbeitsplatz, oder bei der Festlegung von Namen und Verpackungen für Produkte oder sogar bei der Gestaltung ihres Auftritts in der Öffentlichkeit und bei der Werbung.

Unsere Sensitivität zu nutzen ist ein Abenteuer ohne Ende. Hinter die Oberfläche schauen zu können bringt Tiefe, Kreativität und Sicherheit, Klarheit und Entscheidungskraft, aber auch Verständnis und Mitgefühl in unser Leben. Der Umgang mit anderen Menschen gestaltet sich intensiver, ehrlicher und liebevoller, und nichts prägt unsere Lebensqualität und den Weg zum persönlichen Erfolg mehr als zwischenmenschliche Beziehungen.

Zu erkennen, was auf uns wirkt, und bewusst entscheiden zu können, ob wir diese Wirkung möchten oder ob wir eine andere brauchen, und dann diese auch gezielt finden und nutzen zu können, dazu möchte Ihnen dieses Buch verhelfen. Ich spreche inzwischen aus über 25 Jahren Erfahrung und kann nur jeden Leser dazu einladen, sich dem Abenteuer der Erforschung des Bewusstseins hinzugeben, denn das Leben wird für Sie als »Sensitiver« nicht mehr das gleiche sein.

1. TEIL

Theorie und Grundlagen der außersinnlichen Wahrnehmung

Das dritte Auge öffnen

Als »drittes Auge« bezeichnet man in östlich-esoterischen Traditionen das Energiezentrum, dessen Sitz man oberhalb der Mitte zwischen den beiden physischen Augen, etwa zwischen den Augenbrauen, annimmt. Im geöffneten und entwickelten Zustand befähigt es zum sechsten Sinn, zur Intuition oder ganz allgemein zur Wahrnehmung von außersinnlichen, feinstofflichen Phänomenen. Es wird auch das sechste Chakra oder Ajna-Chakra genannt.

In diesem Buch möchte ich nur sehr begrenzt an esoterische und okkulte Lehren anknüpfen, sondern, frei von religiösen oder philosophischen Weltbildern, ganz moderne, zu unserem Zeitgeist und unserer Kultur passende praktische Methoden aufzeigen, über die jeder motivierte Leser seinen persönlichen Zugang zu den Fähigkeiten der paranormalen Wahrnehmung finden kann. Zur Entwicklung dieser Fähigkeiten ist, wie mir die Erfahrung gezeigt hat, kein komplizierter philosophischer Überbau nötig, nur etwas praxisorientierte Theorie und vor allem eine gründliche Anleitung zum Üben und zur praktischen Anwendung der sich entwickelnden außersinnlichen Wahrnehmung. Das »dritte Auge« stellt hier ein Symbol dar für eine erweiterte Art der Wahrnehmung, die weit über die Möglichkeiten unserer Sinnesorgane hinausgeht und eine größere Sicht der Wirklichkeit zulässt.

Vorteil und Nutzen
der außersinnlichen Wahrnehmung

Wüssten Sie gern auf den ersten Blick, ob ein Mensch, dem Sie begegnen, seriös ist oder nicht – unabhängig von seinem Aussehen? Ob er die Wahrheit sagt oder nicht, ob er in Ihr Team passt oder nicht – unabhängig davon, wie er sich an der Oberfläche gibt? Ob er zu Ihnen passt als Lebenspartner, Freund, Trainer oder Finanzberater, ganz gleich, wie er sich nach außen hin darstellt? Hätten Sie auch gern ein untrügliches Gespür dafür, ob Sie sich in einer Wohnung, einem Haus oder an einem Wohnort wirklich wohl fühlen werden oder ob diese in Wahrheit gar nicht zu Ihnen passen? Oder sind Sie ganz allgemein neugierig und würden oft gern Dinge wissen, die sich aber Ihrer Wahrnehmung entziehen?

Das Training für die Entwicklung Ihrer außersinnlichen Wahrnehmung wird Sie solchen Zielen deutlich näher bringen. Es ist ein konsequenter Weg, um jene Fähigkeit des direkten Erkennens zu entwickeln, die über die normale sinnliche Wahrnehmung hinausgeht und es ermöglicht, hinter die Oberfläche der sinnlich wahrnehmbaren Wirklichkeit zu schauen. Ich möchte Sie in eine neue Dimension der Wahrnehmung einführen, die Ihnen auf die oben erwähnten Fragen und andere dieser Art Antworten geben und Sie zu einem direkten Erkennen führen wird.

Es gibt Kräfte, die »hinter« den Dingen stehen und ihnen ihre Qualität und Ausrichtung geben. Sie wirken über die Oberfläche hinaus in das Umfeld hinein und prägen so die Wirklichkeit, wie wir sie erleben. Diese »Wirkungskräfte« wirken durch Menschen ebenso wie durch Orte, durch Tiere, Farben, Nahrungsmittel, Klänge und alles andere, was wir in unserer Wirklichkeit vorfinden, selbst dann, wenn wir es nicht einmal bewusst wahrnehmen können.

Erinnern Sie sich an das Beispiel mit der Farbe Schwarz. Die durch sie wirkenden Kräfte beeinflussen uns, gleichgültig, ob wir es bewusst wahrnehmen oder was wir davon halten. Bei Farben ist die Wirkung recht leicht zu erspüren und uns vielleicht schon vertraut, doch das gleiche gilt auch bei viel komplexeren Dingen wie den Proportionen, Materialien, Formen oder Oberflächenstrukturen von Gegenständen oder der Ausstrahlung von Lebewesen – wie eben auch Menschen – und kann überall genauso deutlich erspürt und verstanden werden.

Um das wahre Wesen der Dinge und die in ihnen und durch sie wirkenden Kräfte erkennen zu können, bedarf es einiger Übung und Praxis. Doch sobald es uns gelungen ist, über den Schein der Oberfläche hinaus zu blicken, werden wir begeistert weiterüben wollen, bis wir den wirkenden Kräften nicht mehr hilflos ausgeliefert sind, sondern bewusst mit ihnen umgehen können.

Stellen Sie sich vor, Sie könnten erkennen, warum sich eine Person, zum Beispiel ihr Chef, Ihnen gegenüber aggressiv verhält. Vielleicht wird er nur von alten Energien aus seiner Geschichte beeinflusst, automatisch, ohne dass er dies wirklich will und ohne dass er Sie persönlich meint. Vielleicht war sein Vater ein Choleriker und er war dessen Stimmungsausbrüchen ständig ausgeliefert. Vielleicht hat er unbewusst diese Reaktionsmuster aus Hilflosigkeit übernommen und weiß nicht, wie er sich sonst zum Ausdruck bringen oder wie er anders mit Menschen umgehen könnte. Mit Ihrer direkten Wahrnehmung können Sie ihn jetzt verstehen, ohne ihn erst psychologisch analysieren zu müssen. Sie beziehen sein Verhalten nicht mehr auf sich und brauchen nicht mehr gekränkt, beleidigt oder ebenfalls aggressiv zu reagieren, im Gegenteil, Sie können entspannt bleiben, ihm sogar freundlich und gelassen begegnen, weil Sie hinter seine Reaktion blicken und verstehen, was ihn bewegt.

Die Fähigkeit der außersinnlichen Wahrnehmung verschafft uns nicht nur einen tieferen Einblick in die Wirklichkeit und in Menschen, sondern sie hilft uns auch, ausgeglichener, toleranter und großzügiger gegenüber anderen Menschen und dem Leben ganz allgemein zu werden. Wir können uns leichter selbst helfen und auch andere Menschen unterstützen, weil wir nun ihre wahren Wünsche, aber auch ihre persönlichen Hindernisse im Leben wahrnehmen und ihnen damit bewusster auf ihrem Weg weiterhelfen können.

Wie wir unser Bewusstsein erweitern, um die verschiedensten Wirkungskräfte wahrnehmen und verstehen zu können, ist aber nur ein Aspekt. Ein anderer Aspekt beschreibt, wie unser Bewusstsein mit seiner direkten und kontrollierten Wahrnehmung die vorhandene Realität auch prägen und damit gezielt eine neue Wirklichkeit erschaffen kann. Dies geschieht, indem es die vorhandenen Energien entweder intensiviert oder neue Wirkungskräfte erzeugt, sie bewusst ausstrahlt und damit neue wirkende Kräfte schafft.

Wer die wirkenden Kräfte wahrnehmen kann, kann sie auch bewusst benutzen oder in sich neue erzeugen, um seine eigene Lebenserfahrung gezielt zu lenken, und das bedeutet Freiheit im Jetzt.

Die Ebene der geistigen Gesetzmäßigkeiten

Bevor Sie Schritt für Schritt lernen werden, Ihre Fähigkeit der außersinnlichen Wahrnehmung zu entwickeln – oder besser sie wiederzuentdecken, da wir alle die Anlage dazu in uns tragen –, möchte ich Sie grundlegender mit dem menschlichen Bewusstsein, seinem Ursprung und seinem Wesen vertraut machen. Ich will diese Grundlagen nicht »Theorie« nennen, weil sie aus meiner eigenen praktischen Erfahrung abgeleitet sind und auch für Sie mit fortschreitender praktischer Erfahrung zugänglich sein werden.

Bekannte »beschreibende« Wissenschaften, die die in unserer Wirklichkeit wirksamen Kräfte zu erfassen suchen, wie die Astrologie, Numerologie, Physiognomie, das heute so populäre Feng Shui oder auch Heilungsmethoden wie Akupunktur, Bachblüten oder Aura Soma sind ähnlich entstanden wie meine praktischen Methoden: Menschen mit der Fähigkeit, über die Möglichkeiten ihrer normalen sinnlichen Wahrnehmung hinaus auf einer tieferen, umfassenden Ebene wahrzunehmen, erkannten in ihrer eigenen Erfahrung den Fluss der Kräfte und die Gesetzmäßigkeiten, die unsere Realität bestimmen, und gaben sie so weiter. Heute sind von diesen lebendigen Erfahrungswissenschaften aber oft nur noch zu Systemen erstarrte Beschreibungen übrig geblieben, ohne Leben und ohne die Fähigkeit, wirkliches Verständnis vermitteln zu können. Sie werden häufig gefühllos und unpassend angewendet, weil die dahinter stehenden Gesetze nicht mehr bekannt sind.

Ich möchte Ihnen hier, aus meiner Erfahrung heraus, Sichtweisen und Werkzeuge an die Hand geben, mit denen es auch Ihnen möglich sein wird, direkt zur Ebene der Gesetzmäßigkeiten vorzudringen und diese selbst zu erfahren. Sie brauchen dann keine beschreibenden Systeme mehr, die von fremder Hand vorgegeben sind – auch nicht von mir –, sondern Sie gewinnen die Freiheit, selbst zu forschen und zu erkennen, welche Kräfte in Ihrem Leben tatsächlich wirken. Damit können Sie frei entscheiden, was von nun an Ihr Leben weiter prägen soll. Beschreibende Systeme sind gut, aber eigene Wahrnehmung ist besser und lässt Sie die Möglichkeiten Ihres Bewusstseins frei nutzen.

Das menschliche Bewusstsein

Die gewünschten Änderungen in unserem Leben können wir erst dann gezielt und erfolgreich herbeiführen, nachdem wir die verschiedenen Funktionsweisen unseres Bewusstseins verstanden haben und seine Möglichkeiten kontrollieren können. Deshalb möchte ich eine meiner wichtigsten Aussagen gleich an den Anfang dieses Buches stellen:

Unser Bewusstsein nimmt unsere Welt nicht nur wahr, sondern es prägt auch unsere persönliche Wirklichkeit.

Wir besitzen wahrnehmende und schöpferische Kräfte, die wir nutzen und ausrichten können, um die Energien, Ereignisse und Menschen anzuziehen, die uns entsprechen und uns dabei helfen, unsere Wünsche und Bedürfnisse in diesem Leben zu erfüllen. Aber was ist unser Bewusstsein, die geistige Ebene in uns, auf die wir uns jetzt beziehen? Wie ist es aufgebaut und nach welchen Gesetzmäßigkeiten funktioniert es? Was ist das »Ich«, das jetzt dieses Buch liest und sich mit den Inhalten beschäftigt?

Bewusstsein als See von Schöpfungsideen – Formgeber der Wirklichkeit

Wie wir bereits wissen, prägen feine Energien oder Wirkungskräfte unsere Wirklichkeit. Um sie wahrnehmen zu lernen hilft es, die Wirklichkeit in allen ihren Phänomenen und Aspekten nicht als einen festen Zustand zu betrachten, sondern eher als ein Feld von ständiger, dynamischer Veränderung, in dem nichts wirklich Bestand hat, sondern alles im Fluss ist. Wenn wir die wirkenden Kräfte wahrnehmen wollen, müssen wir daher nach der Veränderung Ausschau halten und nicht nach starren festen Bildern. Paranormale Wahrnehmung sucht nach Veränderung, nicht nach festen Zuständen.

Ich möchte diese Idee der Wirklichkeit anhand eines Modells erklären, das gleichzeitig einen Einblick vermittelt, wie man sich die Entstehung von Bewusstsein überhaupt vorstellen kann. In diesem Modell wird auch deutlich, wieso wir normalerweise nur

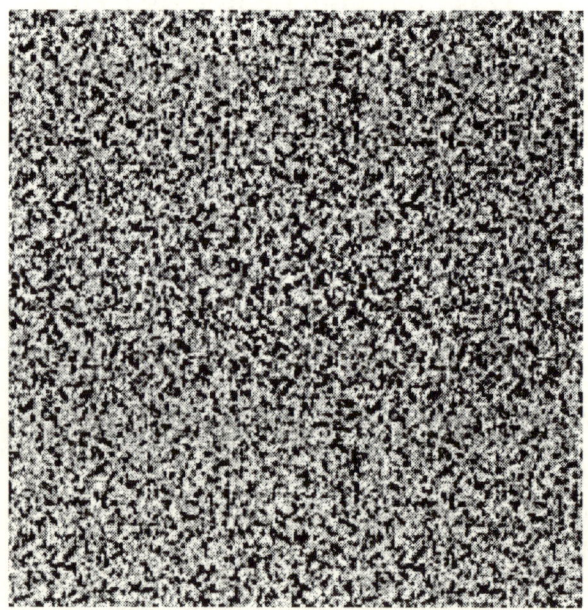

Das Absolute

32

einzelne Aspekte der uns umgebenden Wirklichkeit wahrnehmen können, statt die Summe aller Wirklichkeitsaspekte.

Alles Leben, alles Sein, ist aus einem Urzustand hervorgegangen, den man in östlichen Denkansätzen das *Absolute* genannt hat. Dieses Absolute war in sich völlig gleichförmig und stabil. Es gab in ihm keine Tendenz zur Veränderung, keinerlei Dynamik, keine unterschiedlichen Pole, und damit auch keine Energie. Energie kann nur dort fließen, wo es Unterschiedlichkeit gibt, wo ein Zustand in einen anderen Zustand überführt werden kann. Energie im Fluss bewirkt Veränderung.

Auch Bewusstsein hat es in diesem Urzustand nicht gegeben, denn auch Bewusstsein braucht Polarität, braucht Unterschiedlichkeit, damit das Eine sich relativ zu dem Anderen erkennen kann, sich seiner selbst bewusst werden und dann auf das Andere mit Energie einwirken kann. Wenn ich beispielsweise in einer Wüste immer der einzige Mensch war und kein anderes Lebewesen da war, weiß ich nicht, dass ich Mensch bin oder wie ich aussehe. Es kommt mir nicht einmal in den Sinn, darüber nachzudenken.

Das Absolute war ein gleichförmiges Feld ohne Unterschiedlichkeit in sich selbst, deshalb ohne Bewusstsein und ohne Energie, ohne Raum und Zeit. Man kann es sich als eine Art Überdimension vorstellen, in der alle Möglichkeiten enthalten waren, aber keine zum Ausdruck gebracht wurde oder Form annahm. Es war ein absolutes Nichts, weil ohne Form, aber mit dem Potential, alles zu werden, was existieren könnte. Indem es sich nun in Aspekte aufteilt und Form annimmt, also definiert wird, entsteht aus dem »Nicht-Sein« ein »Sein« mit Bewusstsein und Energie.

ALLES IM NICHTS

Dieses Paradoxon, dass im Nichts gleichzeitig alles enthalten ist – als Potential –, finden wir auch in den Berichten christlicher Mystiker beschrieben. In ihren mystischen Erfahrungen haben sie die unermessliche Fülle des Seins erkannt, die gleichzeitig ein großes Nichts war. Sie tauchten ein in das absolute Nichts, das im selben Augenblick aber auch voll von allem war. Sie beschreiben es auch als vollkommenes Dunkel, in das sie eintauchten, das gleichzeitig erfüllt war von unermesslichem gleißendem hellen Licht.

Diese scheinbaren Widersprüche drücken aus, dass in mystischen Erfahrungen, einer Form von extremer Bewusstseinserweiterung, erlebt werden kann, wie alle Zustände von Existenz in unserem Universum trotz ihrer Unterschiedlichkeit im Grunde in diesem einen absoluten Feld ruhen, wo es keine Unterschiede mehr gibt, keine Polarität, doch alle Möglichkeiten.

Einfach ausgedrückt, in diesem ungerichteten Urzustand entstand eine extreme Sehnsucht nach Ausdruck aller Möglichkeiten, die schließlich zu einer Urspannung des homogenen Feldes führte und eine erste Polarität erzeugte. Die entstandenen Pole könnte man männlich und weiblich nennen oder positiv und

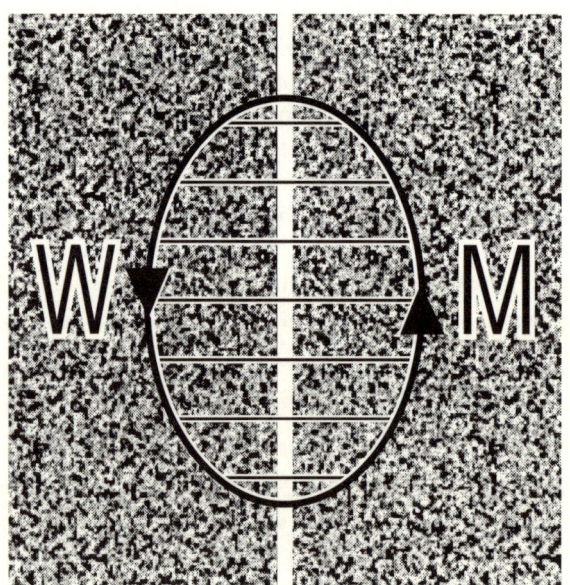

Teilung des Absoluten

negativ oder minus und plus usw. Zwischen beiden entstand ein Spannungsfeld, in dem der eine Pol auf den anderen Pol oder das Männliche auf das Weibliche eingewirkt hat, und Energien zu fließen begannen. Das Weibliche hat die Energien aufgenommen und dann in veränderter Form wieder zum männlichen Prinzip zurückgeführt. Über die verwandelte Energie des weiblichen Prinzips konnte sich das Männliche erkennen und seine Energie als Veränderungspotential steigern. Das weibliche Prinzip konnte sich durch die Integration des Männlichen verändern und entfalten. Der Aufbau des Spannungsfeldes zwischen den beiden Urpolen und der Beginn der fließenden Energie kann als die Geburt der ersten Dimension allen Seins aufgefasst werden. Hier begann Lebenskraft rein zu fließen, noch ohne Richtung, ohne Form.

Die pure Lebenskraft hat zunächst zwar keine Richtung, trägt aber in sich das Potential, alles zu erschaffen. Sie entsteht und fließt im Spannungsfeld der beiden Pole männlich und weiblich, die aus der inneren Spaltung des Absoluten hervorgegangen sind.

Dieses Spannungsfeld als erste Dimension des Seins trägt in sich die erste Schöpfungsidee, die Idee der Einheit in der Verschiedenheit, die Sehnsucht der Verbindung der Unterschiede zum Einen, die Idee, die wir als Liebe erfahren. Die Liebe ist also ein verbindendes Prinzip, die Sehnsucht des Absoluten, die Unterschiede zu schaffen und doch in sich zu vereinen. Die Liebe ist in meiner Wahrnehmung die erste Dimension, die aus der Spaltung des Einen hervorgegangen ist und als Lebenskraft im ewigen Kreislauf zu fließen begann.

Diese erste Dimension der Liebe hat in sich wieder einen männlichen und einen weiblichen Pol entstehen lassen, eine neue Dimension mit neuen Schöpfungsideen, welche sich wieder in zwei Teile geteilt haben und so fort. Dieses Prinzip der Teilung oder Vervielfältigung hat sich unendlich fortgesetzt und setzt sich noch immer weiter fort. Immer neue Dimensionen entstehen, mit neuen Schöpfungsideen, die wiederum immerfort neue Dimensionen hervorbringen. Wenn sich Dimensionen in verschiedene Fragmente spalten entsteht neues Bewusstsein. Die Fragmente werden sich durch die anderen ihrer selbst be-

wusst, und dieses Bewusstsein richtet wiederum Schöpfungsenergien des Absoluten aus, schafft neue Schöpfungsideen, die
den Boden für eine neue Dimension vorbereiten.

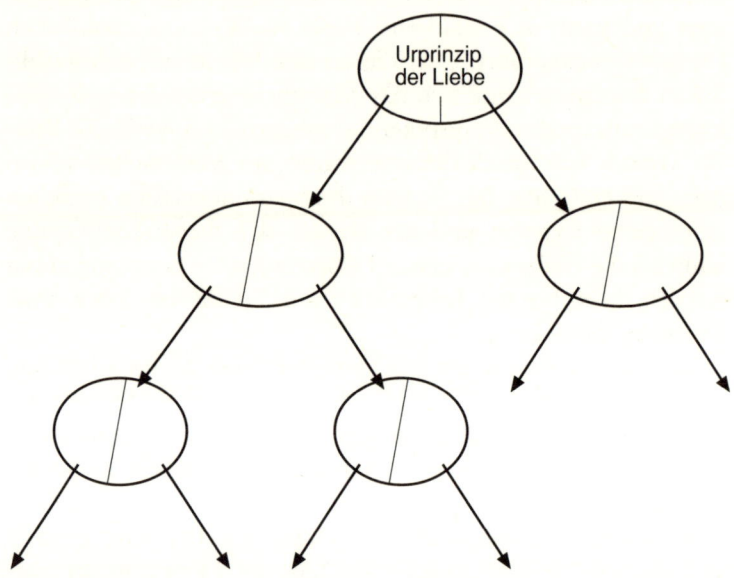

Neue Dimensionen als Produkt der Teilung

In unserer Dimension, unserer erlebten Wirklichkeit formt sich
gemäß solcher Schöpfungsideen alles, was wir erleben und
wahrnehmen können. Hinter jedem Baum, hinter jedem Lebewesen, hinter jedem Stein steht eine solche Idee. (Im christlichen
Sprachgebrauch würde man diese gestaltenden Schöpfungsideen Engelskräfte nennen.)

Grundlage für die Entstehung jeder Dimension und ihrer Be-
wusstseinsformen, Schöpfungsideen und Manifestationen jeder
Art war und ist das Absolute in seiner Sehnsucht, sein unbegrenztes Potential zum Ausdruck zu bringen, Wirklichkeit zu
schaffen und sich damit seiner selbst bewusst zu werden. Es ist
die gleiche Kraft, die auch in uns Menschen wirkt und uns dazu
bringt, Dinge tun zu wollen, etwas schaffen zu wollen, um uns
selbst zu erleben und uns unserer selbst bewusst zu werden. *Wir
wollen leben, lieben und uns spüren.*

Vielleicht scheinen diese Betrachtungsweisen momentan nicht sehr praktisch und Sie fragen sich, warum ich Ihnen das alles erzähle. Ich möchte Ihnen grundsätzlich veranschaulichen, dass unsere Wirklichkeit als Dimension von Schöpfungsideen aufgefasst werden kann, durch die Schöpfungsenergien fließen und wodurch unsere Schöpfung entsteht. Unser Bewusstsein kann diese Ideen wahrnehmen und sich bewusst mit ihnen verbinden oder sich auch bewusst von ihnen fernhalten und damit eine persönliche Wirklichkeit gestalten.

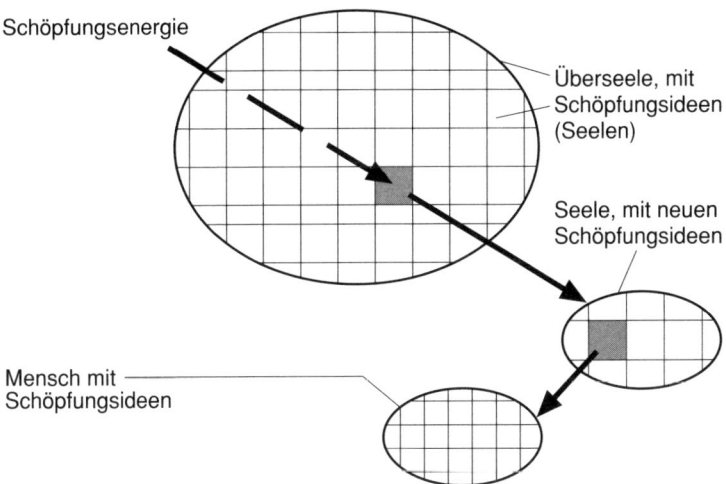

Wirklichkeit als Dimension von Schöpfungsideen

Ein Vergleich mag helfen, dieses Modell besser zu verstehen. Denken Sie an die Technik des Siebdrucks. Man nimmt ein engmaschiges Netz und streicht eine Substanz darauf, um einzelne Maschen des Siebes zu verschließen; andere Maschen bleiben offen. Legt man nun das so präparierte Netz oder Sieb auf einen Bogen Papier und drückt Farbe hindurch, entsteht auf dem Papier ein Abbild der offenen Siebmaschen. Wenn wir uns vorstellen, dass die Farbe ungerichtete Schöpfungskraft ist, also noch nicht in Form gebrachte Lebenskraft, dann wäre das Sieb die Dimension, die in ihren »Maschen« geprägt ist von bestimmten Schöpfungsideen. Die so geformte oder definierte Dimension gibt nun der ungerichteten Schöpfungsenergie (Farbe) eine Gestalt, welche wir als Wirklichkeit wahrnehmen und erleben und die dem gedruckten Bild auf dem Papier entsprechen würde. Alles, was in unserer Wirklichkeit existiert, ist Ausdruck von Schöpfungsideen, die durch Schöpfungsenergie Gestalt gewonnen haben.

Ein Affe, ein Apfelbaum, ein Apfelkuchen – allen liegen Schöpfungsideen zu Grunde, die auch jetzt noch wirksam sind und Lebensenergie manifestieren. Diese ausgerichteten, geformten Energien wirken sogar über die äußere Form hinaus in das Umfeld und wirken dort weiter, entsprechend ihrer Idee.

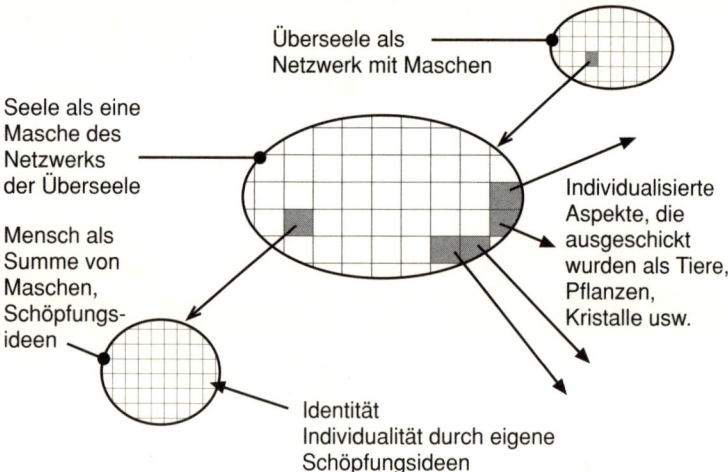

Aspekte der Seele

Auch unser Körper z. B. entsteht gemäß seiner Schöpfungsideen, die genau zu unserer Lebensabsicht passen. Würden wir dieser Absicht entsprechend leben und unser Ego uns nicht aus dem natürlichen Ausdruck unserer Lebensenergie herausreißen und uns Dinge tun lassen, die wir nicht wirklich wollen, oder uns davon abhalten, das zu tun, wonach wir uns sehnen, dann würde unsere Schöpfungsenergie ungehindert und stetig durch die Schöpfungsideen strömen und einen zu unserer Absicht passenden perfekten Körper formen und erhalten.

Aber in der Regel folgen wir unserer Lebensabsicht nicht. Unser Ego wurde im Verlauf unserer persönlichen Geschichte von fremden Normen, Werten, Erwartungen usw. geprägt und der freie Fluss der Lebenskraft (Schöpfungskraft) durch unsere in der Lebensabsicht enthaltenen Schöpfungsideen wurde verhindert. Als Folge davon wird in unserem Umfeld auch nicht das manifestiert, was zu unserer Lebensabsicht passt, und auch unser Körper kann seinen passenden Zustand oft nicht finden und wird krank.

Doch nicht nur das, das Ego, das eigentlich als Beobachter und nicht als eigenwilliger Macher gedacht war, beginnt sich in den Schöpfungsprozess einzumischen und verzerrt das Netz der Schöpfungsideen bzw. deren Ausstrahlung immer mehr. Wir verlieren uns in der fremden Prägung, identifizieren uns mit fremden Schöpfungsideen und spüren unsere Lebensabsicht nicht mehr, die sich in tiefen Sehnsüchten und höheren Lebenszielen ausdrückt. Wenn wir von den Schöpfungsideen wissen, durch die die Schöpferkraft wirkt, dann können wir sie auch bewusst suchen und hinter die Oberfläche der Dinge schauen. Wir können eigene, mitgebrachte von fremden, übernommenen Ideen unterscheiden und unsere Lebensabsicht und die der anderen Menschen erkennen und bewusst damit umgehen.

Denken Sie noch einmal an den Vergleich mit dem Siebdruck. Was wir normalerweise in unserer Wirklichkeit wahrnehmen, ist das gedruckte Bild, das *Abbild*. Was wir aber wahrnehmen wollen, ist die *Art des Siebes*, durch welches die Schöpfungsideen fließen, die dann auf der anderen Seite als geformte Wirklichkeit (Abbild) herauskommen. An einem Abbild herumzukratzen, das verzerrt ist und uns nicht gefällt, bringt auf Dauer keinen Erfolg, wenn wir das gestörte, aber ständig neu druckende Sieb nicht verändern. Unsere Sinnesorgane sind selbst nur ein »Abdruck« und können deshalb zwar andere Abbilder erkennen, nicht aber das zu Grunde liegende Sieb, das sie hervorgebracht hat. Störungen im Druckprozess, Verzerrungen unserer Absicht in ihrem Ausdruck kann unsere normale und logisch ausgerichtete Sinneswahrnehmung nicht erkennen. Über sie allein ist es kaum möglich, unsere ursprünglichen in der Lebensabsicht gespeicherten Schöpfungsideen wieder zu erkennen und frei zu leben und zu einem Leben zurückzufinden, das uns wirklich entspricht und glücklich macht.

Erst wenn wir die Identifizierung unseres Bewusstseins mit der äußeren Form aufgeben, kann unsere Wahrnehmung in den Bereich der Schöpfungsideen eindringen und unsere Grundpersönlichkeit, unser Wesen mit allem Schöpfungspotential, erkennen. Wenn unsere Wahrnehmung wieder frei ist – was sie als Kleinkind noch war –, kann sich auch unser Bewusstsein wieder frei mit neuen Schöpfungsideen identifizieren und die eigene Wirklichkeit neu und frei prägen. Doch dazu müssen wir uns wieder als Bewusstsein »frei von Form und frei von räumlichen und zeitlichen Grenzen« begreifen und erfahren.

Maschen der Möglichkeiten und das Zupfen der Seele

Auch unsere Seele, unser ewiger geistiger Kern, befindet sich innerhalb dieses Systems. Man könnte sie als eine riesige Dimension von Schöpfungsideen beschreiben. Sie schickt uns als einen Teil von sich aus, damit wir uns als eine begrenzte Summe ihrer Schöpfungsideen in dieser Welt manifestieren und bestimmte Erfahrungen machen können, an denen sie direkt teilhat.

Stellen Sie sich die Seele als eine riesige Dimension vor, eine Art vieldimensionales Netz, in dem wir – die Schöpfungsidee Mensch – eine einzelne, winzig kleine Masche darstellen, durch die sie sich zum Ausdruck bringen will. Andere Maschen von ihr formen als Ideen vielleicht Tiere oder Pflanzen oder Kristalle. Aber auch wir – die kleine Masche Mensch – bestehen wiederum aus einem ganzen Bündel von kleineren individuellen Schöpfungsideen, die wiederum ein neues, vielmaschiges Netz bilden. Dieses Netz in uns könnte man auch einen Pool von Möglichkeiten nennen, die wir als Sehnsüchte und Fähigkeiten erleben. Sie sind uns als Schicksal mitgegeben, aber wir haben die Freiheit, sie beliebig zu nutzen. Unser Lebenssinn besteht darin, auf unserem Lebensweg diese verschiedenen Maschen irgendwie zu verwirklichen und ihre verschiedenen Schöpfungsideen Gestalt werden zu lassen. Unser freier Wille besteht darin, aus diesen »Maschen der Möglichkeiten« beliebig auswählen und Verknüpfungen herstellen zu können. Daraus entsteht unser Lebensmuster, das uns in der Art, wie wir es erleben wollen, zwar viele Freiheiten lässt, das uns aber als feste Basis schicksalhaft mitgegeben wurde.

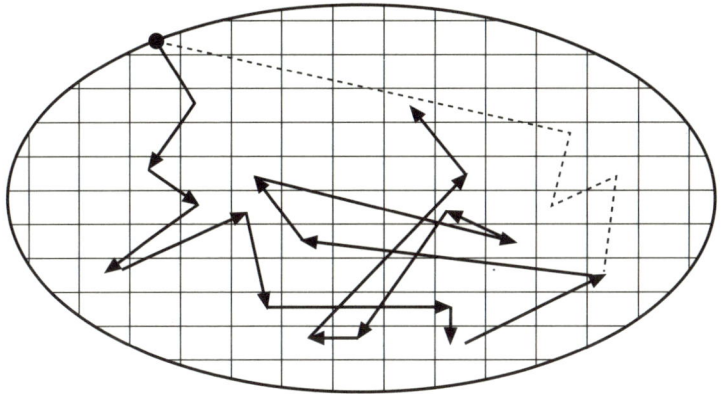

Lebensweg als Verbindung von Schöpfungsideen

Wenn wir von unserem Lebensweg abkommen und die Verbindung zu unseren Sehnsüchten und Fähigkeiten verlieren, kann es sein, dass wir in einer Masche hängen bleiben und uns nicht mehr weiterentwickeln. Vielleicht bleiben wir in einer beruflichen Tätigkeit, die sich überlebt hat, oder wir machen uns von einer Beziehung abhängig, in der wir uns vergessen und uns völlig zurücknehmen. In solchen Fällen macht uns unsere Seele aufmerksam und beginnt, an der Masche zu zupfen, was wir als innere oder äußere Schwierigkeiten erleben. Es ist selten angenehm. Vielleicht geht es unserer Firma ständig finanziell schlechter oder unser Partner läuft uns davon oder vielleicht werden wir auch krank. All dies könnten äußere Zeichen sein, dass wir uns von unserem Potential abgeschnitten haben und ein Leben leben, das uns nicht wirklich entspricht.

Unsere Seele fordert uns auf, weiterzugehen und uns wieder an unsere Fähigkeiten und Sehnsüchte zu erinnern. Fruchten diese ersten sanften Zupfversuche aber nicht, kann es sein, dass unsere Seele zu zerren beginnt: Krankheiten, Konkurs, Einsamkeit und so fort, bis unser gesamtes Leben irgendwann aus den

Fugen gerät, um uns den nötigen Antrieb zur Veränderung zu geben. Motivation zur Veränderung entsteht, wenn der Leidensdruck groß genug ist oder wenn wir eine Vision in uns tragen, die uns nach vorne zieht. Es gibt auch ein freundliches Zupfen, mit dem uns der Weg zur nächsten Masche als äußere Intuition durch ein Vorbild vor Augen gehalten wird, z. B. in Form einer Person, die in unserem Leben auftaucht und uns durch ihre neuen Sichtweisen die Wahrnehmung und den Sprung in die nächste Masche ermöglicht.

Das Zupfen der Seele oder das Zerren – freundlich oder weniger freundlich – will uns auf unser Riesenpotential an Möglichkeiten aufmerksam machen und unsere Wahrnehmung und unsere Motivation hin zu mehr Wachstum und Entwicklung fördern. Wir brauchen aber auf diese Signale nicht zu warten, wir können ihnen zuvorkommen, indem wir unabhängig von unserer persönlichen Geschichte unsere mitgebrachte Lebensabsicht, unser Schöpfungspotential erforschen und geeignete Wirkungskräfte im Außen suchen, um uns zum Ausdruck zu bringen.

Je länger wir üben, desto leichter wird es uns fallen, die Schöpfungsenergie in allen Erscheinungsformen unserer Wirklichkeit zu erkennen, das große Spiel der Lebenskräfte zu begreifen und bewusst mitzuspielen. Sobald es uns gelingt, die Wirklichkeit nicht mehr begrenzt über unsere Sinne, sondern ganzheitlich außersinnlich auf einer feinstofflichen, ätherischen Ebene wahrzunehmen, werden wir die Schöpfungsenergien als wirkende Kräfte in ihrer Struktur und Veränderungstendenz begreifen. Und das bedeutet für uns zweierlei:

- Wir sind den auf uns wirkenden Kräften in unserem Leben nicht mehr unbewusst ausgeliefert, sondern können sie bewusst und aktiv auswählen so wie sie uns entsprechen. Wir können uns ihnen aussetzen oder sie auch meiden, je nachdem was für uns besser ist.

- Darüber hinaus können wir den Fluss von Energien nach unseren Wünschen lenken und seine Wirkung prägen, indem wir entsprechende Wirkungskräfte in uns erzeugen und ausstrahlen und damit unser Leben wunschgemäß und gezielt verändern. Wir leben nicht mehr reaktiv, sondern aktiv und innerlich und äußerlich frei.

Diese Bewusstheit lässt uns auf die Dauer leichter den Lebensstil und die Lebensziele finden, die wir wirklich leben wollen und die uns entsprechen. Statt zu kämpfen und zu ringen, können wir leicht, spielerisch und entspannt unser Leben kreieren, so wie es uns glücklich macht.

Paranormale Wahrnehmung verändert unseren Alltag:

- Nicht nur unser Leben wird mehr Fülle bekommen, sondern auch das Leben der anderen Menschen um uns herum wird sich verändern. Wir können die Energien, die sie leben, mit dem, was sie mitgebracht haben, vergleichen und sie tief verstehen, ohne sie bewerten zu müssen. Damit werden wir ihnen gegenüber toleranter und großzügiger. Wir begreifen sie ganzheitlicher in ihren Problemen, Ansichten und Eigenheiten und können sie sinnvoll und liebevoll in unser Leben integrieren, und das ist die beste Basis für fruchtbare und schöne zwischenmenschliche Beziehungen.

- Wir brauchen auch keinen Diätplan mehr für unsere Ernährung, denn wir können spüren, welche Energien in den verschiedenen Speisen wirken und was sie mit unserem Körper machen. Es wird dann leicht, sich gesund und sinnvoll zu ernähren, weil wir die Wirkung auf uns direkt spüren.

Das Gleiche gilt natürlich auch bei der Auswahl der für uns günstigen Farben, Sportarten, Autos, Wohnungen, Landschaften, Urlaubsländer, Haustiere usw. Auch hier können wir über die Wahrnehmung der Wirkungskräfte sofort erkennen, was zu uns passt und uns fördert.

- Auch Heilmittel können so erspürt oder wahrgenommen werden. Medizinmänner und Heiler eingeborener Kulturen

43

beobachten noch heute in der Natur, welche Wirkungskräfte oder Schöpfungsenergien hinter den Pflanzen verborgen sind und durch sie wirken. Sie können die Heilwirkung sensitiv erspüren und dann für ihre Patienten entscheiden, ob die jeweilige Pflanzenenergie passend ist oder nicht. Dr. Edward Bach hat auf diese Weise die bekannten Bach-Blütenessenzen entdeckt, auch Kräuter und Heiltees wurden über Jahrtausende hinweg in vielen Kulturen auf diese Weise gefunden und zusammengestellt.

Ist außersinnliche Wahrnehmung für jeden möglich?

Außersinnliche Wahrnehmung ist eine Grundfähigkeit des Bewusstseins, und nicht nur des menschlichen Bewusstseins. Auch Tiere und Pflanzen verfügen über eine ähnliche Art von Wahrnehmung, die vielen bekannt ist unter dem Begriff »sechster Sinn«.

Bewusstsein ist der geistige Kern jeder Art von Leben. Es drückt sich aus durch eine äußere Form, ist aber nicht die äußere Form – so wie wir Kleider anziehen können oder uns in ein Auto setzen, ohne deshalb dazu zu werden. Wir bewegen uns im Körper durch die Wirklichkeit, drücken uns durch ihn aus und nehmen durch den Körper und seine Sinne sogar die Wirklichkeit wahr, aber nur solange wir uns mit ihm identifizieren. Das Bewusstsein ist dagegen unabhängig vom Körper und trägt in sich eine Wahrnehmungsfähigkeit, die nach anderen Gesetzmäßigkeiten funktioniert wie die sinnliche Wahrnehmung und unabhängig ist von Raum und Zeit. Jede Form von Bewusstsein, jedes Lebewesen hat diese Art der Wahrnehmung, also auch wir. Wir müssen uns nur wieder darauf besinnen und uns als Bewusstsein empfinden lernen, dann können wir uns auch wieder an diese höhere Art der Wahrnehmung erinnern.

Der Mensch als unbegrenztes Bewusstsein

Wenn wir von der Seele ausgeschickt werden und hineinfließen in die Dimension von Raum und Zeit, dann bringen wir eine Summe von Schöpfungsideen mit, die wir in diesem Leben verwirklichen wollen. Die Seele können wir uns als dichtes Netzwerk von Maschen vorstellen, und als eine dieser Maschen mit ihren vielfältigen, aber trotzdem in der Summe begrenzten Schöpfungsideen, verlassen wir dieses Netzwerk der Seele und werden zu einer Art eigenständiger Dimension mit bestimmten Möglichkeiten zur Entfaltung in unserer Wirklichkeit von Raum und Zeit.

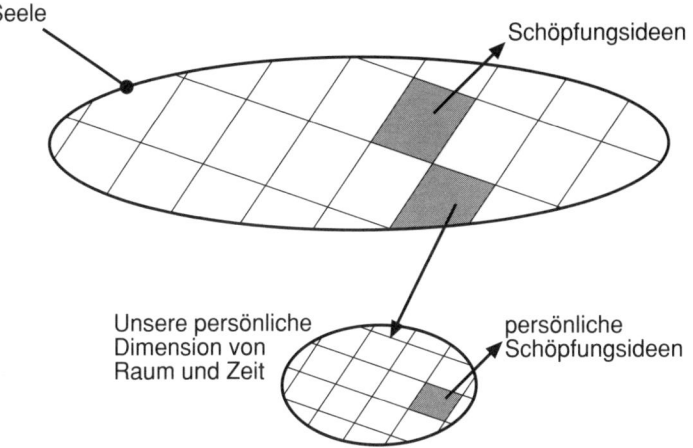

Entstehung des Bewusstseinsfeldes in unseren persönlichen, menschlichen Schöpfungsideen

Dies vollzieht sich in einem Identifizierungsprozess, in dem wir uns in einer Art Wirbelbewegung auf geistiger Ebene spiralförmig auf einen Eintrittspunkt in Raum und Zeit konzentrieren. Das unbegrenzte Bewusstseinsfeld, das wir zu diesem Zeitpunkt noch sind, beginnt sich zu zentrieren und immer enger auszurichten, bis wir auf der Ebene von Raum und Zeit sozusagen den passenden Einstieg gefunden haben: die richtige Mutter, den passenden Vater, den richtigen Zeitgeist, passende ethische, soziale und moralische Rahmenbedingungen, ein geeignetes Klima und Randenergien, wie sie in der Astrologie oder Numerologie beschrieben werden und zu unserer Lebensabsicht passen.

Vielleicht bringe ich als Schöpfungsenergie und Teil meiner Lebensabsicht ein musisches Talent mit und suche mir eine Mutter aus, die Klavier spielt, und einen Vater, der Musiklehrer

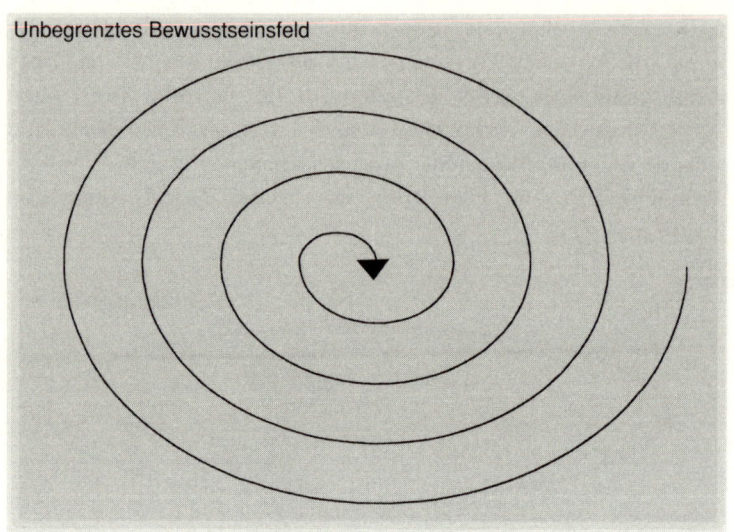

Unbegrenztes Bewusstseinsfeld

Zentrierung des Bewusstseins auf bestimmten Raum-/Zeit-Punkt

ist. Das wären – für diese eine Schöpfungsidee – optimale Randbedingungen, die mich unterstützen und mir »Rückenwind« geben. Aber jeder Mensch bringt natürlich eine Vielzahl von Schöpfungsideen mit, darunter auch solche, die in seiner Familie beziehungsweise in seinem sonstigen Umfeld weniger gute Voraussetzungen haben, realisiert zu werden.

Vielleicht kommt ein Freigeist auf die Erde und sucht sich Eltern aus, die ihn streng konservativ erziehen und seine geistigen Fähigkeiten eher unterdrücken als fördern. Wer sich solch einen »Gegenwind« sucht, möchte wahrscheinlich gegen diesen äußeren Widerstand aus eigener Kraft sein Selbstbewusstsein und Selbstwertgefühl entwickeln. Er möchte lernen sich gegen die Normen seiner Familie aufzulehnen, um seine Bedürfnisse und seine Wünsche klarer vertreten und noch stärker entfalten zu können – nach einem ähnlichen Prinzip, wie man sich einen starken Tennispartner sucht, um schneller besser spielen zu lernen.

Wenn das Bewusstsein mit seinen Schöpfungsideen nach dem Resonanzprinzip der Entsprechung das passende Umfeld und den richtigen Zeitpunkt ausgemacht hat, zu dem es sich inkarnieren will, dann werden die erwähnten Eltern sich zu der entsprechenden Zeit zusammenfinden und die materiellen Bedürfnisse schaffen, damit unser Bewusstsein eintauchen und Anker werfen kann in Raum und Zeit.

Dabei dürfen wir nicht vergessen, dass wir bis zu jenem Augenblick der Zeugung noch immer ein großes Bewusstseinsfeld sind, das sich frei und unbegrenzt durch Zeit und Raum ausdehnt und nur an die Seelenebene angebunden ist. Selbst nach unserer Zeugung, wenn unser Bewusstsein beschlossen hat, physisch geboren zu werden, ist nur ein Teil mit dem wachsenden Embryo verbunden, der weitaus größere Teil ist noch immer unbegrenzt ausgedehnt in Raum und Zeit und bleibt es meist auch für immer. Diese Tatsache ist von Bedeutung, weil sie die Grundlage für die Fähigkeit unserer außersinnlichen Wahrnehmung bildet. Wenn der Teil unseres Bewusstseins, der sich mit dem physischen Körper identifiziert, wieder in Kontakt kommt mit dem Bereich unseres Bewusstseins, der unabhängig von unserem wachbewussten Ich und außerhalb unseres Körpers und damit außerhalb unserer körperlichen Sinne existiert, dann erhalten wir wieder freien Zugang zu den wahrnehmenden und prägenden Fähigkeiten unseres großen Bewusstseins. Die Kommunikation zwischen beiden Bewusstseinsbereichen läuft über unsere Gefühle. Doch dazu später mehr.

Unsere Identifikation mit Raum und Zeit – und damit einhergehend der Verlust oder, besser gesagt, das Vergessen des unbegrenzten Bereiches unseres Bewusstseins – beginnt mit der Zeugung beziehungsweise sobald wir uns im Bauch unserer Mutter befinden. Die raum- und zeitlose Komponente unseres Bewusstseins rückt während der Schwangerschaft für unsere Wahrnehmung in immer weitere Ferne und bei der Geburt ist die Identifikation mit dem Körper dann schon so stark, dass wir die Verbindung zum großen Restbewusstsein fast völlig verloren haben und unsere Wahrnehmung fast ausschließlich durch unsere Sinnesorgane stattfindet.

Eine Wahrnehmungssperre hat sich gebildet, die unser großes Bewusstsein in drei sehr unterschiedliche Bereiche unterteilt: in das Wachbewusstsein, das Unterbewusstsein und das große unbegrenzte Bewusstsein ohne räumliche und zeitliche Bindung.

Unsere drei Bewusstseinsbereiche

1. Das *Wachbewusstsein,* das man auch Ego oder Ich nennt, ist unsere bewusste und willkürliche Ebene der Wahrnehmung und Entscheidung, die versucht, ganz bestimmte Schöpfungsideen zu manifestieren. Es ist der Teil von uns, den wir als unsere Individualität wahrnehmen und der sich mit unserer physischen Form, dem Körper und seiner Sinneswahrnehmung, identifiziert. Er wird getragen von den anderen Bewusstseinsbereichen, ist sich dessen aber nicht bewusst und hat auch keinen direkten Zugang mehr zu ihnen. Sie liegen unterhalb seiner Wahrnehmungsschwelle und er kann so ohne weiteres weder die wahrnehmenden noch die gestaltenden Fähigkeiten dieser Ebenen nutzen. Deshalb werden diese Ebenen auch unterbewusste Ebenen genannt, aber sie haben miteinander verglichen sehr unterschiedliche Eigenschaften.

2. Das *Unterbewusstsein* nährt gewissermaßen das Ich (siehe Abbildung unten), ohne dass es aber vom Ich bewusst wahrgenommen wird. Es ist jener Teil des großen Bewusstseins, der sich bewusst um dieses Leben kümmert und den Kontakt zum großen Restbewusstsein aufrechterhält. Das Unterbewusstsein kann in verschiedene Schichten oder Qualitäten unterteilt werden, von denen drei für uns besonders interessant sind:

   • Die Basis wird von der Schicht des Instinktes gebildet, einer Bewusstseinsqualität, die wir in dieses Leben mitgebracht haben, um uns zu helfen, physisch zu überleben.
   Eine Fähigkeit des Instinktes besteht z. B. darin, unseren Körper zu erhalten und zu heilen – man könnte sie als »inneren Arzt« bezeichnen. Dieser innere Arzt oder Heiler weiß alles über den Körper, wie er aufgebaut

ist und was zu tun ist, um ihn wieder funktionsfähig zu machen oder zu erhalten, gleichgültig, in welchem Zustand er sich befindet.

Eine weitere Fähigkeit des Instinktes ist sein absolutes Gedächtnis, in dem alles gespeichert ist, was sich seit unserer Zeugung im Wahrnehmungsbereich unseres Bewusstseins abgespielt hat. Wenn jemand scheinbar ein schlechtes Gedächtnis hat, dann besteht das Problem nur in der Unfähigkeit des Abrufens der Information, nicht aber in der Speicherung selbst. Das Erinnerungsvermögen hängt davon ab, inwieweit es uns gelingt, die Schwelle zwischen Wachbewusstsein und Unterbewusstsein durchlässig zu machen und bewussten Zugang zu den in den Gefühlen verankerten Informationen zu finden.

Die dritte Fähigkeit des Instinktes besteht in seiner außersinnlichen Wahrnehmungsfähigkeit, die häufig als sechster Sinn bezeichnet wird, und in seinen telepathischen Möglichkeiten. Seine Wahrnehmung kann sich weit über Raum und Zeit hinaus ausdehnen und sogar zu außerkörperlichen Erfahrungen führen. Die extremen Wahrnehmungsfähigkeiten unseres Unterbewusstseins sind leichter vorstellbar, wenn wir uns daran erinnern, dass es Teil unseres großen Bewusstseins ist, das sich unbegrenzt durch Raum und Zeit ausdehnt und mit dem es einen dauerhaften Kontakt und Austausch pflegt.

- Über dem Instinkt liegt die Schicht der »Grundpersönlichkeit«, eine Bewusstseinsqualität, die uns unser Leben sinnvoll leben lässt. Sie sagt uns, wie wir leben wollen und wozu. Unser Lebensstil und unsere Lebensziele sind dort verankert. Man könnte sie auch die Schicht der Sehnsüchte nennen, die uns unsere Schöpfungsideen zeigen, die wir in diesem Leben zum Ausdruck bringen wollen. Unsere Grundpersönlichkeit ist sehr individuell und bei jedem Menschen anders. Aber es ist diese Schicht, die uns nicht einfach nur überleben lässt, sondern unserem Leben einen Sinn verleiht, eine Absicht, der wir nachgehen wollen.

- Dieser Schicht des Instinktes übergeordnet liegt der »See des Unterbewusstseins«, wo alle Informationen aus unserer persönlichen Geschichte verankert sind als eine Art Leitfaden für unsere Lebensgestaltung. Dieser See von Informationen bildet sich hauptsächlich in den ersten drei bis vier Lebensjahren und vermittelt uns das Weltbild, nach dem wir uns richten. Es sagt uns, wer wir sind, wie diese Wirklichkeit ist und wie wir uns zur Wirklichkeit verhalten sollten. Nicht immer entsprechen diese Inhalte unserer Schicht der Grundpersönlichkeit, was unsere Identitätssuche erschwert, da wir nicht immer leicht erkennen können, was wir von außen übernommen haben, was wir wirklich selbst sind und was unserem Wesen entspricht.

Aufbau unseres Bewusstseins

3. Das *große Bewusstsein* schließlich ist das gesamte Restbewusstsein, das uns mit der Seele und verschiedenen anderen Dimensionen verbindet, aus denen wir stammen – beispielsweise mit der Dimension der Traumwelt, der Astralwelt oder der zeitlosen Wirklichkeit in uns –, und das nicht zentriert oder ausgerichtet ist auf unsere wachbewusst erlebte Raum- und Zeitwirklichkeit, die wir hauptsächlich über unser Ich wahrnehmen.

Unser großes Bewusstsein drückt sich in all diesen Dimensionen aus, und selbst unser »wachbewusstes Ich« wandert im Schlaf oder in veränderten Bewusstseinszuständen dort hin, um Erfahrungen zu machen.

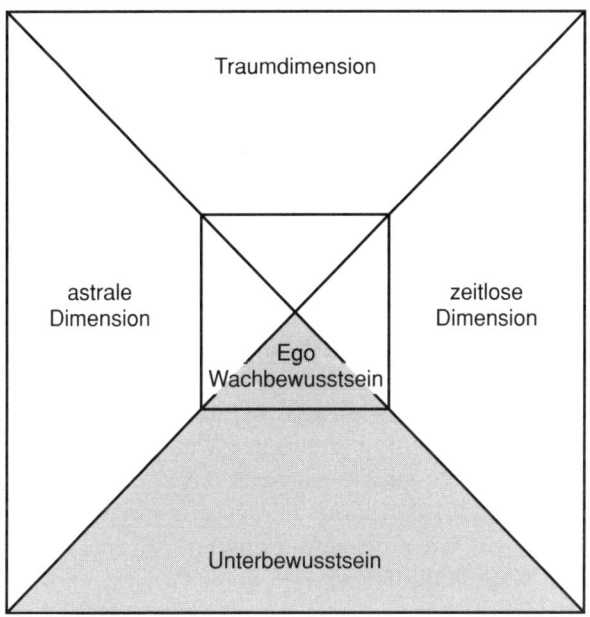

Großes Bewusstsein – Dimensionen in uns

Im Wachzustand erleben wir die Wirklichkeit als kleines, wachbewusstes Ego, das sich in seiner Wahrnehmung fast ausschließlich auf die Sinnesorgane stützt. Das ist der Grund, warum wir häufig die Impulse des Unterbewusstseins, besonders der Grundpersönlichkeit, nicht wahrnehmen, die uns sagen wollen, welche Schöpfungsideen ihren Ausdruck suchen, oder, anders ausgedrückt, wer wir in Wahrheit sind, welche Ziele wir in unserem Leben verfolgen möchten und wie wir diese Ziele erreichen können.

Auch die Impulse des Instinktes, die uns gut und sicher überleben lassen wollen, spüren wir selten. Könnten wir diese Impulse wahrnehmen und würden wir ihnen folgen, dann würden wir optimal leben, alle unsere Möglichkeiten nutzen und sozusagen ganz entspannt und erfolgreich auf der Welle unserer Schöpfungsideen reiten. Meistens allerdings sind wir in unserer Wahrnehmung nicht offen und leben entsprechend unserer Geschichte nach alten, zum Großteil übernommenen Mustern. Statt mit unseren inneren Impulsen zu fließen, sperren wir uns und folgen fremden Vorbildern, die im See des Unterbewusstseins gespeichert sind. Statt Sehnsüchten und Fähigkeiten zu folgen, nehmen wir alte Verhaltensweisen wichtig: »Das tut man und das tut man nicht. Die Welt ist so und so. Ich sollte mich auf diese Weise verhalten, denn das verlangt meine Umwelt von mir. Dieses ist gut, jenes schlecht.« Wir lassen uns in unserer Wahrnehmung und unserem Handeln von fremden Betrachtungsweisen und Bewertungen aus unserer Geschichte beeinflussen, die die Impulse aus den tieferen Schichten unseres Unterbewusstseins überlagern.

Unsere Grundpersönlichkeit, unsere Lebensabsicht mit den mitgebrachten Schöpfungsideen, die unser Leben prägen sollten, sind nicht mehr fühlbar, weil wir uns auf die äußere Wahrnehmung verlassen und unsere innere Wahrnehmung vergessen haben. In der Nacht allerdings, wenn das Ego schläft, versucht unsere Seele uns wieder daran zu erinnern und auf den rechten Weg zu bringen. Wir tauchen mit unserer Wahrnehmung ein in die astrale Welt, in die Traumwelt, in die Gleichzeitigkeit und in die Zeitlosigkeit, um uns von der einseitigen Ausrichtung auf die wachbewusste Wirklichkeit wieder lösen und unseren Erfahrungskreis vergrößern zu können, damit wir wieder zu unseren eigentlichen Lebensabsichten zurückfinden. Wir tauchen in jeder Nacht in unser großes Bewusstsein ein, doch wir können uns selten daran erinnern, weil sich unser Wachbewusstsein in seiner alltäglichen Wirklichkeit weit von diesen größeren Dimensionen unseres Seins entfernt hat und die Erinnerung daran verdrängt.

Wenn wir unsere Wahrnehmung wieder erweitern lernen, können wir sie auch bewusst in die anderen Dimensionen unseres Seins hinein ausdehnen und die dortigen Möglichkeiten nutzen. Wir können Einblicke gewinnen in unsere Vergangenheit und Zukunft, wir können Menschen aus der Vergangenheit treffen, die nicht mehr physisch da sind, oder Menschen aus der Zukunft, die wir hier noch nicht getroffen haben. Wir können uns leichter vom Einfluss unserer Vergangenheit lösen und den Kern unserer Persönlichkeit entdecken und ausbilden, so wie es unserer mitgebrachten Lebensabsicht entspricht und uns Gesundheit, Erfüllung und Lebensqualität bringt.

Unser Bewusstsein in vielen Dimensionen

Wenn wir die Kräfte, die unser Leben in Wahrheit bestimmen, bewusst wählen und die riesigen Möglichkeiten unseres großen Bewusstseins nutzen wollen, müssen wir die Natur unseres Bewusstsein ganzheitlich begreifen. Unser Bewusstsein ist räumlich und zeitlich nicht begrenzt und existiert also gleichzeitig in verschiedenen Dimensionen. Neben der uns allen sehr vertrauten räumlich-zeitlichen Dimension gibt es die Dimension des Astralen, die Traumwirklichkeit, die Dimension der Gleichzeitigkeit und Zeitlosigkeit und viele andere. Diese verschiedenen Dimensionen durchdringen einander und sind gleichzeitig ineinander vorhanden. Man kann sich dieses gleichzeitige Miteinander und Ineinander der Dimensionen am einfachsten vorstellen, wenn man daran denkt, dass unterschiedliche Frequenzen oder Schwingungen, z. B. Licht und Schall, gleichzeitig im gleichen Raum existieren können und unabhängig voneinander funktionieren. Aber normalerweise ist unsere Wahrnehmung nur auf eine Frequenz eingestellt. Lassen Sie es mich wiederum in einem Bild veranschaulichen. Stellen Sie sich zwei Glühbirnen von unterschiedlicher Farbe vor, die hier zwei Dimensionen versinnbildlichen. Die eine Birne leuchtet grün und geht in einem bestimmten Rhythmus an und aus. Die andere ist rot und geht immer genau dann an, wenn die grüne gerade ausgeht.

Wenn Sie nun Ihre Augen im gleichen Takt öffnen und wieder schließen würden, wie die grüne Birne aus- und angeht, dann würden Sie immer nur grün sehen. Sie hätten sogar die Illusion, die grüne Birne würde ständig leuchten. Rot existierte für Sie nicht, da Sie es gar nicht sehen könnten, wenn Ihre Augen während der Rot-Phase immer geschlossen blieben.

Dasselbe gilt natürlich auch umgekehrt. Je nachdem, auf welche Frequenz Sie sich einstimmen würden, würden Sie nur die rote – oder eben nur die grüne Dimension – wahrnehmen. Stellen Sie sich nun vor, dass in dem Rot und in dem Grün jeweils bestimmte Schöpfungsideen stecken. Wer in seiner Wahrnehmung auf diese Schöpfungsideen, diese Dimensionen Rot, aber vielleicht auch Grün, ausgerichtet ist (so wie die meisten Menschen in ihrer Wahrnehmung auf die räumlich-zeitliche Dimension ausgerichtet sind), wird nur davon bewusst geprägt und beginnt ausschließlich in dieser Dimension zu leben.

In Wirklichkeit existieren natürlich nicht nur Rot und Grün, sondern noch unzählige weitere »Farben« und »Zwischenfarben« als Dimensionen. All diese Dimensionen, zu denen unser Bewusstsein keinen Zugang hat, sind von anderen Schöpfungsideen geprägt, funktionieren nach anderen Gesetzmäßigkeiten, haben andere Lebensformen und sind, im Vergleich zu unserer Wirklichkeit, im Aufbau geistiger oder fester, und folgen auch anderen Raum-/Zeitgesetzmäßigkeiten.

Unser großes Bewusstsein greift in viele verschiedene Dimensionen hinein und drückt sich dort auch aus. Wenn wir lernen, zu diesen größeren Bereichen unseres Bewusstseins Kontakt aufzunehmen und unsere Wahrnehmung dort hineinwandern zu lassen, werden wir fähig, die Gesetzmäßigkeiten und Möglichkeiten dieser anderen Dimensionen zu nutzen und auf unsere Wirklichkeit zu übertragen. Wir können gewissermaßen neue Schöpfungsideen in unsere Dimension holen und nutzen, z. B. die Gleichzeitigkeit, mit der wir Einblicke in die Vergangenheit, Zukunft oder sogar andere Leben nehmen können. Von einigen Schöpfungsideen unserer Raum-/Zeitwirklichkeit können wir uns dann befreien, andere Schöpfungsideen können wir integrieren. Theoretisch lässt sich damit beispielsweise eine bestimmte Abhängigkeit von Naturgesetzen verändern, die dann zwar für andere Menschen immer noch gültig sind, nicht aber für einen Menschen, der neue Schöpfungsideen integriert hat und mit diesen Schöpfungsideen meisterhaft umgehen kann. Indem er seine Wahrnehmung immer mehr erweitert, kann er immer neue Schöpfungsideen aus anderen Dimensionen in seine Wirklichkeit bringen und integrieren und baut damit seine Schöpfungsfreiheit aus. In gewisser Weise wird er damit zu einem zwischendimensionalen Wesen, das beliebig zwischen den Dimensionen hin und her wandern kann und mehr Schöpfungsideen zu kontrollieren in der Lage ist. Von solchen »Meistern« wird in der Menschheitsgeschichte immer wieder erzählt, man nennt sie Mystiker und spirituelle Meister, überdimensionale Wesen, die nicht in einer Dimension gefangen sind. Man denke nur an Sai Baba in Indien, der verschiedenste Dinge materialisieren kann, zum Beispiel »heilige Asche«, die wie aus dem Nichts aus seinen Handflächen fließt und enorme Heilfähigkeiten haben soll. Oder an Saint Germain, der über Jahrhunderte hinweg immer wieder als junger Mann aufgetaucht sein soll, wie berichtet wird, und die Weltgeschichte stark beeinflusste. Doch viel häufiger sind es heute die modernen Wissenschaftler, die sich aus den üblichen akademischen Betrachtungsweisen lösen und ganz neue Wege gehen. Auch sie sprechen von Kanälen in andere Dimensionen, von Raum- und Zeitreisen, von Veränderungen der Naturgesetze und von völlig neuen Erkenntnissen in der Physik, die unserem Verständnis von Materie, Masse, Gravitation, Äther etc. eine neue Grundlage geben.

DER SPRUNG IN EINE GRÖSSERE DIMENSION

Ein Sprung in eine größere Dimension bedeutet eine Erweiterung der vorhandenen Schöpfungsideen innerhalb einer Dimension. Die weitergefassten Schöpfungsideen aus einer anderen Dimension mit größeren Möglichkeiten werden in die eigene Dimension übernommen. Bewusstsein strebt ständig nach Entfaltung und nach mehr Erkenntnis, mehr Schöpfungskraft, mehr Intensität. Alte Weltbilder werden durch neue ersetzt, bisher Unvorstellbares wird Realität. Im Moment befinden wir uns, meiner Wahrnehmung nach, hier auf der Erde in einem solchen Dimensionswechsel. Neue Technologien, wissenschaftliche Erkenntnisse und revolutionäre Energiekonzepte rücken in greifbare Nähe. Die moderne Physik macht sich auf zu neuen Ufern. Kontakte mit außerirdischer Intelligenz werden wahrscheinlich und akzeptabel. Sie finden vielleicht schon statt, wie im offiziellen Fernsehen in den USA verkündet wird. Geistige Heilweisen und alternative Heilmethoden verbreiten sich weltweit. Die moderne Psychologie erkennt den Mensch als multidimensionales Wesen und nicht mehr nur als Produkt seiner Geschichte. Auch das stetig steigende Interesse an außersinnlicher Wahrnehmung in der breiten Masse ist kein Zufall, sondern ein Indiz dafür, dass tatsächlich ein Dimensionswechsel bevorsteht oder wir schon mittendrin sind. (Schließlich haben auch Sie aus diesem Grund dieses Buch gekauft, in dem ich viele althergebrachte Überzeugungen herausfordere und eine erweiterte Weltanschauung praktisch erfahrbar mache.)

Dimensionssprünge vollziehen sich in der Regel ganz allmählich und unauffällig. Geistige Vorreiter in Form von spirituellen Lehrern, genialen Wissenschaftlern oder zwischendimensionalen Wesen, die sich vielleicht nicht einmal dessen bewusst sind, leiten sie ein. Typisches Kennzeichen solcher Umbruchzeiten ist das vermehrte Auftauchen herausragender Lehrer in den unterschiedlichsten Bereichen. Wir können sie als Helfer des Fortschritts begreifen, die all ihre Kräfte zur Verfügung stellen, um der alten Dimension zum Übergang zur neuen zu verhelfen. Wenn dann immer mehr Menschen die neuen Schöpfungsideen der kommenden Dimension in ihrem eigenen Leben verwirklichen, ist irgendwann eine kritische Masse erreicht, so dass auch der Rest der Menschheit nachfolgen kann, und der Dimensionssprung vollzieht sich.

Rupert Sheldrake beschreibt diesen Prozess sehr einleuchtend in seinem Modell der morphogenetischen Felder. Er sagt, dass von allem Leben ein geistiges Energiefeld ausstrahlt und dass die Prägung, der Inhalt dieses Energiefeldes, auf das Umfeld wirkt und dort entsprechende Reaktionen erzeugt. Je stärker und gleichförmiger dieses Energiefeld ist, desto mehr Einfluss hat es auf das Umfeld, desto stärker ist seine prägende Kraft. In alten esoterischen Lehren sprach man von diesem Feld als der Aura.

Menschen, die in den letzten zehn bis fünfzehn Jahren geboren wurden, gehören schon nicht mehr eindeutig unserer »alten« Dimension an, sondern können als »Zwittertypen« bezeichnet werden. Sie identifizieren sich zwar noch mit der alten Dimension, aber gleichzeitig fällt es ihnen auch ungeheuer leicht, neue Ideen der Technologie, Wissenschaft oder auch Religion zu begreifen und in ihr Leben zu integrieren. Es ist Ihnen sicher schon aufgefallen, wie selbstverständlich und natürlich die Kinder und Jugendlichen heute mit modernster Technik umgehen oder wie leicht sie komplizierte wissenschaftliche Zusammenhänge erfassen können. Dreijährige Kinder schon spielen mit Computerspielen meisterhaft, ohne dass man ihnen viel erklären muss. Sie begreifen von innen heraus.

Jeder Dimensionssprung ist ein Erkenntnissprung und in unserer Realität ist er nicht mehr aufzuhalten. Unsere Bewusstseinserweiterung und die innere Öffnung für Impulse aus größeren Dimensionen hat sich über die kritische Masse hinaus entwickelt. Sehr viele Menschen haben schon neue Schöpfungsideen begriffen und sind bereit, weitere neue Ideen in ihr Leben zu integrieren, und es werden mit großer Geschwindigkeit immer mehr. Dieser Prozess hat bereits eine Eigendynamik angenommen. Sie wird unsere Welt in den nächsten Jahrzehnten drastisch wandeln. Große Perspektiven in Religion, Wissenschaft und Technik werden unsere Welt grundlegend verändern und unsere Lebensqualität und unser zwischenmenschliches Zusammensein auf neue Pfeiler stellen.

Nicht nur die großen spirituellen Lehrer oder genialen Wissenschaftler können die größeren Dimensionen erfahren und meistern. Wir alle können das. Wir müssen nur wieder den Kontakt zu unserem großen Bewusstsein aufnehmen, von dem wir lediglich durch jene Wahrnehmungssperre, die sich von unserer Zeugung an, während der Schwangerschaft und in den Jahren nach unserer Geburt entwickelt hat, getrennt sind. Die Kontaktaufnahme erfolgt über die tiefen Schichten unseres Unterbewusstseins, die in die größeren Dimensionen unseres Bewusstsein hineingreifen und nie von ihm getrennt wurden. Es ist ein Zustand ausgedehnten Bewusstseins oder ausgedehnter Wahrnehmung, in dem wir in der Lage sind, Schöpfungsenergien und -Ideen zu beobachten, die alles prägen und formen, was in unserer Wirklichkeit existiert. Wir schauen hinter die Oberfläche und können beispielsweise andere Menschen in ihrem wahren Wesen und nicht nur in ihrem Ego wahrnehmen. Wir beobachten nicht nur, wie sie aussehen, was sie tragen, wir hören nicht nur ihre Stimme und was sie sagen, sondern wir können den inneren Kern, das Wesen eines Menschen wahrnehmen und auch, was im Laufe seines Lebens daraus geworden ist: wie ihn seine Geschichte geprägt hat, wie er seine Möglichkeiten und Talente nutzt und ganz allgemein, wie er mit sich und der Welt umgeht. Wenn wir noch einmal an die Metapher des Siebdrucks denken, dann könnte man sagen, dass uns die erweiterte, paranormale Wahrnehmung dazu befähigt, das Sieb zu erkennen und nicht nur das verzerrte Abbild.

Sinnliche Wahrnehmung und Urhypnose

Unsere Sinnesorgane können nur die Abbilder der Schöpfungskräfte wahrnehmen, und sogar das nur sehr eingeschränkt. Sie nehmen wahr, was an der Oberfläche der Wirklichkeit erkennbar ist. Aber dieses oberflächliche Bild der Wirklichkeit stellt nur ein kleines Fragment dessen dar, was Wirklichkeit tatsächlich ist. Das Problem unserer sinnlichen Wahrnehmung liegt darin, dass wir, bedingt durch die Empfindlichkeit unserer Sinnesorgane und unseres Nervensystems, nur für bestimmte Reize aufnahmefähig sind. Im Sehbereich können wir beispielsweise nur Licht zwischen Infrarot und Ultraviolett wahrnehmen, im Hörbereich nur Klangimpulse zwischen 20 und etwa 17000 Hz. Aber zu dieser Begrenzung unserer Aufnahmefähigkeit kommt noch dazu, dass die Wahrnehmung an sich schon durch die verschiedensten äußeren Hindernisse eingeschränkt wird. Häuser, Berge und andere Objekte verstellen uns die Sicht, Schallwellen können keine größeren Entfernungen zurücklegen oder werden durch den Einfluss von Wind und Landschaftsformationen verzerrt.

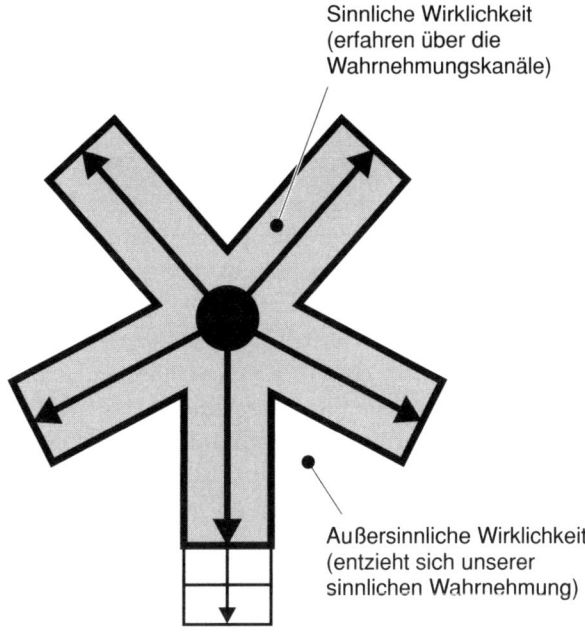

Sinnliche Wirklichkeit
(erfahren über die
Wahrnehmungskanäle)

Außersinnliche Wirklichkeit
(entzieht sich unserer
sinnlichen Wahrnehmung)

Unsere sinnliche Wirklichkeit ist der Teil der Wirklichkeit, den unsere Sinnesorgane wahrnehmen können. Was unserer Sinneswahrnehmung verborgen bleibt, ist der außersinnliche Bereich der Wirklichkeit. Auch in ihm existieren Kräfte, die ständig auf uns wirken, ohne dass wir sie bewusst wahrnehmen oder bewusst mit ihnen umgehen können.

Großes Bewusstsein – Dimensionen in uns

Zusätzlich wird unsere sinnliche Wahrnehmung auch noch auf ganz anderer Ebene begrenzt, wie Versuche mit Hypnose zeigen. Man kann beispielsweise eine Person hypnotisieren und

59

ihr in diesem Zustand sagen, dass sie nur bestimmte Dinge sieht oder nicht sieht. Beispielsweise könnte man ihr erklären, dass sie an ihrer rechten Hand nur vier Finger hat, und beim Aufwachen würde sie ihren Daumen nicht mehr wahrnehmen. Oder man könnte ihr sagen, dass eine bestimmte Person beim Aufwachen auf ihrer rechten Seite sitzen wird (tatsächlich sitzt diese links), und sie würde dann die Person auf beiden Seiten sitzen sehen, ohne sofort unterscheiden zu können, welches die richtige wäre. Daraus kann man schließen, dass unsere sinnliche Wahrnehmung auch stark von unserer Erwartungshaltung und von unseren Gedankenmustern geprägt ist. Nun sind wir aber alle in den neun Monaten im Mutterleib und in den ersten zwei bis drei Lebensjahren einer Art Urhypnose ausgesetzt, in der wir kritiklos übernehmen, was unsere Umgebung für wahr hält. Wir lernen, was richtig ist und was falsch; wer wir sind und wie wir leben sollen und – was in diesem Zusammenhang ganz wichtig ist – was wirklich, und damit wahrnehmbar, ist und was nicht. In diesem Zustand unserer Urhypnose erleben wir eine unbewusste Entfaltung, die unsere Wahrnehmung ausrichtet und die ohnehin beschränkte sinnliche Wahrnehmung noch weiter eingrenzt, und zwar auf eine sehr individuelle Weise. Wie stark dieser Mechanismus funktioniert, macht auch folgendes Beispiel klar: Wenn Sie in einer fröhlichen Stimmung durch die Stadt gehen, sehen Sie wahrscheinlich viele Menschen, die lächeln. Sind Sie hingegen nicht so gut gelaunt, dann begegnen Ihnen lauter Griesgrame, oder wenn Sie sich den Fuß verstaucht haben, fallen Ihnen plötzlich lauter hinkende Menschen auf, die Ihnen vorher, als sie noch gut gehen konnten, entgangen sind. Unsere Wahrnehmung wird sehr stark von dem geprägt, was wir in jedem Augenblick für wichtig halten, was wir erwarten oder was wir für selbstverständlich halten. Wer sich mit Körpertherapie beschäftigt hat, weiß, dass Erwartungshaltungen, unsere erlernten Sichtweisen, unser Verständnis der Wirklichkeit und auch gegenwärtige Stimmungen nicht nur in unserem Bewusstsein und auf unsere Wahrnehmung wirken, sondern dass sie auch im Körper gespeichert sind. Alles, was wir je erlebt haben, alles, was je durch unser Bewusstsein floss, ist in jeder Körperzelle gespeichert. Unsere

Geschichte prägt unser Bewusstsein und unser Selbstverständnis, aber auch unseren Körper und über die körperlichen Sinne unsere Wahrnehmung. Alle Gefühle, Gedanken und Erinnerungen, alle Prägungen, die wir irgendwann in unserem Körperbewusstsein festgehalten haben, wirken somit als Ideenfilter, durch den die Schöpferkraft hindurchfließt und prägend auf unsere persönliche Wirklichkeit einwirkt. Damit erlauben uns unsere körperlichen Sinne nur eine geschichtliche Wahrnehmung, die mit unserem Ich und unserer persönlichen Geschichte zu tun hat, aber nicht unbedingt mit dem, was existiert. Selbst von der oberflächlichen Wirklichkeit nehmen wir nur einen Teil wahr, ganz zu schweigen von den Kräften, die hinter der Oberfläche liegen und die Wirklichkeit bewirken.

Wahrnehmung der Wirkungskräfte

Hinter jeder äußeren Erscheinung ist ein geistiger Kern verborgen, eine Schöpfungsidee, die die äußere Form trägt. Diese Schöpfungsidee zieht geistige Urenergien an und lässt sie zu äußerlich erkennbaren Formen werden. Die Schöpfungsenergien wirken über die äußere Form hinaus und prägen als Wirkungskräfte auch das Umfeld entsprechend der Schöpfungsidee (die wie ein Sieb die Schöpfungsenergien ausgerichtet und zu einem Abbild geformt hat). Wenn wir die Wirkungskräfte wahrnehmen können, dann können wir das Abbild besser verstehen, das sich aus der Idee geformt hat, und wir können begreifen, wie sich die Wirkungskräfte auf uns auswirken werden und auf das Umfeld, das ebenfalls davon geprägt wird. Wollen wir beispielsweise die Wirkungskräfte einer Eiche erforschen, die sich auch in der äußeren Form ausdrücken, dann werden wir Kräfte spüren, die auf uns Sicherheit, Ruhe und Stabilität ausstrahlen, nicht aber Hektik, Dynamik oder Unsicherheit.

Würden wir unter dieser Eiche ein Picknick veranstalten, könnten wir sozusagen ein Bad in ihren Wirkungskräften nehmen. Unsere Stimmung würde wahrscheinlich zunehmend ausgeglichener, kraftvoller und ruhiger werden. Würden wir dage-

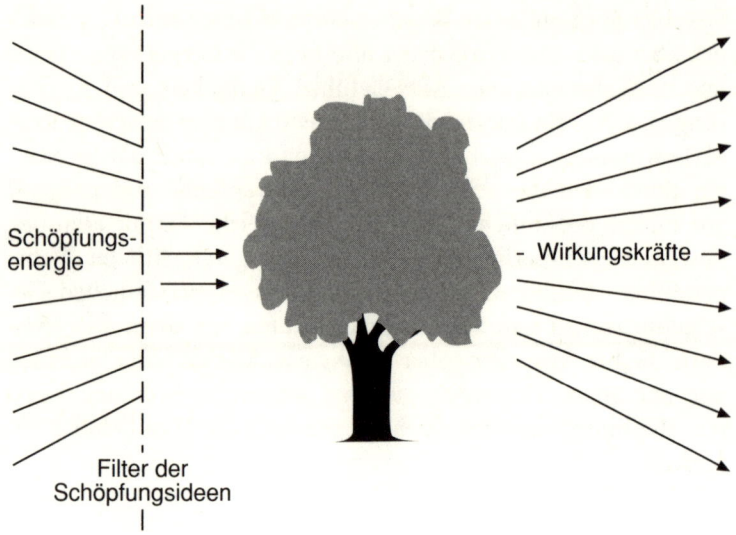

Schöpfungs-
energie

Wirkungskräfte →

Filter der
Schöpfungsideen

Wirkungskräfte

gen unter einer hellgrünen Birke mit ihrem lebendigen, leichten
Blätterkleid liegen, hätten wir bestimmt ein anderes Gefühl.
Das gilt nicht nur für Bäume, sondern für alle Pflanzen, Tiere,
Menschen, Dinge, Farben, Formen, Materialien, Proportionen,
Klänge usw. Alles, was in unserer Welt existiert, strahlt Wir-
kungskräfte ab, die in das Umfeld hineinwirken und unsere
Wirklichkeit prägen. Sich dieser Kräfte gewahr zu werden und
bewusst mit ihnen umzugehen, halte ich für äußerst wichtig,
denn nicht alle Wirkungskräfte tun uns gleichermaßen gut oder
sind für unser Leben förderlich.

Wie schaffen wir es, die Wirkungskräfte bewusst wahrzunehmen? Unsere sinnliche Wahrnehmung kommt dafür nicht in
Frage, denn die scheint schon mit der objektiven Betrachtung
der oberflächlichen Wirklichkeit überfordert zu sein, wie wir
oben festgestellt haben. Nur die paranormale Wahrnehmung
hilft uns hier weiter, die wir als natürliche Fähigkeit unseres Bewusstseins mitgebracht haben, zu der wir in der Kindheit jedoch offensichtlich den Zugang verloren haben durch die Ausrichtung unserer Sinneswahrnehmung und den Aufbau unseres
geschichtlich geprägten Ego.

Gefühle als Wahrnehmungsebene

Der Weg zur paranormalen Wahrnehmung führt also nicht über den physischen Körper mit seinen einseitig funktionierenden Sinnesorganen, auch nicht über den geschichtlich geprägten Verstand, sondern über die Energie der Gefühle. Sie wurden zuvor auch in unserer Vergangenheit geprägt, aber wir können sie davon relativ leicht befreien und sie als paranormale Wahrnehmungs- und Kommunikationsebene nutzen lernen.

Das Erlernen der außersinnlichen Wahrnehmung geht einher mit dem Erlernen einer klaren Wahrnehmung und einer bewussten Kontrolle der in uns fließenden Gefühle. Stellen Sie sich Ihre Gefühlswelt als See vor, auf den die uns umgebenden Wirkungskräfte wirken. Diese verändern seine ruhige, glatte Oberfläche und schaffen Muster, wie Ringe, die entstehen, wenn man Steinchen ins Wasser wirft. Die Veränderungsmuster kann man lesen und deuten lernen wie eine Art Zeichensprache. Je stiller der See ist, desto deutlicher können wir die Spuren lesen. Je aufgewühlter er ist, desto schwieriger wird es. In einem von Steinen aufgewühlten See können wir keine klaren Muster mehr erkennen.

Die Basis für jede Form von außersinnlicher Wahrnehmung bildet also einmal die Fähigkeit, Veränderungen im See unserer Gefühle deutlich zu lesen, und zum anderen den See unserer Gefühle ganz still werden zu lassen, damit überhaupt klare Muster erkennbar sind. Wenn wir über den See unserer Gefühle wahrnehmen können, lösen wir uns vom äußeren Bild, das von unseren Sinnesorganen vermittelt wird, und wir öffnen unsere innere Wahrnehmung für die Wirkungskräfte, die hinter den Dingen stehen. Wir erkennen, welche Energien und Schöpfungsideen durch die Dinge oder Menschen auf uns wirken oder auch auf jemand anderen wirken. Wir verstehen, wie jemand lebt, mit welcher Schöpfungsidee oder Lebensabsicht er geboren wurde, was er bisher daraus gemacht hat und was er daraus machen könnte. Wir können erkennen, inwieweit sich dieser Mensch von seiner ursprünglich mitgebrachten Lebensabsicht oder Schöpfungsidee entfernt hat und was er tun könnte, um sein gelebtes Wesen wieder mit seinem mitgebrachten in Einklang zu bringen, damit er heil und ganz wird.

Aus der Vergangenheit folgt die Gegenwart und daraus die Zukunft

Lineare Betrachtungsweise und Wahrnehmungsmethode unseres Intellekts

Die Schranken des Intellekts

Der offene Zugang zu unseren Gefühlen und die Kontrolle über sie ist nicht immer leicht. Was uns häufig dabei im Wege steht, ist unser kritischer Intellekt, der seine Fähigkeiten nahezu ausschließlich auf der Wahrnehmung der Sinne aufbaut, denn sie scheinen zuverlässig, sicher und real. Statt eine ganzheitliche Wahrnehmung zu suchen, verbindet er die Sinneswahrnehmungen aus der Vergangenheit mit neuen Eindrücken im Jetzt und setzt dann beide Informationsquellen in ein Verhältnis zueinander und zieht daraus wiederum Schlüsse für die Zukunft. Die Fähigkeit unseres Intellekts ist also nur so groß wie die Summe aller vergangenen Erfahrungen plus die Summe unserer Wahrnehmungen in der Gegenwart, nicht größer. Da aber diese Funktionsweise erprobt ist, hält er trotz der offensichtlichen Begrenzung daran fest.

Unsere Gefühle dagegen sind zwar auch von unserer Geschichte geprägt, aber sie funktionieren unabhängig von unseren Sinnen und ergeben daher in der Regel auch kein ausschließlich sinnvolles – von den Sinnen vermitteltes – Bild der Wirklichkeit, was sie für viele Menschen deshalb als irreal oder ungültig erscheinen lässt.

Die Gefühle als unsere dynamische Ebene sind eng verknüpft mit unserem Instinkt. Er bildet die Ebene unseres Unterbewusstseins, die das Überleben sichert und die ständig weit über die Körpergrenzen und die Möglichkeiten unserer Sinnesorgane hinaus nach hilfreichen Informationen sucht, die uns sicher und gut leben lassen. Der Intellekt ist dem Ego zugeordnet und funktioniert abstrakt und zeitbezogen linear.

Gefühle haben in unserer gegenwärtigen Welt an Bedeutung

verloren, man erachtet den Intellekt als wichtiger und lässt den Gefühlen in einer von Leistungsdruck und Zeitdruck geprägten Welt keinen Raum mehr. Doch Gefühle brauchen Zeit und Entspannung. In einem schnellen Leben können wir sie nicht spüren, aber ohne sie zu spüren, können wir nicht ganzheitlich-paranormal wahrnehmen und haben auch keinen Kontakt zu unserem Wesen. Deshalb tun wir wahrscheinlich so oft Dinge, die wir eigentlich nicht tun wollen, oder tun das, wonach wir uns sehnen, nicht. Wir spüren uns nicht mehr!

Schon als Kinder lernen wir, wie wichtig es ist, einen Zeitplan einzuhalten und für Leistung nur so viel Zeit aufzubringen, wie notwendig ist. Es ist keine Zeit zu vergeuden. Zeit einfach verstreichen zu lassen macht keinen Sinn. »Zieh mal schnell die Schuhe an!« heißt es da. Doch Kinder wollen nicht schnell die Schuhe anziehen, sie möchten die Schnürsenkel beobachten oder ausprobieren, wie sich der linke Schuh am rechten Fuß macht. Sie wollen experimentieren, Dinge erforschen, sich ihren Ideen und Phantasien hingeben und vor allem wollen sie spüren. Kinder haben ganz früh in ihrer Kindheit noch ihre ganzheitliche Wahrnehmung und können Dinge erspüren, auch wenn der Intellekt keine Gründe bereit hält und keine Informationen liefert. Um uns die Welt unserer Gefühle (wieder) zu erschließen, sollten wir es wie die Kinder machen. Wir sollten uns wieder Zeit und Raum zum Experimentieren nehmen, gewohnte Dinge einmal anders machen, langsamer oder sogar umständlicher, und spüren, wie es sich anfühlt. Wäre es nicht schön, mal wieder sinnlose Dinge zu tun, einfach um des Tuns willen, wieder zu träumen, zu phantasieren, unsere alte Neugierde zu erproben, unsere Experimentierfreude und das gemütliche Tun, das wir als Kinder stundenlang genießen konnten. Zu spüren, wahrzunehmen und zu fühlen, braucht Zeit.

Als Kinder hatten wir kein Zeitgefühl, weil wir uns mit den Dingen treiben ließen. Gefühle haben keine Zeitstruktur, sie finden jetzt statt. Unser Intellekt dagegen betrachtet die Wirklichkeit aus einer zeitlichen Perspektive. Er denkt an Vergangenheit, Gegenwart und Zukunft, er betrachtet die Dinge in einer linearen Abfolge. Diese Funktionsweise baut natürlich auf unserer Sinneswahrnehmung und unserem Nervensystem auf, das alle Impulse linear hintereinander an das Gehirn weitergibt und sie dort auch als Folge von Impulsen verarbeitet. Wir fühlen gleichzeitig oder sogar zeitlos, aber wir denken hintereinander.

ICH / Wachbewusstsein

Gefühle

Aus der Vergangenheit   folgt   die Gegenwart   und daraus   die Zukunft

Assoziative Betrachtungsweise und Wahrnehmungsmethode unserer Gefühle

Haben wir den Zugang zu unseren Gefühlen verloren, haben wir auch den Zugang zu den tieferen Ebenen unseres Bewusstseins verloren, ja zu uns selbst. Wir können unsere Lebensabsicht, unsere mitgebrachten Schöpfungsideen nicht mehr fühlen. Sie zu erdenken ist schwierig. Wir verlieren unsere innere Führung und halten uns dann an flache Werte aus unserer Geschichte: Sicherheit, Ansehen, materieller Erfolg, Leistung, Anerkennung und so fort. Aber diese oberflächlichen und letztlich irreführenden Ziele erfüllen uns nicht und lassen uns unsere Wahrnehmung immer mehr nach außen ausrichten, wo unser Intellekt Führung erhofft. In dieser Suche im Außen verlieren wir dann häufig fast ganz den Kontakt zu unserer größeren Wirklichkeit, unserem größeren Bewusstsein, das wir in Wahrheit sind und das uns trägt. Aber wir können es nicht mehr spüren und suchen es dann auch nicht mehr.

Raum für unsere Gefühle

Gefühle brauchen Zeit und Müßiggang, Eile und Leistungsdruck trennen uns davon. Wir sollten uns von der Idee lösen, wir müssten ständig etwas tun oder es müsste dauernd etwas passieren. Wenn wir Menschen beobachten, die dem Zeit- und Leistungsdenken verhaftet sind, die ständig in Eile sind, dann ist es offensichtlich, wie wenig sie ihre Gefühle leben und zeigen. Ihre Gesichter sind starr und werden nur lebendig, wenn sie Wut oder Angst ausdrücken, aber beides sind keine eigentlichen Gefühle, sondern die Folge von verdrängten Gefühlen und Sehnsüchten. Menschen, die sich Zeit nehmen, spüren sich und das Leben, haben weiche Gesichter und bewegen sich entsprechend harmonisch und ausdrucksvoll. Wir sollten wieder Raum schaffen für Gefühle, um unser Leben wieder spüren zu können. Mehr als alles andere ist unsere Lebensqualität von der Qualität unserer Gefühle abhängig. Sie verleihen unserem Leben Intensität, und letztlich tun wir alles in unserem Leben nur, um bestimmte Gefühle zu haben, außer wenn es dem Überleben selber dient. Gefühle bringen uns in Kontakt mit unserer wahren Bestimmung und weisen uns den Weg zu wirklicher Erfüllung. Erst wenn wir wieder in unseren Gefühlen leben und das Leben in ihnen spüren können, können wir die Ebene der Gefühle als Wahrnehmungsebene für unsere paranormale Wahrnehmung benutzen. Ohne sie lebendig in uns zu spüren, können wir auch nicht bewusst erleben, wie Wirkungskräfte auf sie einwirken und sie verändern und prägen.

- Tauchen Sie wieder ein in den Fluss der Gefühle, indem Sie beispielsweise mehrmals täglich innehalten und sich fragen: Was fühle ich gerade, warum? Will ich das? Was würde ich am liebsten jetzt tun, sagen, fühlen?

- Oder werden Sie sich Ihrer Gefühlen bewusst, wenn Sie spazieren gehen oder Rad fahren. Lenken Sie Ihre Aufmerksamkeit immer wieder einmal nach innen mit den Fragen: »Wie fühle ich mich? Worauf habe ich wirklich Lust?« Welche Impulse kommen aus Ihrem Inneren?

Möchten Sie vielleicht wie wild losrasen oder lieber verträumt vor sich hin trödeln? Dann spüren Sie nach außen: Wie fühlt sich die Gegend an, durch die Sie fahren? Versetzt sie Sie in eine bestimmte Stimmung? Was genau wirkt so auf Sie? Würde eine andere Route auf Sie anders wirken? Ist es also kein Zufall, dass Sie diese Strecke gewählt haben? Welcher Sehnsucht folgen Sie gerade?

- Hinterfragen Sie Ihre Stimmung häufig und machen Sie sich klar, Sie könnten jetzt auch ganz andere Gefühle haben. Welche Gefühle würden Sie sich gerade jetzt wünschen? Warum? Mit wem zusammen oder wo? Wie könnte das Außen jetzt ganz anders sein? Was hätte das für einen Einfluss auf Ihre Stimmung?

Die zwei Quellen unserer Gefühle

Bevor wir sinnvoll mit dem See der Gefühle arbeiten können, müssen wir verstehen, dass die Gefühle, die wir empfinden, aus zwei völlig unterschiedlichen Quellen stammen und deshalb auch eine ganz unterschiedliche Bedeutung in unserem Leben und natürlich auch für unsere bewusste Arbeit mit ihnen haben.

- Die eine Quelle, aus der unsere Gefühle strömen, stellt unsere persönliche Geschichte dar. Diese Gefühle entstehen in uns spontan aufgrund äußerer Impulse und sind als Verhaltens- und Wahrnehmungsmechanismen zu verstehen. Sie entsprechen den Prägungen, die im See des Unterbewusstseins gespeichert sind. Gefühle dieser Art geben uns eine bestimmte Wahrnehmung der Wirklichkeit und prägen unsere Stimmung. Sie strahlen hinein in unser Umfeld und prägen auch dort, aber nicht frei und beliebig, sondern als eine Fortsetzung oder Wiederholung der Vergangenheit. Diese automatischen Gefühle haben nur bedingt mit uns zu tun, sie spiegeln nur wenig von unserem Wesen wider.

- Die zweite Quelle unserer Gefühle entspringt unserer Grundpersönlichkeit und unserem sechsten Sinn. Diese Gefühle kommen nicht automatisch, angeregt durch Impulse im Außen, sondern entsprechen unseren Sehnsüchten und Fähigkeiten, also unserer Lebensabsicht, die wir in dieses Leben mitgebracht haben, oder sie spiegeln eine ganzheitliche Wahrnehmung auf unbewusster Ebene wider, mit der sich unser Kern auseinandersetzt. In diesen Gefühlen sind wir frei von unserer Geschichte, und nur über diese Ebene der Gefühle kann auch neutrale paranormale Wahrnehmung erfolgen. Die andere reaktive Ebene der Gefühle wertet und verzerrt oder lässt sogar gewisse Informationen gar nicht zu. Wir werden uns deshalb nur mit der zweiten Ebene der echten oder eigenen Gefühle beschäftigen, die uns eine freie, ungefilterte Wahrnehmung ohne persönliches Wertesystem ermöglicht und ebenso eine freie Lebensgestaltung, indem wir über diese Gefühle auch die Wirkungskräfte erzeugen können, die unser Leben prägen sollen.

Der Weg zu einem freien und kreativen Umgang mit Gefühlen sind Bewusstseinszustände, die wir in tiefer Entspannung oder Meditation finden können. In tiefer Entspannung, nahe der Schlafgrenze, wird die erste – automatische oder reaktive – Ebene unserer Gefühle allmählich inaktiv und wir können in Kontakt kommen mit den tieferen Ebenen unseres Seins. Alte Wahrnehmungs- und Verhaltenshypnosen unseres geschichtlich geprägten Ichs können wir zunehmend hinter uns lassen und wir können frei mit der zweiten, aktiven Ebene unserer Gefühle arbeiten. Je wacher wir sind, desto mehr verhindert unser kritischer Verstand, unser kritisches Ich, Ideen und Sichtweisen, die unserer Geschichte und dem See unseres Unterbewusstseins widersprechen. Je tiefer die Entspannung und je stiller unsere Gefühle und Gedanken sind, desto stärker können wir unser Bewusstsein neu prägen und unsere Wahrnehmung frei ausrichten.

Der Nullpunkt, die Zone der Freiheit

In tiefer Meditation erleben wir eine geistige Stille, die ich als Nullzustand bezeichne, einen Zustand, in dem unser Bewusstsein und unsere Wahrnehmung nicht mehr eindeutig ausgerichtet und deshalb offen für eine neue Wahrnehmung, neue Ausrichtung und neue Prägung sind. Alte Wahrnehmungs- und Verhaltensmuster sind inaktiv. Im Nullpunkt zu sein bedeutet, frei zu sein, die wahrnehmenden und prägenden Fähigkeiten unseres Bewusstseins beliebig nutzen zu können. Wirkungskräfte und die zu Grunde liegenden Schöpfungsideen werden frei wahrnehmbar und neue Wirkungskräfte können erzeugt und zur Gestaltung des persönlichen Lebens ausgeschickt werden, ohne dass wir noch durch den Filter, der Prägung unserer Geschichte behindert sind. In diesem Zustand können wir auch willentlich mit unserem großen Bewusstsein in Kontakt treten und unsere Lebensabsicht und unsere Möglichkeiten spüren.

In der traditionellen Psychologie glaubte man, dass der Mensch als unbeschriebenes Blatt geboren wird und von seiner Geburt an dieses Blatt kontinuierlich beschrieben wird. Deshalb scheint es dort auch wichtig herauszufinden, wer, wann und warum auf dieses Blatt geschrieben hat. In alten esoterischen Lehren glaubt man dagegen, dass wir schon als beschriebenes Blatt kommen und darauf nur ständig dazugeschrieben wird oder auch ganze Blätter ergänzt werden, die den Urtext manchmal verzerren oder völlig verunstalten. Deshalb scheint es dort hauptsächlich wichtig, den Urtext wiederzufinden und zum Leben zu erwecken, seine Inhalte und Energien auszudrücken, um das Leben sinnvoll zu machen. Das scheint im Nullzustand möglich zu sein, und dadurch wird die Auffassung der alten esoterischen Lehren bestätigt.

Mit erzählte einmal ein Mann, dass er über zwei Jahre lang intensiv meditiert habe und in dieser Zeit erleben musste, wie ihm das Leben in einigen Bereichen völlig entglitt, weil er zu lange im angenehmen, aber inaktiven Nullzustand verharrte. Als er dann nach geraumer Zeit wieder aktiv wurde und seine Erkenntnisse umsetzte, stellte er fest, dass sein Leben zusehends wieder an Form gewann – jedoch eine neue, freie Form, die nicht mehr von den Prägungen und Mustern seiner Geschichte abhängig war.

Wenn ich also vom Nullzustand spreche, dann verstehe ich darunter nicht einen friedlichen Zustand von Inaktivität, sondern einen Zustand von Klarheit und Erkenntnis, aus dem heraus ich meine Aktivitäten frei und kraftvoll gestalten kann. Ich werde in meiner Wahrnehmung von mir selbst und vom Leben frei und kann die Dinge ganzheitlich sehen. Ich kann meine Sehnsüchte spüren, meine Möglichkeiten und Fähigkeiten erkennen und meine Energien kraftvoll mit den Wirkungskräften verbinden, die mich meinen Visionen näher bringen.

Der Nullzustand ist wie ein Tor, das wir durchschreiten, um unsere Wahrnehmung frei von unserem Körper und seinen Sinnesorganen – also frei von unserer geschichtlichen Wahrnehmung – in den paranormalen Bereich hinein ausdehnen zu können. Er ist auch die Basis, auf der wir mit unseren Gefühlen Wirkungskräfte erschaffen können, über die sich unser Leben frei, bewusst und glücklich gestalten lässt, so wie es unserer Lebensabsicht entspricht.

2. TEIL

Die Praxis der außersinnlichen Wahrnehmung

In den folgenden Kapiteln geht es nun darum, unsere Fähigkeit zur außersinnlichen Wahrnehmung zu entwickeln oder, besser ausgedrückt, wieder zu erinnern. Das Wichtigste dabei ist: Es soll Spaß machen! Ernsthaftigkeit, Kopflastigkeit und Skepsis erschweren den Zugang ebenso wie übertriebene Disziplin. Lust am Üben, Spaß und lebendige Gefühle (möglichst überall im Alltag) öffnen dagegen die Tore zur Intuition und zu einer erweiterten Wahrnehmmung, mit denen dann spirituelle Entfaltung wie von selbst einhergeht. Lösen Sie sich von jeglichen Leistungsgedanken. Seien Sie verspielt! Experimentieren Sie! Und vor allem: Erlauben Sie es sich, Fehler zu machen. Nutzen Sie sie als Anlass zur Erheiterung und als nützliche Wegweiser auf Ihrer Entdeckungsreise. Ohne Fehler gemacht zu haben, ist es später schwer, richtige Eindrücke von Projektionen oder von Phantasie zu unterscheiden. Sehr nützlich auf dieser Reise kann es sein, schon jetzt zu Beginn mit Gleichgesinnten eine Übungsgruppe aufzubauen, obwohl Sie natürlich alle Übungen und Meditationen in diesem Buch auch alleine machen können. Aber in einer Gruppe zu üben macht noch mehr Spaß, inspiriert, ist lebendiger und erzeugt eine Dynamik, die das Erreichen der Übungsziele stark erleichtert und insgesamt beschleunigt. Ganz wichtig ist es auch, dass – ob Sie nun alleine oder in einer Gruppe üben – Ihre Wahrnehmungen auf die eine oder andere Weise überprüfbar sind, und zwar möglichst schnell. Das geht natürlich am einfachsten, wenn Sie die betreffende Person gleich befragen können, weil sie vor Ort ist. Machen Sie beispielsweise Wahrnehmungsübungen mit Fotos von Personen oder mit Schriftstücken oder Gegenständen von Personen, die nicht anwesend sind, sollten Sie Notizen machen, damit Sie später Ihre Wahrnehmung mit den Personen bzw. Besitzern überprüfen können, aber, wie gesagt, möglichst bald nach dem Üben, damit Sie die Stimmung, in der die Eindrücke kamen, nachvollziehen können. Ich werde Ihnen später auch Meditationsinhalte und Methoden vorschlagen, die Ihnen helfen, in den Nullpunkt zu gehen und Ihre außersinnliche Wahrnehmungsfähigkeit zu aktivieren. Sie sollten mit diesen Methoden so lange üben, bis Ihre paranormale Wahrnehmung für Sie wieder ganz normal geworden ist und Sie Energien und Informationen erfassen können, die jenseits Ihrer sinnlichen Wahrnehmungsmöglichkeiten liegen.

Alle diese Meditationen können Sie selbstständig machen, wenn Sie sich mit den Inhalten und dem Ablauf gut vertraut gemacht oder sie für sich selbst auf Tonband gesprochen haben, damit Sie sich nicht angestrengt erinnern müssen, sondern einfach hineintreiben können.

Weil die Tiefe der Meditation anfänglich besonders wichtig ist für den Übungserfolg, habe ich zur Unterstützung eine besondere Klangtechnik entwickelt und auf Übungskassetten mit verschiedenen Meditationsinhalten verknüpft. Es handelt sich dabei um Rauschformen, die beim Hören mit Stereo-Kopfhörer dreidimensionale Muster im Kopf erzeugen und unser Gehirn ganzheitlich und harmonisch entspannen helfen. Die jeweiligen Meditationsinhalte können dann leicht und doch tief in unser Bewusstsein hineinfließen und wirken. Der größte Vorteil einer technischen Übungsunterstützung ist die erhebliche Verkürzung der Übungszeit bis zum spürbaren Übungserfolg. Aber trotzdem möchte ich wiederholen, dass Sie auch ohne jegliche Hilfe dieser Art erfolgreich üben können und natürlich zumindestens zeitweise auch sollten. (Eine Beschreibung der Meditationskassetten und die Bezugsquelle finden Sie im Anhang.)

Von der sinnlichen zur außersinnlichen Wahrnehmung

Zwischen unserer sinnlichen und außersinnlichen Wahrnehmung besteht ein erheblicher Unterschied in der Funktionsweise. Die sinnliche Wahrnehmung des Sehens beispielsweise

funktioniert nach folgendem Prinzip: Licht trifft auf das wahr-
zunehmende Objekt, das von diesem reflektierte Licht trifft unser Auge und reizt darin die Stäbchen und Zäpfchen. Nerven-
impulse werden freigesetzt und gelangen zum Gehirn, wo sie
als elektromagnetische Schwingungsmuster gespeichert werden. In diesem Speicher wird dann die jetzige Wahrnehmung
verglichen mit dem, was irgendwann in der Vergangenheit
schon einmal wahrgenommen wurde. Es folgt ein Prozess des
Erkennens.

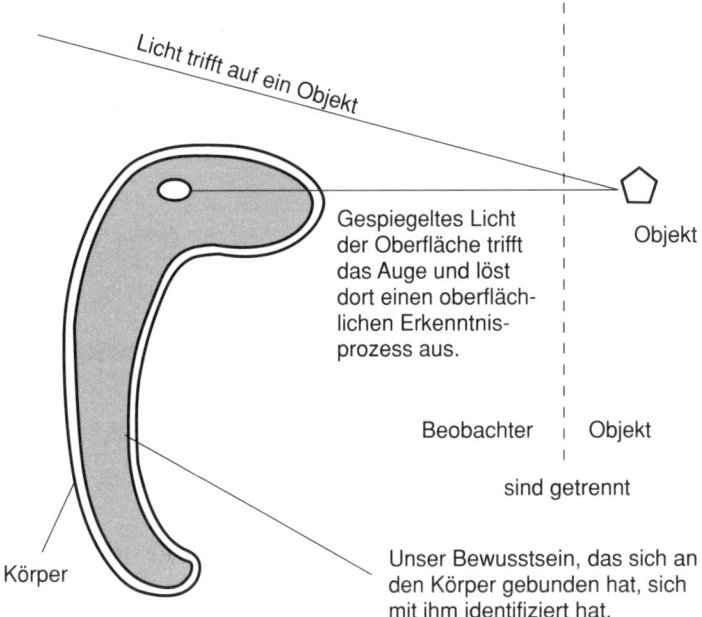

Licht trifft auf ein Objekt

Gespiegeltes Licht
der Oberfläche trifft
das Auge und löst
dort einen oberfläch-
lichen Erkenntnis-
prozess aus.

Objekt

Beobachter | Objekt

sind getrennt

Körper

Unser Bewusstsein, das sich an
den Körper gebunden hat, sich
mit ihm identifiziert hat.

Normale sinnliche Wahrnehmungsmethode

Alle sinnlichen Wahrnehmungen über Ohren, Nase, Zunge
oder über den Tastsinn geschehen nach dem gleichen Prinzip. Grundlegend bei dieser Art der Wahrnehmung ist der
Aspekt des Getrenntseins: Wir als wahrnehmendes Bewusstsein und das, was wahrgenommen wird, sind voneinander
getrennt. Durch physikalische Phänomene wie Licht, Schall
oder elektrische Reize wird diese Trennung nur scheinbar über-
brückt.

Die **außersinnliche Wahrnehmung** folgt einem gänzlich anderen Prinzip. Sie basiert auf der Erweiterung unseres Bewusstseins und seiner Verschmelzung mit dem, was wahrgenommen werden soll.

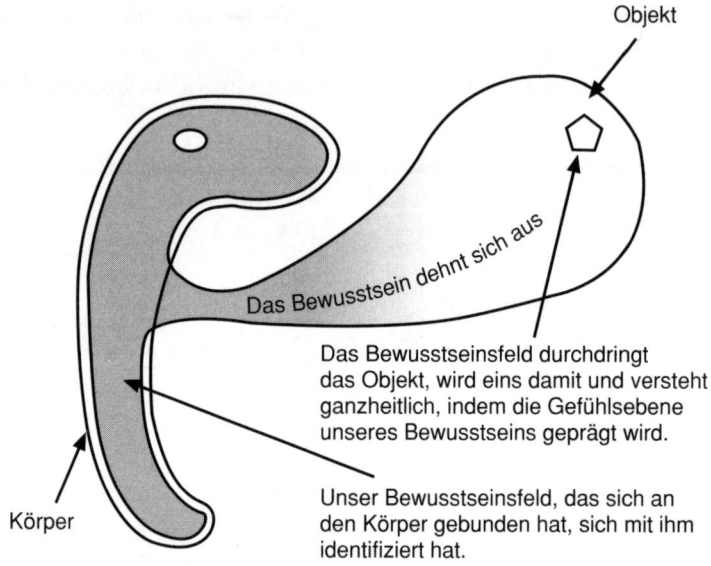

Objekt

Das Bewusstsein dehnt sich aus

Das Bewusstseinsfeld durchdringt das Objekt, wird eins damit und versteht ganzheitlich, indem die Gefühlsebene unseres Bewusstseins geprägt wird.

Körper

Unser Bewusstseinsfeld, das sich an den Körper gebunden hat, sich mit ihm identifiziert hat.

Paranormale Wahrnehmungsmethode

Wir empfinden uns dabei nicht als Körper mit Wahrnehmungsorganen, sondern als bewusstes Wahrnehmungsfeld, das sich ausdehnen kann bis hin zum wahrzunehmenden Objekt in einer Art »Wahrnehmungsbeule«. Mit ihr durchdringen wir das Objekt, verschmelzen mit ihm und fühlen uns mit ihm eins. Unser Bewusstsein als ausgedehntes, wahrnehmendes Feld ist dabei Träger unserer Gefühle, unseres Gefühlssees, der – wenn er ganz glatt, ruhig und still ist – in dieser Einheit deutlich von den neuen Wirkungskräften geprägt wird, die in dem durchdrungenen Objekt wirksam sind und von ihm ausgehen. In diesem Prozess der Prägung durch die Wirkungsenergien können wir das Objekt ganzheitlich begreifen, weil wir gewissermaßen dazu geworden sind. Wir sehen, hören, riechen oder erfassen das Objekt, z. B. einen Menschen, nicht nur an seiner

Oberfläche, sondern wir erkennen ihn auf einer tieferen Ebene. Seine Persönlichkeit, seine Eigenheiten, seine Sehnsüchte und sogar seine Geschichte hinterlassen Spuren im See unserer Gefühle und geben uns Aufschluss über die Energien, die in diesem Menschen wirken, von ihm ausgehen und auf sein Umfeld einwirken. Wir nehmen ihn direkt in der Einheit mit uns wahr und sind nicht mehr auf die physikalischen Impulse angewiesen, die von seiner Oberfläche ausgehen und auf unsere Sinnesorgane in einer mehr oder weniger verzerrten Form einen Reiz ausüben.

Die Kunst, das eigene Bewusstsein als Wahrnehmungsfeld über die Grenzen des physischen Körpers hinauszusenden und mit einem beliebigen Ziel verschmelzen zu lassen, ist seit Jahrtausenden in vielen Kulturen bekannt. Aus dem alten Ägypten ist als Methode okkulter Zirkel eine schöne Meditation überliefert, die Sie unbedingt einmal ausprobieren sollten:
Setzen Sie sich dazu vor einen Baum (oder ein anderes Objekt) und versuchen Sie, Ihre Wahrnehmung von sich selbst zu diesem Baum, hinein in diesen Baum, zu verlagern. Empfinden Sie sich als Baum, als Bewusstsein dieses Baumes! Werden Sie ganz still und spüren Sie jeder Veränderung in sich nach. Schon bald werden in dieser Verschmelzung die Schöpfungs- und Wirkungskräfte des Baumes spürbar, und Sie werden beginnen, sich als Baum zu empfinden. Wenn Sie weiter ruhig mit Ihrem Bewusstsein und Ihrer Wahrnehmung im Baum bleiben, werden sie allmählich sich selbst und Ihre Sinne vergessen, und damit natürlich auch Ihr übliches Betrachtungssystem. Sie werden immer stärker die Wirkungskräfte des Baumes in sich spüren und Ihre Wahrnehmung wird sich dort für neue Bereiche der Wirklichkeit öffnen, die vorher außerhalb Ihrer Sinneswahrnehmung lagen.
Diese und ähnliche Übungen werden schrittweise Ihr Bewusstsein erweitern und Ihr Wahrnehmungsfeld beweglicher und aufnahmefähiger machen. Sie werden sogar erfahren,

dass sich Ihr Bewusstsein nie wirklich nur in Ihrem Körper befindet, sondern dass Sie sich ständig in einem Zustand ausgedehnten Bewusstseins und erweiterter Wahrnehmung befinden, ohne dass Sie das bis jetzt gemerkt haben, weil Sie sich mit Ihren Sinnesorganen und Ihrem Körper identifiziert haben.

Die außersinnliche Wahrnehmung, die auf dem Prinzip der Verschmelzung mit anderen Wirkungskräften basiert, unterscheidet sich von der sinnlichen Wahrnehmung noch durch einen anderen wichtigen Aspekt, nämlich die Art und Weise, wie die Wahrnehmung aufgenommen und verarbeitet wird. Am einfachsten kann ich Ihnen diesen Unterschied erklären, wenn Sie sich vorstellen, Sie wollen einen für Sie neuen Raum betrachten und das Aussehen und die Atmosphäre des Raumes auf sich wirken lassen. Wie würden Sie das tun? Vermutlich folgendermaßen: Sie schauen sich systematisch um und versuchen, sich nacheinander jedes einzelne Detail zu merken, bis Sie sich einen Gesamteindruck verschafft haben, der Ihnen ein gewissen Empfinden für diesen Raum vermittelt. Unsere normale sinnliche Wahrnehmung sammelt also einzelne (Sinnes-) Eindrücke, einen nach dem anderen, und verbindet sie zu einem Gesamtbild, das gewissermaßen über die Einzeleindrücke wie ein Puzzle aufgebaut wird. Wir können nicht das komplette Bild erfassen, sondern konstruieren es aus der Folge der Wahrnehmungsimpulse, die über unsere Sinnesorgane zu uns gelangen.

Wenn wir dagegen außersinnlich wahrnehmen, indem wir unser Bewusstsein ausdehnen und mit einem Objekt verschmelzen, spüren wir sofort – also ohne dass spürbar Zeit vergeht – das Objekt ganzheitlich aufgrund der Veränderungen in unserem Gefühlssee, die durch seine Wirkungskräfte entstehen. Wir brauchen das Informationspuzzle gewissermaßen nicht erst zusammensetzen, sondern es wird in uns sofort erkannt durch die neue Qualität, die unser Gefühlssee annimmt. Dies klingt vielleicht sehr einfach, aber in der Praxis ist es nicht so ganz leicht, damit umzugehen. Wir müssen zuerst lernen, diese neuen Gefühlsmuster in übliche Wahrnehmungen zu übertragen.

Innere Einstimmung
auf die außersinnliche Wahrnehmung

Unseren normalen Alltag gestalten wir hauptsächlich über die Sinneswahrnehmung und über den Intellekt. Deshalb ist es nicht ganz einfach, unser Bewusstsein auf die außersinnliche Wahrnehmung umzustellen. Wir müssen uns dazu innerlich erst einstimmen und unser Unterbewusstsein aktivieren. Sehr bewährt haben sich meditative Übungen, in denen über Phantasiereisen und bewusste Eingaben von neuen Ideen unser Unterbewusstsein wieder dazu angeregt wird, wie in unserer Kindheit sein Wahrnehmungsfeld über die Grenzen des Körpers hinauszuschieben und bereit zu werden für außersinnliche Wahrnehmung und die Aufnahme von Impulsen aus dieser Wirklichkeit

Setzen Sie sich dazu bequem hin oder legen Sie sich auch hin, so wie Sie sich am besten entspannen können, ohne aber gleich einzuschlafen. Achten Sie auch darauf, dass Sie nicht umfallen können, wenn sich Ihr Körper ganz entspannt, sonst verkrampfen Sie sich vielleicht. Wenn Sie die Meditation nicht selbstständig in sich bewegen wollen, sondern lieber auf den Ablauf hören, wie er von Ihnen vorher auf Band gesprochen wurde, dann sollten Sie darauf achten, ob Sie langsam genug gesprochen haben, um sich nicht gejagt zu fühlen, oder vielleicht zu langsam, so dass Sie geistig wegtreiben. Experimentieren Sie vorher ein bisschen, bis sie Ihren eigenen Rhythmus gefunden haben. Und wenn Sie Ihre eigene Stimme stört, lassen Sie eine vertraute Person auf Ihr Band sprechen oder greifen Sie auf meine für diesen Zweck entwickelten Übungskassetten zurück.

MEDITATION – ERWEITERUNG UNSERES
BEWUSSTSEINS

Atme jetzt langsam tief ein und aus, tief ein und aus, und schließe die Augen.

Atme weiter tief ein und aus.

Während du langsam weiteratmest, denke jetzt an deine Knie, denke an beide Knie.

Atme weiter ein und aus und denke an deine Schultern.

Atme weiter ein und aus und denke an deinen Solarplexus.

Atme weiter ein und aus und denke an dein Herz.

Jetzt stell dir vor, mit jedem Einatmen atmest du kraftvolle, strahlende Energie ein. Und beim Ausatmen verteilst du diese Energie in deinem Körper und in deinem Bewusstsein.

Atme weiter die Energie ein und beobachte, wie sich dein Körper anfühlt mit dieser kraftvollen, strahlenden Energie. Spüre die Energie… überall im Körper!

Jetzt atme weiter Energie ein und beim Ausatmen verströmst du diese Energie über die Grenzen deines Körpers hinaus, hinein in diesen Raum.

Spüre, wie sich der gesamte Raum mit strahlender, kraftvoller Energie füllt.

Diese Energie im Raum hat die Kraft, deine Gedanken, Gefühle und inneren Bilder Wirklichkeit werden zu lassen, wenn du dies möchtest.

Jetzt, ganz leise in Gedanken sage zu dir selbst und spüre, wenn du möchtest:

Ich möchte mein Bewusstsein und meine Wahrnehmung über die Grenzen meines Körpers hinaus ausdehnen lernen, frei durch den Raum, frei durch die Zeit.

Ich möchte die ganze Größe meines Bewusstseins spüren.

Ich möchte spüren, dass ein Teil von mir überall ist, überall im Raum, überall in der Zeit.

Atme tief ein und aus.

Und jetzt spüre, wie du mit jedem Einatmen größer wirst und dein Bewusstsein sich auszudehnen beginnt wie eine Blase oder ein Ballon, den man aufbläst. Es wird größer und größer.

Spüre, wie der Ballon sich um deinen Körper herum ausdehnt und immer größer und größer wird.

Spüre, wie dein Bewusstsein sich ausdehnt und immer größer wird, größer als die Wohnung, größer als das Haus, in dem du dich befindest.

Dehne dich noch mehr aus, hinein in den Weltraum. Werde größer und größer, so groß bis du spürst, dass die ganze Welt in deinem Bewusstseinsfeld ist.

Gehe noch weiter darüber hinaus und spüre, wie die Weltkugel sich in deinem Bewusstseinsfeld dreht, du aber noch viel größer bist. Spüre die Natur, die Meere, die Flüsse, wie sie durch dich hindurch strömen, während die Erdkugel sich dreht.

Dehne dein Bewusstsein noch weiter aus. Mache es so groß, dass auch der Mond darin Platz hat und sich auf seiner Bahn durch dein Bewusstsein bewegt.

Spüre den Mond auf seiner Bahn und spüre die Erde, wie sie sich dreht in deinem Bewusstseinsfeld.

Jetzt ziehe dein Bewusstseinsfeld wieder zusammen, lass es kleiner werden.

Spüre, wie die Erde in dir größer wird.

Lasse dein Bewusstseinsfeld noch kleiner werden.

Spüre, wie Europa deutlich wird in deiner Wahrnehmung und dann das Land, in dem du dich derzeit aufhältst, und ziehe dich zurück an den Ort, an dem sich dein Körper befindet.

Spüre das Haus, den Raum. Ziehe dein Bewusstsein noch mehr zusammen, bis du deine Sinne wieder im Körper spürst.

Atme langsam tief ein und aus und sage dann leise in Gedanken zu dir selbst, wenn du möchtest und fühle es: Ich kann mein Bewusstseinsfeld ausdehnen – und damit meine Wahrnehmung – beliebig weit durch den Raum, beliebig weit durch die Zeit.

Was in meinem Bewusstseinfeld ist, kann ich spüren, wahrnehmen, verstehen, begreifen.

Ich möchte mehr und mehr fühlen und erfahren, wie ich mit meinem Bewusstseinsfeld alles einschließen und durchdringen kann, was existiert, um es zu verstehen.

Atme jetzt ganz langsam tief ein und aus und öffne ganz langsam die Augen.

Diese Meditation oder eine ähnliche dient als Einstimmung und zur Aktivierung der paranormalen Wahrnehmungsfähigkeiten. Sie sollte zu Beginn unseres praktischen Übungsweges mehrmals die Woche geübt werden, möglichst vor dem Schlafengehen, damit sie auch noch während der Nacht wirken kann. Denken Sie daran: Was Sie direkt vor dem Einschlafen wünschen und fühlen, beeinflusst ihr Unterbewusstsein mehr als das, worüber Sie vielleicht stundenlang nachdenken während des Tages.

ARBEITSFRAGEN ZUR MEDITATION

Die folgenden Fragen sind dazu gedacht, sich nach einer Meditation darüber klar zu werden, welche Veränderungen sich tatsächlich beobachten ließen, und um die gemachten Erfahrungen besser im Gedächtnis zu verankern und zu erinnern.

- Konnte ich das Größerwerden empfinden?

- Konnte ich das Kleinerwerden empfinden?

- Was war deutlicher?

- Welche Details habe ich besonders klar wahrgenommen – beispielsweise die Rotation der Erdkugel oder die Energie meines Hauses?

- Welche Gefühle habe ich wahrgenommen? Vielleicht Ruhe und Frieden? Oder gar Aufregung?

- Ist mir etwas Überraschendes aufgefallen oder klar geworden?

Als Alternative zu dieser Meditation – bevorzugt abends – schlage ich noch folgende Phantasieübung vor, die Sie auch während des Tages überall machen können, wo Sie möchten, um Ihre Sensibilität gegenüber außersinnlichen Reizen oder Wirkungskräften zu erhöhen.

Denken Sie immer daran: Sie lernen nicht außersinnliche Wahrnehmung, sondern Sie üben, um sich wieder daran zu erinnern. Sie bauen auch kein Wahrnehmungsfeld auf, Sie lernen nur, es wieder wahrzunehmen.

PHANTASIEÜBUNG IM WACHZUSTAND – EINSTIMMUNG AUF PARANORMALE WAHRNEHMUNG

Nehmen Sie sich irgendwann etwas Zeit und stellen Sie sich in Ihrer Phantasie vor, wie sich Ihr Bewusstsein als Wahrnehmungsfeld ausdehnt. Spüren Sie den Stuhl oder das Bett, auf dem Sie sind, das Zimmer, in dem Sie sich befinden. Dann dehnen Sie sich aus und spüren Sie das Haus, danach werden Sie noch größer und spüren Sie die Umgebung. Dann, wenn Sie sich groß und weit fühlen, schicken Sie Ihr Wahrnehmungsfeld zu einer bestimmten Person oder an einen bestimmten Ort, an den Sie reisen möchten und beobachten Sie, wie sich Ihre Gefühle dabei verändern. Was nehmen Sie wahr? Dann ziehen Sie sich wieder zusammen, bis Sie sich wieder auf dem Stuhl oder dem Bett in der gewohnten Umgebung wahrnehmen und konzentrieren Sie sich darauf, die Beweglichkeit Ihres Bewusstseinsfeldes zu erspüren. Werden Sie neugierig und erforschen Sie, genießen Sie diese neue Beweglichkeit und Freiheit und bleiben Sie gelassen, wenn Sie nicht so klar wahrnehmen, wie Sie dies natürlich am liebsten gleich möchten. Ihr Unterbewusstsein spürt Ihre Bemühungen und wird versuchen, Sie erfolgreich zu machen, denn es weiß, dass Sie diese Fähigkeiten besitzen.

Übrigens: Wenn Sie in einer Meditation oder Phantasieübung Ihr Bewusstsein größer werden lassen, dann wird es zwar tatsächlich größer und weiter erscheinen, aber in Wirklichkeit ist Ihr Bewusstsein immer groß. Indem sich Ihr Wahrnehmungsfeld in der Übung scheinbar ausdehnt, beginnen Sie Ihr Bewusstsein in der Verschmelzung mit anderen Bereichen von Raum und Zeit wieder stärker zu erfahren. Sie werden seiner stärker gewahr und erleben so eine Art Bewusstseinserweiterung, die eigentlich eine Wahrnehmungserweiterung ist.

Wenn Sie spüren, wie Ihr Bewusstsein weit hineingreift in Raum und Zeit, wird Ihnen wahrscheinlich auch klar, warum es nicht gleichgültig ist, was wir denken und fühlen, denn unsere Gedanken, Gefühle und inneren Bilder sind geistige Energien, die durch unser Bewusstseinsfeld wandern und alles, was wir durchdringen, mit unseren Wirkungskräften prägen, so wie wir geprägt werden von allem, was wir durchdringen. Je bewusster wir in unserer Wahrnehmung an einem Ort sind, desto bewusster können wir dort unsere wirkenden Kräfte freisetzen, zum Beispiel um zu heilen, und desto bewusster und klarer können wir auch wahrnehmen. Unsere Wirklichkeit bewusst erfassen und auch bewusst mit unseren eigenen Wirkungskräften prägen zu können hängt beides von unserer Fähigkeit ab, unser großes Bewusstsein in Gewahrsein zu haben und unser Wahrnehmungsfeld gezielt lenken zu können.

FRAGEN UND ANTWORTEN

Ich möchte an dieser Stelle eine Frage beantworten, die von Teilnehmern meiner Seminare zu Beginn des praktischen Übungsteiles häufig gestellt wird und die mit Sicherheit in kurzer Zeit auch für Sie bedeutsam sein wird:

Frage:

Wenn ich im Zustand ausgedehnten Bewusstseins wahrnehme, wie kann ich dann wissen, welche Energien ich selbst bin und was fremde Energien sind beziehungsweise wann ich echt etwas wahrnehme und wann ich phantasiere, projiziere oder einfach rate?

Antwort:

Bei der Beschäftigung mit Bewusstseinserweiterung und außersinnlicher Wahrnehmung ist es wichtig, von Anfang an auch unser Selbstbewusstsein einzubeziehen. Unter Selbstbewusstsein verstehe ich das Bewusstsein unserer selbst: Wer bin ich? Was denke ich? Was fühle ich? Was bin ich und will ich sein? Wie fühle ich mich und wie möchte ich mich fühlen? Was tue ich und was möchte ich tun?

Je mehr wir uns beobachten und die Antworten auf diese Fragen erkennen, desto leichter können wir fremde von eigenen Energien und mitgebrachte von neuen Informationen unterscheiden, und desto stabiler bleiben wir selbst, in welchem Umfeld wir uns auch bewegen. Fehlt dieses klare Selbstverständnis, kann es passieren, dass man sich in fremden Energien verliert und von ihnen regelrecht überrollt wird, ohne dass man es überhaupt bemerkt, oder man glaubt, man hätte neue Informationen erhalten, diese entsprechen aber tatsächlich nur den eigenen Gedanken, Erwartungen und Sichtweisen.

Unser Selbstbewusstsein wird sich mit der Erhöhung unserer ganzheitlichen Wahrnehmung zwar von selbst weiterentwickeln, sollte aber zu Beginn trotzdem gezielt gestärkt werden. Je mehr ich weiß, wer und was ich bin, desto mehr weiß ich, was das andere ist, und desto klarer und sicherer werde ich in meiner Wahrnehmung. In diesem Zusammenhang möchte ich kurz erwähnen, dass die einzig sichere Art, sich vor ungeliebten fremden Einflüssen zu schützen, ein starkes Selbstbewusstsein ist, indem ich mich immer wieder auf mich selbst beziehe, meine eigenen Energien stärke und von anderen abgrenzen kann.

Gefühle als Ebene ganzheitlicher Wahrnehmung

Außersinnlich wahrnehmen bedeutet ganzheitlich im Moment wahrnehmen, ohne dass Zeit dabei eine spürbare Rolle spielt. Anders als bei der sinnlichen Wahrnehmung, wo einzelne Eindrücke linear aneinandergeschichtet werden und dann eine Art

Sammelbild ergeben, wirken Wirkungskräfte aus dem Umfeld, das wir mit unserem Wahrnehmungsfeld durchdringen, gleichzeitig auf unsere Gefühle und erzeugen dort sofort ein verändertes Muster, vergleichbar mit den vielfältigen Kringeln auf einem ruhigen See, die entstehen, wenn viele Steinchen hineingeworfen werden. Dieses Muster ist fein und kompliziert und wird deshalb, wenn man in dieser Art der Wahrnehmung noch nicht geübt ist, durch stärkere Eindrücke der Sinnesorgane überlagert oder komplett verdrängt. Um das zarte Muster überhaupt oder klarer wahrnehmen zu können, ist es zunächst wichtig, die Gefühle zur Ruhe kommen zu lassen, dann unsere Gefühle überhaupt wieder zu spüren und achten zu lernen, und danach – das größere Problem – das komplizierte, gleichzeitig entstandene Muster wieder linear zu entschlüsseln wie einen Wollknäuel, den wir wieder aufziehen müssen, um den Faden als Informationskette lesen zu können. Die Entschlüsselung der gleichzeitig erhaltenen Informationen in einzelne, einander zuordenbare Informationen könnte man mit dem Erlernen einer völlig fremden Sprache, wie chinesisch, vergleichen, wo Schriftzeichen, Grammatik und Wortschatz völlig anders sind. Wir spüren die Spuren der Wirkungskräfte in unseren Gefühlen, aber wir können sie zu Beginn nur schwer deuten, manchmal nicht einmal lesen. Das Erlernen der Sprache unserer Gefühle braucht viel Übung und Zeit, ist aber grundsätzlich nicht schwierig und für jeden möglich. Wenn Sie konsequent mit den vorgeschlagenen Meditationen und praktischen Ansätzen üben, wird sich Ihre Wahrnehmung wahrscheinlich in folgenden Schritten erweitern:

- Ihre Gefühle werden Ihnen bewusster, Bewegungen und Prägungen auf dem See Ihrer Gefühle werden deutlicher wahrnehmbar, aber Sie können Ihre Wahrnehmung noch nicht klar formulieren und deuten. Es ist eine klare Ahnung vorhanden, sie kann aber nicht in Sprache umgesetzt werden, fast so, als ob einem ein Wort auf der Zunge liegt, aber es will nicht so richtig heraus.

- Mit zunehmender Übung beginnt dann Ihr Unterbewusstsein, diese Bewegungen in Ihrem Gefühlssee entweder in

Bilder, symbolische oder reale, zu übersetzen oder in akustische Eindrücke, zum Beispiel eine Stimme, die zu Ihnen spricht, oder Ihre eigene Stimme, die automatisch in Ihrem Kopf zu erzählen beginnt, oder auch in körperliche Empfindungen, die für Sie eine gewisse Aussagekraft besitzen.

- Sie lernen dann systematisch die auftauchenden Bilder, akustischen Eindrücke oder körperlichen Gefühle zu verstehen und zu interpretieren. Nach einiger Zeit werden Sie in dieser Art zu deuten so viel Übung haben, dass sich die Gefühlsmuster direkt in Ihrem Bewusstsein zu Ideen formen und Sie Dinge dann einfach wissen, wenn Sie danach fragen.

Diese Art der Umsetzung der Gefühlsmuster bzw. Veränderungsmuster aus dem Gefühlssee nennt man in esoterischen und metaphysischen Kreisen, wenn es sich um abstrakte oder konkrete Bilder handelt: *Hellsehen*; wenn es sich um akustische Informationsübertragungen handelt: *Hellhören*, und wenn sich klare Gefühle einstellen, z. B. im Körper: *Hellfühlen*.
Wenn sich die Informationen direkt zu Ideen oder Wissen oder einem tiefen Begreifen formen, spricht man von *Hellwissen*, was vielleicht die eindrucksvollste Art der paranormalen Wahrnehmung darstellt. Die anderen Formen sind eigentlich Übergangsstufen, auch wenn viele von Ihnen vielleicht dabei bleiben möchten, weil sie besonders zu Beginn zu einer sehr klaren und unmissverständlichen Sprache werden können.
Um auf das Bild der chinesischen Sprache zurückzukommen: Zuerst lernen Sie, die Schriftzeichen zu lesen und sie zu Wörtern und Sätzen zusammenzufügen. Dann kommt die Grammatik hinzu und erst viel später können Sie flüssig lesen und mühelos verstehen, was die anfangs völlig unverständlichen Zeichen bedeuten.
Für die Sprache unseres Gefühlssees brauchen wir zum Glück keinen Lehrer, der uns die Zeichen beibringt, da wir unsere eigenen Zeichen und unsere Grammatik in unserem Bewusstsein mitbringen, wir müssen auf jeden Fall unsere eigenen Gefühle wieder deutlich spüren, und zwar ständig, selbst dann, wenn wir

in unserem Alltag auch unseren Kopf benutzen müssen und für Gefühle kein Raum zu sein scheint. Gefühle müssen fließen, denn sie sind der Träger der paranormalen Wahrnehmung.

INTENSIVIERUNG UNSERER GEFÜHLE

Den Zugang zu unserer außersinnlichen Wahrnehmung finden wir am einfachsten über unsere Gefühle, und deshalb muss unsere Gefühlswelt im alltäglichen Leben wieder an Bedeutung gewinnen. Wir sollten sie klar spüren, sie so hemmungslos und direkt leben, wie es nur geht. Mit »hemmungslos leben« meine ich natürlich nicht auf Kosten der anderen, indem ich deren Freiraum eingrenze. Vielmehr meine ich damit, dass wir uns nicht aufhalten oder hemmen lassen sollten, unsere eigenen Gefühle fließen zu lassen und mit ihnen unser Leben zu gestalten und durch sie Intensität zu spüren in ganzer Lebendigkeit, wie das durch unseren Intellekt nicht möglich ist. Oft folgen wir unbewussten Mustern aus der Vergangenheit, fremden und übernommenen Wertesystemen oder auch Zukunftsvisionen, die schön klingen mögen, aber nicht unsere eigenen sind. Wir merken es nicht einmal, weil wir im Leistungsdenken und Zeitdruck gefangen sind und sich unsere Wahrnehmung nur mit dem Außen beschäftigt. Deshalb sollten Sie sich an dieser Stelle etwas Zeit nehmen und sich die folgenden Fragen beantworten. Schreiben Sie Ihre Antworten auf.

- Welche Sehnsüchte habe ich?

- Wovon fühle ich mich wirklich angezogen (von welchem Land, welcher Stadt, von welchem Beruf, von welchen Freizeitaktivitäten, von welchen Farben, welchem Kleidungsstil, welchen Menschen usw.)?

- Was bedeutet Lebensqualität für mich, was bedeutet Erfolg?

- Was brauche ich in meinem Leben, damit es mir richtig gut ginge und ich sagen könnte: es ist einfach gut?

- Welche Art von Menschen beflügeln mich? Welche bremsen oder stören mich?

- Welche Gefühle hege ich wirklich gegenüber meinem Partner, meinem Beruf, meiner Wohnung, meinem Auto usw.?

- Wie fühle ich mich jetzt gerade? Wie würde ich mich am liebsten fühlen?

Setzen Sie sich mit diesen Fragen und Antworten möglichst oft auseinander, lassen Sie Ihren Gefühlen freien Lauf. Ihre Gefühle sollen fließen und sich dabei richtig gut anfühlen.
Um den Zugang zu Ihren Gefühlen weiterhin zu vertiefen, sollten Sie sich zusätzlich jeden Morgen fragen: Welche Gefühle hätte ich heute gern? Beziehen Sie diese Frage auf verschiedene Lebensbereiche, auf Partnerschaft, zwischenmenschliche Beziehungen, Beruf, Körper, Wohnqualität, Freizeitqualität. Vielleicht möchten Sie verliebt sein oder überrascht, vielleicht Zärtlichkeit empfinden oder geben, sich kraftvoll und energiegeladen fühlen oder schmusen und genießen. Vielleicht haben Sie Lust auf eine kalte Dusche, wenn es heiß ist; vielleicht Sehnsucht nach Reisen oder nach Natur, vielleicht Lust auf ein Treffen mit Freunden usw. Am Abend vor dem Schlafengehen fragen Sie sich wieder: was von den gewünschten Gefühlen hat sich eingestellt und warum?
Diese ständige Auseinandersetzung wird Sie langsam und sicher wieder in Kontakt mit Ihren Sehnsüchten und Gefühlen bringen. Das wird nicht nur Ihre paranormale Wahrnehmungsfähigkeit unterstützen, sondern auch Ihr Leben intensiver werden lassen. Sie hören auf, Dinge zu tun, die Sie eigentlich nicht tun wollen, und entwickeln Motivation und Entschiedenheit, das zu tun, woran Ihnen wirklich etwas liegt. Indem Sie Ihren Gefühlen und Sehnsüchten wieder Raum geben, werden Sie auch wieder bewusster zu leben beginnen und Ihre ursprüngliche Lebensabsicht wieder spüren können, ihre mitgebrachten Schöpfungsideen, die nach Ausdruck drängen.

Freie Gefühle ohne Wertung

Wenn wir unseren Gefühlen wieder Raum geben, besteht anfänglich die Gefahr, dass wir heftig nach alten Mustern aus unserer Vergangenheit reagieren und alles andere als ruhig und ausgeglichen sind. Viel Verdrängtes kommt nach oben und lässt uns noch reaktiver werden als bisher. Deshalb besteht der nächste wichtige Schritt darin, bewusste Kontrolle über die Gefühle zu erlangen, aktiv mit ihnen umzugehen und nicht mehr automatisch und reaktiv. Wir sollten in die Lage kommen, jederzeit frei entscheiden zu können, ob wir auf äußere Impulse, also auf etwas oder jemanden reagieren wollen oder nicht, und wenn ja, wie wir darauf reagieren möchten. Nur so können wir unsere eigene Stimmung halten und kontrolliert anderen Wirkungskräften aussetzen. Ein wichtiger Schritt in diese gefühlsmäßige Freiheit besteht darin, unser geschichtliches Wertesystem fallen zu lassen und zum Beobachter zu werden, der gefühlsmäßig nicht verwickelt ist und nicht reagiert. Jede Art von Bewertung verwickelt uns gefühlsmäßig. Bestimmte Wahrnehmungen werden ausgeblendet, andere verzerrt und dadurch einseitig, was bedeutet, dass unser Gefühlssee nicht mehr glatt ist. In einem aufgewühlten See sind die Kringel, die kleine Kieselsteine verursachen, nicht mehr klar wahrnehmbar oder gehen völlig unter, was außersinnliche Wahrnehmung dann unmöglich werden lässt. Gleichmütige Beobachtung ohne Bewertung ist der Weg zur gefühlsmäßigen Stille, in der Wirkungskräfte klar wahrnehmbar, aber auch kraftvoll erzeugbar sind durch innere Bilder und Phantasien.

Wirkungskräfte erkennen und verinnerlichen

In der folgenden Meditation werden Sie den unterschiedlichsten Wirkungskräften begegnen, die Sie wertfrei wahrnehmen und mit viel Gefühl verinnerlichen sollten. Es ist eine Übung, die Ihnen helfen wird, auch andere Wirkungskräfte wahrzunehmen und, wenn Sie es später wollen, sie aus Ihrer Erinnerung heraus auch selbst zu erzeugen, um Ihr Leben entsprechend zu prägen.

MEDITATION – EINSTIMMUNG AUF WIRKUNGSKRÄFTE

Atme jetzt langsam tief ein und aus, tief ein und aus, und schließe die Augen.

Atme weiter tief ein und aus.

Während du langsam weiteratmest, denke jetzt an deine Knie, denke an beide Knie.

Atme weiter ein und aus und denke an deine Schultern.

Atme weiter ein und aus und denke an deinen Solarplexus.

Atme weiter ein und aus und denke an dein Herz.

Jetzt stelle dir vor, mit jedem Einatmen atmest du kraftvolle, strahlende Energie ein. Und beim Ausatmen verteilst du diese Energie in deinem Körper und in deinem Bewusstsein.

Atme weiter die Energie ein und beobachte, wie sich dein Körper anfühlt mit dieser kraftvollen, strahlenden Energie. Spüre die Energie… überall im Körper!

Jetzt atme weiter Energie ein und beim Ausatmen verströmst du diese Energie über die Grenzen deines Körpers hinaus, hinein in diesen Raum.

Spüre, wie sich der gesamte Raum mit strahlender, kraftvoller Energie füllt.

Diese Energie im Raum hat die Kraft, deine Gedanken, Gefühle und inneren Bilder Wirklichkeit werden zu lassen, wenn du dies möchtest.

Jetzt atme ganz langsam ein und aus.

Und jetzt sage ganz leise in Gedanken zu dir selbst, wenn du möchtest, und empfinde: Mein Bewusstsein ist unabhängig vom Körper. Es ist ein Feld von Energie, das sich über die Grenzen des Körpers hinaus ausdehnen kann, frei durch den Raum und frei durch die Zeit.

Alles, was in dieses Feld meiner Wahrnehmung eindringt, kann ich wahrnehmen, eins damit werden und verstehen.

Alles, was ich in mein Bewusstseinsfeld aufnehme, kann ich wahrnehmen und in seiner Wirkung erkennen.

Jetzt atme langsam tief ein und aus.

Und jetzt stelle dir vor, wie mit jedem Atemzug dein Bewusstsein größer wird, wie es sich ausdehnt über die Grenzen deines Körpers hinaus – größer, immer größer.

Spüre, wie dein Bewusstsein den Raum erfüllt und wie alles, was in diesem Raum ist – Menschen, Tiere, Dinge –, dein Bewusstsein erfüllt.

Und jetzt in diesem Zustand ausgedehnten Bewusstseins, ausgedehnter Wahrnehmung lasse deine Gefühle ganz still werden – ruhig und still wie ein See.

Und jetzt in diesem ruhigen See mache dich bereit, verschiedene Wirkungskräfte zu spüren. Spüre sie in ihrer Existenz, in ihrem Sein, in ihrer Wirkung.

Jetzt spüre die Wirkungskraft von »Rau«, eine raue Oberfläche.

Spüre die Wirkungskraft von Rau in deinen Gefühlen. Rau…

Jetzt lasse diese Wirkungskraft wegtreiben.

Jetzt, im Gegensatz dazu, spüre nun die Wirkungskraft »Glatt«, eine glatte, spiegelglatte Oberfläche. Glatt…

Lasse auch diese Wirkungskraft wegtreiben.

Nun spüre in deinem Bewusstsein »Spitz«, ganz spitz…

Und lasse auch diese Wirkungskraft wegtreiben.

Und jetzt empfinde »Rund« – rund, harmonisch, rund, kugelrund…

Und lasse auch diese Wirkungskraft wegtreiben.

Und nun empfinde einen runden, aber stacheligen Kaktus, stachelig…

Lasse auch diese Wirkungskraft wegtreiben.

Jetzt empfinde einen runden, moosbewachsenen Hügel.

Spüre das weiche, saftige Moos, einen runden Hügel voller Moos…

Und lasse diese Wirkungskraft wieder wegtreiben.

Und nun empfinde hohe Geschwindigkeit, eine schnelle, vorwärts drängende Geschwindigkeit – eine rasend schnelle Wirkungskraft…

Jetzt halte diese rasend schnelle Wirkungskraft an, ganz plötzlich, und komme zum Stillstand – und empfinde Ruhe und Stillstand…

Jetzt, aus diesem Stillstand heraus, empfinde, wie du nach oben treibst, höher und höher, schwerelos nach oben. Es zieht dich nach oben, unendlich hinauf, immer weiter…

Halte diese Bewegung jetzt an und lasse dich fallen, erst langsam und dann schneller, immer schneller nach unten. Spüre die Wirkungskraft des Falles, schwerelos. Falle tiefer und tiefer…

Und nun bremse diese Abwärtsbewegung ab und schwebe schwerelos im Raum,
leicht und schwerelos…

Lasse jetzt dieses Gefühl von Schwerelosigkeit zu Schwere werden,
werde ganz schwer, immer schwerer…

Jetzt löse dich von all dem, werde wieder still in dir, ganz still…

Spüre jetzt eine neue Wirkungskraft: Wie fühlt es sich an, wenn deine ausgestreckte offene Hand gestreichelt wird – von einer Person, die dich liebt?

Stelle Dir vor, du sitzt mit dieser Person, die deine Hand streichelt, am Strand.
Es ist noch dunkel vor Sonnenaufgang.

Ihr beide schaut auf den Horizont. Spüre die Hand, wie sie gestreichelt wird, während sich der Horizont langsam rot färbt.

Und nun fühle die Kraft der aufgehenden Sonne, wie sie dich berührt.

Spüre, wie eure Hände zu einer Einheit verschmelzen und eure Seele der aufgehenden Sonne entgegenfliegt.

Jetzt atme ganz langsam tief ein und aus und nimm dieses Gefühl, diese Wirkungskraft in deinem Bewusstsein mit zurück hierher – in deinen Körper, in deine Gedanken, in deine Gefühle.

Welcher Satz fällt dir in diesem Moment ein? Welcher Gedanke?

Jetzt atme langsam tief ein und aus und öffne dann langsam die Augen und nehme deine Gefühle mit in die Wachheit.

In dieser Meditation lernen Sie, sich auf unterschiedlichste Wirkungskräfte einzustimmen, sie tief in sich zu spüren, sie dann wieder loszulassen und sich auf neue einzustimmen, ohne sich dabei in Ihren Gefühlen zu verwickeln. Die Wirkungskräfte in dieser Meditation oder Wahrnehmungsübung sind beliebig austauschbar. Wichtig ist, wenn Sie eigenständig üben wollen, die verschiedensten Wirkungskräfte möglichst intensiv zu erfahren, und dies wird um so besser gehen, je stiller Ihr See der Gefühle zwischendrin wieder wird. Mit fortschreitender Übung werden Sie feststellen, mit welcher Leichtigkeit Sie Wirkungskräfte nicht nur wahrnehmen, sondern auch intensiv in sich aufbauen können – völlig unabhängig von Ihren gegenwärtigen Randbedingungen oder äußeren Umständen. Diese Fähigkeit wird Ihnen auf Dauer ermöglichen, Ihre persönliche Wirklichkeit selbst so zu gestalten, wie sie Ihnen gefällt und zu Ihnen passt. Denn die Gefühle, die Sie pflegen, sind starke Wirkungskräfte, die weit über Ihre Körpergrenzen hinausstrahlen und eine entsprechende Wirklichkeit anziehen und gestalten.

FRAGEN UND ANTWORTEN

Ich möchte an dieser Stelle wieder eine der häufigsten Fragen beantworten, die von meinen Seminarteilnehmern nach dieser Übung gestellt wird und die vielleicht auch für Sie relevant ist.

Frage:

Ich habe beim Üben festgestellt, dass ich sehr viel wahrnehmen kann. Es fällt mir jedoch sehr schwer, meine Eindrücke in Worte zu fassen. Ist das, wenn man erst anfängt zu üben, normal?

Antwort:

Ja, das ist es. Denn zu Beginn sind die Veränderungen im eigenen Gefühlssee noch sehr undeutlich zu erkennen. Denken Sie an den Vergleich mit der chinesischen Sprache: Wenn Sie erst wenige Schriftzeichen kennen, aber einen ganzen Text verstehen wollen, dann werden Sie viele Erkenntnislücken haben, die Sie allmählich füllen müssen. Ähnlich verhält es sich auch mit den Veränderungen in unserem See der Gefühle. Am Anfang ist unsere Wahrnehmung noch sehr lückenhaft und vage. Doch mit der Zeit wird sie deutlicher und es werden einzelne Bilder auftauchen, symbolische oder reale, oder Sie werden vielleicht eine Stimme hören, die Ihnen genauere Informationen gibt. Irgendwann, mit zunehmender Übung, können Sie dann die Spuren der wahrgenommenen Wirkungskräfte auf dem See Ihrer Gefühle einfach in Wissen umsetzen. Dann spüren und wissen Sie genau, wie Sie die Eindrücke des Sees zu deuten haben.

Wenn Sie nicht im Rahmen einer Meditation, sondern praktisch mit Übungspartnern oder im Alltag die Einstimmung auf Wirkungskräfte üben wollen – z. B. möchten Sie sich auf eine Person einstimmen, um zu wissen, wie sie ist, oder Sie möchten sich auf die Speisekarte einstimmen, um zu sehen, was Ihrem Körper jetzt gut tun würde, oder Sie hören vielleicht einen Namen und wollen herausfinden, wie die Person dazu ist – dann werden Sie manchmal das Gefühl haben, dass Sie zwar etwas wahrnehmen, es aber nicht wirklich klar spüren oder ausdrücken können. Für einen solchen Fall möchte ich Ihnen gleich an dieser Stelle einen Tipp geben. Wenn die richtigen Worte einfach nicht kommen wollen und Sie Zweifel an Ihrer Wahrnehmung haben, reden Sie trotzdem einfach drauflos, egal, ob etwas Sinnvolles herauskommt oder nicht. Mit der Zeit werden Sie sich frei reden und die bis dahin nur vage verstandenen Informationen werden im Redefluss plötzlich deutlicher werden. Unbewusst

Verstandenes kommt im Fluss der Sprache direkt zum Ausdruck. Das ist ein ähnlicher Prozess wie beim Brainstorming, wo teilweise ganz neue Ideen auftauchen können, wenn man nur dem Gedankenfluss freien Lauf lässt und ihn nicht durch alte Betrachtungsweisen oder Ängste und Zweifel blockiert.

Wirkungskräfte von Namen

Ich möchte Sie jetzt in praktische Übungen einführen, über die Sie schrittweise Wirkungskräfte unterschiedlichster Art in Ihr Wahrnehmungsfeld integrieren, erfühlen und verstehen lernen. Ich beginne mit den Wirkungskräften von Namen, weil sie sehr eindrucksvoll zeigen, wie stark diese Kräfte uns in unserem Leben beeinflussen und wie wichtig es ist, sie bewusst wahrnehmen und in unser Leben integrieren zu können.

Unsere Namen sind als Wirkungskräfte betrachtet zunächst, wenn man ihre symbolische und numerologische Bedeutung außer Acht lässt, reine Klangmuster. Aber sie wirken auf uns besonders stark, weil wir uns mit ihnen identifizieren, vor allem mit unseren Vornamen – und das vielleicht schon von klein auf, was ihre Wirkung erheblich verstärkt. Natürlich gibt es viele andere Einflüsse, die uns ebenfalls von klein auf prägen: Wirkungskräfte aus Sternbildern, Zahlen, dem Umfeld, in das wir hinein geboren wurden, aus dem Erbgut und anderem mehr. Doch unser Vorname spielt eine herausragende Rolle durch unsere starke Identifikation mit ihm und prägt unsere Persönlichkeit und unsere Art und Weise, mit dem Leben umzugehen.

Sie mögen sich fragen, ob es möglich sein kann, dass alle Menschen mit demselben Vornamen in der gleichen Weise geprägt sind, ob alle Menschen, die z. B. Fritz heißen, etwa gleich sein sollen. In gewisser Weise ist dies so, ja. Allerdings nur bezogen auf die Wirkungskräfte, die durch den Namen wirken. Doch, wie wir schon wissen, wirken natürlich noch mehr Kräfte als die der Namen, und deshalb sind nicht alle Menschen, die den Vornamen Fritz tragen, gleich. Menschen sind mehr als ihre Namen! Trotzdem werden alle, die Fritz heißen, bis zu 95 Prozent jene Wirkungsenergie übernommen haben, die in diesem Namen wirkt, und dieser Teil der gelebten Persönlichkeit von Fritz lässt sich über den Namen beschreiben. Warum ist das Erspüren der Wirkungskräfte von Namen so wichtig? Nun, weil in einem hohen Maße unser Leben von den uns umgebenden Menschen beeinflusst wird – angefangen bei Eltern und Geschwistern, die uns schon früh prägten, bis hin zu Freunden, Kollegen oder Vorgesetzten und anderen Personen, die in unserem Leben irgendwie wichtig waren oder sind. Unser Leben ist voll von Menschen, die wir lieben oder nicht so sehr mögen, die wir als förderlich oder hemmend, angenehm oder unangenehm, als aufheiternd oder deprimierend empfinden. Indem wir nun beginnen, die Wirkungskräfte zu erkennen, die von bestimmten Namen ausgehen und damit deren Träger prägen, können wir diese Menschen besser einschätzen und auch besser verstehen. Es macht einen Unterschied, ob wir jemanden beispielsweise nur als »irgendwie unangenehm« empfinden oder ob wir genau wissen, warum er vielleicht so ist, wie er ist. Wir sind dann weniger gefühlsmäßig verwickelt, nehmen vieles nicht mehr so persönlich und können freier mit dieser Person umgehen. Vielleicht finden wir über ihren Namen und seine Wirkungskräfte Zugang zu den Gefühlen und Gedanken einer Kollegin, die uns unangenehm ist, und wir spüren, wie viel Schmerz und Ungelebtes sie mit sich herumträgt und wie sehr sie durch ihre Lebensumstände schwermütig geworden ist. Dieses tiefe Begreifen ihrer Situation verändert unsere Einstellung und lässt Mitgefühl und Verständnis entstehen, und als Folge gehen wir anders mit ihr um und fühlen uns persönlich nicht mehr getroffen. Vielleicht entscheiden wir auch, dass wir trotzdem nichts mit ihr zu tun haben möchten, aber in unserem Verständnis empfinden wir keinen Groll und Widerstand mehr, wir sind innerlich frei. Was ich (er)kenne, damit kann ich auch bewusst umgehen. Statt zu reagieren, werde ich frei und aktiv in meinem Denken, Fühlen und Handeln.

Was wir über Namen üben, ist später leicht übertragbar auf die Wahrnehmung von vielen anderen Wirkungskräften, denn das Wahrnehmungsprinzip bleibt immer gleich, egal, wovon die Wirkungskräfte ausgehen und was sie repräsentieren.

Namen als Klangbilder

Namen wirken als Klangbilder ähnlich wie Musik. Wir alle erleben ständig, wie stark Musik unsere Gefühle und sogar unseren Körper beeinflusst. Sie kann beruhigen, entspannen, aufwühlen, beleben, uns in Trance versetzen, und zwar unabhängig davon, was wir von ihr halten. Ähnlich wirken Namen. Versuchen Sie in den folgenden Übungen, Namen bewusst auf sich wirken zu lassen, so wie Sie auch Musik auf sich wirken lassen, und achten Sie auf die Veränderung in Ihren Gefühlen. Nehmen Sie dabei immer das *gesamte* Klangbild wahr und beobachten Sie nicht analytisch, wie etwa: »Dieser Name klingt weich, hart, kompliziert, schwer, mehrsilbig, hat viele Vokale, ist abgehackt.« Nur die Gesamtmelodie ist wichtig! Dabei ist es auch unerheblich, wie sich der Name schreibt. Es ist die Melodie, die wirkt und ein Muster auf den See unserer Gefühle wirft. Die Wirkung kommt aus dem Klang, und keine andere Betrachtungsweise sollte die Wahrnehmung jetzt stören. Es ist unwichtig, aus welchem Kulturkreis ein Name stammt, weil Wirkungskräfte aus dem Klang nicht kulturspezifisch sind, sondern immer gleich. Die Reaktion auf eine Wirkungskraft kann sehr unterschiedlich sein, aber das hat mit dem Wesen der wirkenden Energien nichts zu tun. Um uns an die Bedeutung der Namen heranzutasten, möchte ich Ihnen einfache Unterscheidungsmerkmale und Fragetechniken vorschlagen.

Kopfnamen oder Gefühlsnamen?

Man kann als einfachen Einstieg Menschen beispielsweise in eher kopfbetonte oder eher gefühlsgesteuerte Typen einteilen. Damit ist ihre Art und Weise gemeint, mit dem Leben umzugehen oder Entscheidungen zu fällen, und nicht, ob sie denkfähig oder gar triebhaft sind. Wenn wir wahrzunehmen beginnen, ist es häufig nicht so einfach, die Kräfte klar zu spüren. In der Seminarpraxis haben sich einfache Entscheidungsfragen bewährt, die nach extremen Gegenteilen fragen, z. B. eng oder weit oder wie in unserer nächsten Übung, Kopf oder Gefühl, um die Wahrnehmung in Fluss zu bringen.

Als Einstimmung für diese Übung werden Sie zunächst einmal still und atmen einige Male langsam ein und aus. Dann sprechen Sie den Namen leise vor sich hin oder denken Sie an ihn und versuchen Sie dabei, ihn zwischen dem Herzen und dem Solarplexus zu spüren. Seine Wirkung wird dort spürbar sein in irgendeiner Form, lassen Sie ihn wirken und dann fragen Sie sich: Deutet der Klang auf einen gefühlsgesteuerten Menschen hin oder auf einen Kopftypen. Ist der Mensch spontan, impulsiv, gegenwartsbezogen und zeigt seine Gefühle oder überlegt er genau, bevor er spricht, lebt er kontrolliert und zeigt seine Gefühle nur spärlich, lässt niemanden in sich hineinschauen?

Ich habe Namen ausgesucht, die mir in dieser Betrachtungsweise leicht einzuordnen scheinen. Lassen Sie die Namen wirken, ordnen Sie sie für sich selbst zu und lesen Sie dann meine Deutung.

Hans:

Hans deutet als Energie auf einen weichen Menschen hin, der aber Probleme damit hat, diese Weichheit zuzulassen und deshalb nach außen vielleicht verschlossen oder schwer zugänglich scheint und sich manchmal zu sehr einordnet.

Peter:

Peter ist eher ein Mensch, der kontrolliert und sachlich lebt und dem man seine Weichheit nicht gleich anmerkt, obwohl er sie hat und entwickeln möchte.

Johannes:

Johannes erscheint eindeutig als Gefühlstyp, aber auch ihm fällt es nicht unbedingt leicht, Gefühle zu zeigen und zu leben. Zieht sich schnell nach innen zurück, wenn er verunsichert wird.

Eckard:

Eckard gehört zu den Menschen, die eher praktisch und analytisch mit dem Leben umgehen, aber tief innen weich und jungenhaft sind.

Gottfried:

Gottfried lebt klar und funktionell, lässt spontanen Gefühlen wenig Raum.

Giovanni:

Giovanni ist ein heftiger Gefühlsmensch, der lieber erst handelt und impulsiv reagiert und später nachdenkt, wenn überhaupt.

Ulla:

Ulla ist voller Gefühl, hat jedoch auch eine verklemmte Seite, die den gefühlsmäßigen Ausdruck hemmt und vielleicht starke Stimmungsschwankungen erzeugt.

Britta:

Britta ist ein starker Gefühlstyp, der heftig, impulsiv und spontan leben möchte, geplante Ordnung liegt ihr nicht.

Grete:

Grete ist ein starker Gefühlstyp, der aber Gefühle kaum zeigt, sie für sich behält und dazu tendiert, sich stark anzupassen und unterzuordnen.

Therese:

Therese lebt kontrolliert und geordnet, hat aber eine reiche Gefühlswelt, die zum Ausdruck kommen möchte und die gelegentlich auch durchbricht.

Christine:

Christine hat viel Weichheit, die aber mit viel Struktur und Kontrolle gelebt wird.

Alexandra:

Auch Alexandra ist gefühlvoll, weist jedoch gleichzeitig männliche, sehr stabile Qualitäten auf und ist zwischen beiden Seiten oft hin und hergerissen.

Ich hoffe, Sie konnten die Energie der Namen etwas fühlen. Natürlich können die Wirkungskräfte von Namen nur prägnant beschrieben werden, wenn eine Fülle von Informationen vorliegt, so dass die Persönlichkeitsprägung auch wirklich deutlich wird. Mit nur wenigen, einseitigen Erklärungen sind Namen so verwechselbar wie Musikstücke, von denen man nur wenige Noten oder eine kurze Passage aus einer ganzen Komposition zu hören bekommt. Mit meinen obigen Zuordnungen habe ich zwar Gefühls- oder Kopftendenzen von Namen beschrieben, aber nicht, wie diese sich im Leben auswirken würden, und das ist bei jedem Namen anders. Hier ist das jedoch noch zu kompliziert.

Kommen wir zurück zu unserer Wahrnehmungsübung: Gefühlstyp oder Kopftyp. Wir werden sie durch klärende Zusatzfragen weiter vertiefen.

Bei einem Gefühlstyp könnte man weiter fragen:

- Lebten die Eltern ihre Gefühle, oder hatte er andere Vorbilder?

- Lebt die Person ihre Gefühle eher nach dem väterlichen Prinzip im Sinne von: Sie nimmt am Leben und Schicksal anderer Menschen teil und zeigt ihnen gerne den richtigen Weg, lässt sie dann aber wieder frei?

- Oder ist diese Person eher ein »mütterlicher« Gefühlstyp im Sinne von: Sie kümmert sich gern um andere, bemuttert und begleitet sie auf ihrem Weg und ist immer gern für sie da?

- Wenn dieser gefühlsbetonte Mensch einen Beruf suchen würde: Möchte er seine Gefühle eher in Form von gestal-

tender Kreativität oder im Bereich der Zwischenmensch-
lichkeit oder über seine Phantasie einbringen?

- Konnte er seine Gefühle in der Kindheit frei entfalten oder
  wurden sie durch das Elternhaus gebremst, und musste er
  sie später mühsam wieder ans Licht bringen?

- Lebt er seine Gefühle eher zart, oder wild und
  impulsiv?

Scheint jemand dagegen eher als Verstandesmensch zu leben,
kann man seine Persönlichkeit und Lebensweise mit folgenden
Fragen weiter erforschen:

- Waren die Eltern dieser Person auch verstandesorientiert?
  Ist vielleicht die Vernunft in dieser Familie zu hoch gehängt
  worden?

- Wird der Intellekt durch Gefühle inspiriert, oder lebt die
  Person völlig sachlich und funktionell?

- Führt die Dominanz des Verstandes dazu, dass diese Person sich verschließt und vielleicht einsam ist?

- Wie empfinden andere Menschen seine Art, mit Dingen
  umzugehen? Erscheint er souverän, arrogant oder sogar
  abweisend, oder ist er auf seine Weise kommunikativ und
  verbindlich?

- Braucht dieser Mensch gefühlsbetonte Menschen als Ausgleich oder sucht er andere »Kopfmenschen«, um sich mit
  seinesgleichen austauschen zu können?

- Erscheint er eher als »abstrakter Intellektueller«, zum
  Beispiel als Philosoph, Naturwissenschaftler oder Geistes-
  wissenschaftler? Oder setzt er seinen Verstand lieber
  praktisch ein, zum Beispiel als Autobauer, Ingenieur oder
  Gärtner?

Diese Fragen, die sich mit der grundsätzlichen Zuordnung zu mehr gefühls- oder verstandesbezogenen Lebensweisen beschäftigen, erzeugen ein erstes Gefühl von einem Menschen. Wir brauchen noch viele weitere Entscheidungsfragen zur Persönlichkeit des betrachteten Menschen, um ihn über die Wirkungskräfte seines Namens plastisch werden zu lassen.

Fragenkatalog für weibliche Namen

- Hat eine Frau mit diesem Namen Sinn für Familie, oder ist sie eher eine Einzelgängerin, die vielleicht eine Partnerschaft, aber keine Familie sucht?

- Möchte sie viele Kinder haben oder wird sie viel zu sehr mit Job oder Karriere beschäftigt sein?

- Wenn diese Frau einen Partner haben sollte, ist das eher eine Person, zu der sie gern aufschaut, oder sollte sie eher gleichberechtigt sein? Oder braucht sie jemanden, um den sie sich kümmern und den sie bemuttern kann?

- Hatte eine Frau mit diesem Namen als Kind eher viel Freiraum und konnte beispielsweise ihrer Phantasie nachgehen? Oder erlebte sie in ihrem Elternhaus viel Unverständnis und Druck?

- Wenn sie ihr Leben gestalten könnte, wie sie es will, würde sie es eindeutig planen und den Überblick behalten wollen oder würde sie eher im Moment leben und spontan sich bietende Möglichkeiten nutzen?

- Würde sie lieber im Gewühle einer Großstadt wohnen oder eher auf dem Land? Oder bevorzugt sie eine gemütliche, überschaubare Kleinstadt zum Leben?

- Kennt eine Frau mit diesem Namen ihre Sehnsüchte und weiß sie, was sie will? Wenn ja, handelt sie auch danach?

- Ist diese Frau in ihren Ansichten und ihrem Tun eher wechselhaft oder eindeutig und sagt offen, was sie denkt?

Fragenkatalog für männliche Namen

- Würde sich ein Mann mit diesem Namen eine Partnerin suchen, die dominant ist oder eher gleichberechtigt? Oder hätte er gern eine Frau, die zu ihm aufschaut und sich an seiner starken Schulter anlehnt?

- Ist er eher ein praktischer Typ, der mit ein paar schnellen Handgriffen den Garderobenhaken eindübelt? Oder hat er eher zwei linke Hände und lässt Dinge lieber erledigen?

- Bildet sich dieser Mann leicht seine eigene Meinung oder ist er jemand, der sich an anderen orientiert und leicht verunsichern lässt?

- Wenn ein Mann mit diesem Namen das nötige Kleingeld hätte, würde er sich ein Auto kaufen, das praktisch und zuverlässig ist? Oder würde er einen schnittigen Sportwagen bevorzugen, mit dem er beeindrucken und Show machen kann? Oder würde er ein Auto fahren, das wirklich auf seine Wünsche zugeschnitten ist, mit dem er Spaß haben kann und mit dem er wirklich gern fährt?

- Sind andere Menschen für ihn wichtig? Umgibt er sich mit vielen Freunden? Oder braucht er eher viel Freiraum und kommt auch gut ohne die Gesellschaft oder Hilfe anderer klar?

Diese Fragenkataloge sollen nur Anregungen bieten und sind für Ihre spätere Arbeit als eine Art Aufwärmübung gedacht. Sie können und sollen beliebig von Ihnen erweitert und ergänzt werden. Natürlich sind die meisten meiner Fragen überhaupt nicht geschlechtsbezogen und deshalb nach Belieben austauschbar. Wichtig ist, dass Sie Entscheidungsfragen in jedem Fall beantworten, auch wenn Sie sich nicht ganz sicher sind. Im Notfall raten Sie einfach. Auf diese Weise beginnt Ihr Unterbewusstsein, die Sache ernst zu nehmen und wirklich nach Informationen zu suchen.

Ich möchte Ihnen jetzt zu meinem Fragenkatalog noch zwei Namen zum Üben geben.

Stimmen Sie sich zunächst wieder auf die übliche Weise ein. Werden Sie still, sitzen Sie entspannt und atmen Sie einige Mal tief ein und aus, ein und aus. Spüren Sie den Namen, den ich Ihnen gleich vorgeben werde, lassen Sie ihn in sich wirken und suchen Sie nach Antworten auf die Fragen.

Vergleichen Sie erst nach einiger Zeit Ihre Eindrücke mit meiner Interpretation.

ELENI

Nehmen Sie sich alle Zeit, die Sie brauchen! Gehen Sie die obige Liste mit den Entscheidungsfragen durch und spüren Sie.

Nachdem Sie genügend geübt haben, können Sie nun meine Deutung des Namens Eleni lesen:

Eine Eleni ist wahrscheinlich eine äußerst weiche und gefühlvolle Person. Sie hat sehr kindliche und mädchenhafte Züge und besitzt viel Phantasie. Sie spielt gerne in der Natur. Vielleicht flicht sie Blumenkränze und spricht mit Käfern. Sie lebt in ihrer ganz eigenen Welt, und es ist ihr relativ gleichgültig, ob jemand diese Welt mit ihr teilt. Vor allem in der Kindheit braucht sie diese eigene Welt, unabhängig davon, was die Eltern oder andere davon halten.

Da eine Eleni weich und gefühlvoll ist, neigt sie stark dazu, für andere da zu sein, etwas für sie zu tun. Das kann bis an die Grenze zur Selbstaufgabe gehen. Allerdings nicht ganz, es gibt einen bestimmten Punkt, an dem sie merkt, dass ihr das nicht gut tut. Dann wird sie aktiv und wehrt sich dagegen.

Sie ist praktisch veranlagt, künstlerisch sehr begabt und insgesamt äußerst kreativ. Sie kann beispielsweise hervorragend kochen. Sie liebt es, Dinge schön zu arrangieren. Sie hat ein gutes Auge für Formen und Farben. Wie der Tisch gedeckt ist, ist ihr zum Beispiel nicht gleichgültig. Bestimmte Dinge sollten in einer bestimmten Form auf dem Tisch stehen, die Farben müssen zusammenpassen, dann erst gefällt es ihr. Sie hat gerne Menschen um sich, die das auch zu schätzen wissen und genießen können, die den gleichen Sinn für Schönheit, Ästhetik und auch für Ethik mitbringen.

Eleni sucht wahrscheinlich einen Partner, zu dem sie aufschauen kann, aber mit dem auch ein gewisses Maß an Gleichberechtigung möglich ist. Was sie auf die Dauer überhaupt nicht aushält, ist ein Partner, um den sie sich kümmern müsste. Sie kümmert sich zwar gerne um Menschen, aber nicht um den eigenen Partner. Dieser sollte selbstständig sein und sich so gleichberechtigt verhalten, wie sie es für sich wünscht.

Sie liebt Gefühle über alles. Ein Leben, in dem Gefühle keine Rolle spielen, ist für sie sinnlos. Das zeigt sich zum Beispiel darin, dass sie soziale Kontakte braucht und den zwischenmenschlichen Austausch. Sie ist gesellig und hat gerne Menschen um sich. Sie ist sehr offen und lacht gerne. Sie liebt es, phantasievolle Dinge zu tun, die nicht unbedingt einen Sinn ergeben müssen.

Sie schätzt Helligkeit, Sonne, überschaubare Räume. Sie hält nichts aus, was bedrückend und dicht ist. Schwere, problembeladene Menschen kann sie nur zeitweise ertragen. Ihr liegt nicht viel an Problemen. Eleni ist ein lösungsbetonter Typ, handlungsorientiert und genießt es, auch die Ergebnisse ihres Handelns zu sehen.

Sie mag gutes Essen und isst auch gerne. Es muss nicht viel sein, aber fein. Hätte sie zum Beispiel die Wahl zwischen einem deftigen Zürcher Geschnetzelten mit Rösti oder einem feinen Gericht mit vielen verschiedenen Beilagen würde sie das letztere nehmen. Eleni legt Wert auf ihre Kleidung und ihr Aussehen. Es genügt ihr nicht, dass die Kleidung bequem ist, sondern was sie trägt, muss zu ihr passen und ihr selbst gefallen. Ob es anderen gefällt, ist ihr nicht so wichtig.

Eine Eleni hat normalerweise eine starke Beziehung zu ihrem Elternhaus, auch wenn sie von den Eltern vielleicht nicht verstanden wird. Sie hat ihre Eltern gern. Auch zu ihren Geschwistern, sofern sie welche hat, besteht eine gute Verbindung. Das bedeutet jedoch nicht, dass sie sich häufig sehen müssen. Sie ist ein Typ Mensch, der Intensität nicht mit Häufigkeit gleichsetzt.

Ihr Leben gestaltet sie gerichtet, so dass sie es gut überschauen kann. Taucht etwas Unvorhergesehenes auf, kann Eleni allerdings ziemlich flexibel reagieren und sich gelassen darauf einstellen, obwohl sie von ihrem Wesen her überraschende Situationen nicht unbedingt suchen würde. Sie könnte in dem Ort, in dem sie aufgewachsen ist, wenn er sehr schön ist, ein Leben lang bleiben und dort alt werden. Sie würde ihr Leben dort immer wieder neu gestalten und den Ort nutzen und genießen. Sie braucht nicht unbedingt durch die Welt zu reisen. Muss sie doch reisen, nimmt sie es gelassen hin.

Sie neigt dazu, weiche Formen zu haben. Ihre Gesichtszüge sind weich. Unabhängig davon, ob sie groß oder klein ist, wirkt eine Eleni eher niedlich.

Sie liebt Kinder, es müssen jedoch nicht unbedingt die eigenen sein. Auch Tiere hat sie gern, eigentlich alles, was niedlich ist.

Trotz ihrer Weichheit ist Eleni eine absolut selbstständige Persönlichkeit. Sie hat eigenständige Ideen und passt sich nicht an. Aber sie hat auch nicht das Bedürfnis, das, was in ihr vorgeht, dringend mitteilen zu müssen. Sie zwingt ihre Ansichten niemandem auf. Teilt jemand ihre Meinung nicht und sie sieht, es hat keinen Sinn, sie ihm zu erklären, kann sie sie sehr gut für sich behalten.

Da sie generell Menschen liebt, wird Eleni wahrscheinlich einen Beruf wählen, der mit Menschen zu tun hat und in dem sie für andere da sein kann. Das könnte zum Beispiel sein als Kinder- oder Tierärztin, Krankenschwester, am Empfang einer Institution oder eines Hotels, die Leitung eines eigenen Zentrums oder eine andere Aufgabe, die ganz ihr Eigenes ist.

Beim Lesen meiner Interpretationen versuchen Sie einfach, den Namen gleichzeitig in sich zu spüren, und beobachten Sie, ob meine Aussagen nachvollziehbar sind. Stellen Sie sich vor, eine Eleni würde so sein oder so leben. Fühlt sich das richtig an?

Vielleicht haben Sie weniger Informationen gefunden, als ich jetzt bei meiner Interpretation gegeben habe, aber bedenken

Sie, Sie fangen erst an, und ich habe einen Übungsvorsprung von etwa 20 Jahren. Wenn Sie mit einigem nicht einverstanden sind oder es zunächst nicht nachvollziehen können, lassen sie es so stehen, vielleicht entwickeln Sie später noch mehr Gefühle dazu.

Wichtig ist nur, um nochmals daran zu erinnern, dass eine Interpretation um so typischer und aussagekräftiger ist, je mehr typische Aussagen gesammelt werden.

Ich möchte Ihnen die gleiche Übung mit einem männlichen Vornamen vorschlagen, der in der Schweiz sehr verbreitet ist. Lassen Sie diesen Namen auf sich wirken, stimmen Sie sich vorher wieder ein und nehmen Sie sich ausreichend Zeit, nach Antworten zu forschen. Lesen Sie meine Interpretation zu diesem Namen erst dann, wenn Sie genügend eigene Eindrücke gesammelt haben, die Sie mit meinen vergleichen können.

BEAT

Meine Einschätzung dieses Namens:

Ein Beat ist ein sehr gefühlvoller Mensch, ein Gefühlstyp, der jedoch in der Kindheit seine Gefühle nicht leben und ausdrücken konnte. Das bedeutet nicht, dass er aus einem gefühllosen Elternhaus stammt. Möglicherweise sind seine Gefühle durch Erwartungen oder durch die Art und Weise der Zuwendung erstickt worden. Aller Wahrscheinlichkeit nach kommt ein Beat leicht verunsichert aus seiner Kindheit heraus. Er weiß nicht, inwieweit er zu seinen Gefühlen stehen und sie nach außen richten darf.

Es kann sein, dass er sich dann ganz zurückzieht, sich verschließt und dadurch unnahbar und ungreifbar wirkt oder er zeigt sich sehr unpassend und seine Umgebung weiß nicht, wie er das meint. Ein Beat hat leicht das Schicksal, dass er verkannt wird. Entweder zieht man über ihn her, weil man ihn nicht versteht, oder man zieht sich von ihm zurück, weil man keinen Zugang zu ihm findet. Man weiß nicht, wer er ist.

Beat leidet manchmal unter Einsamkeitsgefühlen. Er ist nicht abhängig von Gesellschaft. Er kann durchaus seinen Freiraum selbst gestalten. Trotzdem schätzt er eine enge Beziehung zu einigen ausgesuchten Menschen. Es müssen nicht viele sein. Er schätzt den Austausch, Verständnis und liebevolles Zusammensein.

Beat besitzt ein sehr weiches Herz, auch wenn er das nicht zeigt. Er wählt äußerst sorgfältig aus, wen er dort hineinlässt. Wer nicht hineinpasst, wird genauso deutlich und unmissverständlich wieder herausgeworfen. Das schafft häufig Missverständnisse und Enttäuschungen.

Als Partnerin möchte er am liebsten eine Frau, die selbstständig und gleichberechtigt ist, die ihn nicht einengt, die ihm nicht am Rockzipfel hängt. Sie sollte ihn aber durch und durch verstehen. Er muss das Gefühl haben, dass sie auf seiner Seite steht und zu ihm hält. Er verlangt nicht, dass sie dauernd um ihn herum ist. Sie sollte witzig sein, geistig beweglich, phantasievoll und ebenso praktisch wie er.

Beat ist im Grunde seines Herzens ein Praktiker. Er liebt es, Dinge zu tun, die man sieht, die Ergebnisse bringen. Er arbeitet auch gerne handwerklich. Er will etwas bewegen, etwas verändern. Er wird eher Ingenieur als Philosoph werden. Theoretische Überlegungen interessieren ihn nur, wenn sie auch praktische Auswirkungen haben. In der Arbeit braucht er einen gewissen Freiraum und eigene Kompetenzen. Druck, von welcher Seite auch immer, kann er überhaupt nicht vertragen. Zum Angestellten ist er nicht besonders geeignet. Beat wird sich am liebsten selbstständig machen oder wenigstens einen eigenständigen Bereich haben, für den er die Verantwortung trägt, zum Beispiel als Geschäftsführer.

Ein Beat sucht in seinem Leben vor allem Erfahrungsqualität, nicht Äußerlichkeiten. Er besitzt zwar einen erstaunlich großen Toleranzbereich gegenüber anderen, reagiert jedoch allergisch auf ungerechte Behandlung oder wenn er irgendwo Unrecht sieht. Grundsätzlich ist er sehr hilfsbereit, aber nicht, wenn es auf seine Kosten geht. Er mag jemandem einige Male helfen, doch sobald er merkt, dass er ausgenutzt wird, hört er sofort auf und zieht sich oft ganz zurück. Er fühlt auch kein großes Bedürfnis, seinen Standpunkt zu vertreten, wenn er erkennt, dass er nicht verstanden wird. Dann behält er ihn eben für sich.

Ein Beat ist typisch männlich mit starken weiblichen Qualitäten, das heißt, er geht die Welt männlich an: dynamisch und bestimmend. Er sucht zielstrebig seinen Weg, aber er lässt auch viel Platz für Gefühle und ist bereit, inneren Impulsen zu folgen. Es braucht zwar manchmal ein bisschen Zeit, bis er einen intuitiven Einfall erkennt und sich dazu durchringt, ihn ernst zu nehmen. Doch dann verfolgt er ihn begeistert.

Beat ist äußerst verlässlich. Er hält sich unbedingt an seine Zusagen. Hat er jedoch nicht ausdrücklich versprochen, etwas zu erledigen, darf man nicht davon ausgehen, dass er es schon machen wird. Wenn er klar ist, dann meint er das so und wenn er unklar ist, hat er das auch genauso gemeint. Manche Menschen haben mit dieser Eigenschaft Schwierigkeiten, weil sie ihm gerne etwas unterstellen, was er weder so gesagt noch so gemeint hat. Das führt dann leicht zu Enttäuschungen.

Beat manipuliert weder, noch lässt er sich manipulieren. Er besitzt eine starke eigene Meinung, von der er sich auch nicht abbringen lässt. Nach außen hin ist das nicht immer erkennbar, weil er seine Meinung für sich behält, wenn er sieht, dass es sinnlos ist, sie jemandem erklären zu wollen. Er macht im Grunde immer das, was er will. Vielleicht nicht sofort, jedoch lässt er sich langfristig nicht aufhalten oder in eine Richtung drängen, die er nicht will. Für seine Eltern mag das häufig ein Dorn im Auge gewesen sein, weil Beat, wenn er Unverständnis oder Auseinandersetzungen befürchtet, nicht sagt, was er denkt, und erst handelt und seine Umgebung dann später vor vollendete Tatsachen stellt. Typisch für ihn wäre die folgende Situation: Beat kommt nach Hause und informiert seine Eltern, dass er morgen verreisen wird. »Aha, wohin?« – »Nach Kanada.« – »Und wie lange?« – »Drei Jahre.«

Beat ist nicht im geringsten von Äußerlichkeiten abhängig. Hat er zu wenig Geld, um sich beispielsweise Möbel kaufen zu können, dann ist seine Wohnung halt leer. Es macht ihm wenig aus. Hat er viel Geld, dann leistet er sich vielleicht auch schöne Dinge. Aber selbst wenn sie ihm gut gefallen, berühren sie ihn nicht wirklich.

Auch vom Essen ist Beat nicht abhängig. Gibt es etwas Gutes zu essen, ist ihm das recht, wenn nicht, ist das auch in Ordnung. Er könnte auch durchaus mal völlig vergessen zu essen. Abends fällt ihm vielleicht ein: »Oh, ich habe heute noch gar nichts gegessen«, und er macht sich eine Dose Ölsardinen auf. Er genießt es schon, ab und zu schön zu essen, aber es ist ihm kein wirkliches Bedürfnis.

Hat Beat genügend Geld, wird er wahrscheinlich ein Auto fahren, das ihm entspricht. Aber auch da ist keine Abhängigkeit zu spüren. Wird das Auto zu Schrott gefahren, kann er das schnell akzeptieren und sich leicht davon lösen.

Auch die Einrichtung seiner Wohnung ist ihm nicht so wichtig. Er mag schöne Dinge, aber er braucht sie nicht. Wenn er sie hat, ist es gut und er freut sich darüber, aber in Grenzen. Wenn er sie nicht hat, ist es auch gut. Was er allerdings nicht ausstehen kann, ist eine Wohnung, in der er nicht machen darf, was er will. Er würde beispielsweise nie in einem Haus wohnen bleiben, in dem er sich von den Vermietern kontrolliert fühlt, oder wo jedes Mal, wenn er die Stereoanlage aufdreht, jemand mit dem Besenstiel an die Decke klopft. Beat ist wahrscheinlich nicht der Typ Mensch, der mitten in der Stadt wohnen würde. Er wird lieber still und friedlich wohnen, eher am Stadtrand oder ganz im Grünen. Für ihn ist die Wohnung ein Zuhause, ein Raum, den er für sich will, ganz unabhängig von der Ausstattung. Er muss den Eindruck haben, hier bin ich völlig frei. Hier kann mir keiner etwas vorschreiben.

Vergleichen Sie in Ruhe meine Interpretation mit Ihren Eindrücken, und versuchen Sie, sie nachzuempfinden, auch wenn Sie zunächst anderer Meinung sein sollten. Und vergessen Sie nie, ein Mensch ist mehr als sein Name, aber er ist auch sein Name. Vielleicht haben ihn nicht alle wirkenden Kräfte des Namens geprägt, aber bestimmt viele.

Komposition von Wirkungskräften

Wenn Sie beginnen, die Wirkungskräfte von Namen zu untersuchen und Ihre Eindrücke zu formulieren, mag es Ihnen vorkommen, dass viele Aussagen fast auf jeden Menschen zutreffen könnten. Das stimmt, aber es ändert sich spätestens dann, wenn Sie nicht nur fünf oder sechs, sondern vielleicht zwanzig Entscheidungsfragen gestellt haben und Ihre gesammelten Eindrücke nach und nach ein präzises Bild ergeben, das eindeutig und individuell ist für eine bestimmte Persönlichkeit, die von dem jeweiligen Namen geprägt wurde.

Erinnern Sie sich doch nochmals an den Vergleich mit der Musik: Es gibt nur eine bestimmte Anzahl von Noten, aber ihre Verknüpfung lässt unendlich viele Melodien entstehen, die alle typisch sind. So ähnlich verhält es sich bei der Wahrnehmung von Wirkungskräften eines Namens. Die Komposition der Wirkungskräfte eines Namens muss ganzheitlich erforscht werden, nicht nur einzelne Aspekte, die überall vorkommen können. Je mehr Merkmale eines Namens wir finden, desto typischer und unverwechselbarer können wir seine prägende Energie, also seine wirkenden Kräfte beschreiben und verstehen. Eine Oper von Verdi oder eine Sonate von Mozart sind auch nicht gleich oder verwechselbar, obwohl vielleicht ähnliche Noten vorkommen.

Vertrauen Sie darauf, dass Sie von den anfänglich vielleicht mühsam zusammengetragenen Einzelinformationen mit zunehmender Übung zu immer komplexeren und typischen Aussagen gelangen, die dann nicht mehr auf viele Menschen übertragbar sind.

Als vertiefende Übung schreiben Sie sich Namen von Personen auf, die in Ihrem Leben in irgendeiner Form wichtig waren oder Sie berührt haben. Lassen Sie sich Zeit dabei und ergänzen Sie die Liste über einige Tage hinweg. Dann verinnerlichen und spüren Sie diese Namen in sich nach gewohnter Methode und wenden Sie dann unseren Fragenkatalog an. Beginnen Sie mit der Zuordnung zu Kopf- oder Gefühlsmensch. Wie haben die gewählten Personen ihren Typ gelebt? Entwickeln Sie auch neue Entscheidungsfragen zu den Fragenkatalogen.

Haben Sie genügend Eindrücke gesammelt, überprüfen Sie, ob Sie zu den verschiedenen Namen wirklich typische Verhaltensweisen gefunden haben. Vielleicht gibt es, trotz aller Unterschiede im Detail, sogar gemeinsame Prinzipien, die diese Personen auch mit Ihnen verbinden und mit Ihnen gemeinsam haben. Eine spannende Betrachtungsweise! Gibt es ein gemeinsames Muster, eine Ähnlichkeit in der Art und Weise, mit sich und dem Leben umzugehen, was Ihnen und diesen Personen gemeinsam ist? Vielleicht Vorlieben, Ängste, Sehnsüchte, Denkweisen etc.?

Diese Wahrnehmungsübungen werden Sie im Alltag bald sensibler werden lassen für Namen, über die Sie dann Personen schneller und leichter einordnen können. Zunächst wird zwar eine Schwierigkeit auftreten: Personen und ihre Namen voneinander zu trennen. Vergessen Sie nie: ein Mensch ist mehr als sein Name. Sie müssen den Unterschied zwischen dem Menschen und den Wirkungskräften seines Namens erkennen lernen.

Nachdem Sie im Laufe der Zeit viel Erfahrung im Erfragen der Wirkungskräfte gewonnen haben, können Sie etwas mutiger werden und versuchen, sobald Sie sich eingestimmt haben, sogar ohne Fragen zu formulieren, loszureden, damit die Informationen aus Ihrem geprägten See sofort in Sprache übersetzt werden können.

AUTOMATISCHE ÜBERSETZUNG DER WIRKUNGSKRÄFTE IN SPRACHE

Das Stellen von Entscheidungsfragen wird, wenn wir schon Übung haben, mit der Zeit etwas umständlich und verzögert den Informationsfluss. Wir können allmählich zu komplexeren Wahrnehmungsübungen übergehen, in denen Sie nicht mehr einzelne Fragen beantworten, sondern direkt das Gesamtbild im See Ihrer Gefühle erspüren.

Sie stimmen sich auf die Veränderungen Ihres Gefühlssees, verursacht von Wirkungskräften wie einem Namen, sorgfältig ein und versuchen dann, was immer Sie spüren, sofort in Sprache umzusetzen, ohne nachzudenken. Das geht am besten, indem Sie einfach zu reden beginnen, ohne Ziel, ohne Wertung und vor allem ohne Befürchtung, Ihre Eindrücke könnten falsch sein. Ob Ihre Wahrnehmung richtig oder falsch ist, ist zunächst einmal unerheblich. Wichtig ist vielmehr, dass Sie den Prozess des automatischen Wahrnehmens und Übersetzens in Sprache in Gang bringen und einfach fließen lassen. Geben Sie sich Ihren Gefühlen hin und lassen Sie sie sprechen, reden Sie einfach drauflos. Ihr Denken und jeglicher Zweifel darf dabei gar keinen Platz mehr einnehmen.

Neutrale Wahrnehmung ist ganzheitliche Wahrnehmung

Üben wir, auf der Grundlage von Namen Menschen tiefer wahrzunehmen und über sie zu sprechen, sollte dies ganzheitlich und ohne Wertung erfolgen. Es darf niemals darum gehen, nur die negativen Seiten eines Namens aufzuspüren und einer Person vielleicht sogar zu erklären, wie schwierig und problematisch ihr Name sei. Genauso wenig geht es darum, die schwierigen Seiten auszublenden und nur positive oder hilfreiche Aspekte zu beschreiben. Unsere Betrachtung sollte immer alle Seiten einbeziehen, um zu einem möglichst ausgewogenen Gesamtbild zu kommen. Wir bemühen uns, andere Menschen zu begreifen um unserer selbst willen, aber auch um ihnen Einsichten über sich und ihr Leben zu vermitteln, die sie vielleicht vorher nicht hatten. Unser Leitfaden könnte dabei sein: »Ich zeige dir deine Stärken, damit sie noch stärker werden können. Ich zeige dir deine Möglichkeiten, damit du sie entfalten kannst. Ich zeige dir auch, was dich aufhält, damit du es beseitigen kannst.« Wir wollen anderen Menschen immer mit Achtung gegenübertreten und versuchen, sie aus der Perspektive des Herzens wahrzunehmen!

FRAGEN UND ANTWORTEN

Ich möchte hier wieder auf Fragen eingehen, die in diesem Zusammenhang häufig gestellt werden, und die Sie vielleicht auch beschäftigen.

Frage:
Sollte jemand einen ungünstigen Namen austauschen? Und wenn ja, warum sollte er das tun?

Antwort:

Ich glaube, dass Vor- und Nachname eines Menschen – gemeinsam mit den numerologischen, astrologischen und allen weiteren Randbedingungen – eine Art Grundausstattung für dieses Leben darstellen. Sie dient dazu, das Leben zuerst einmal in Gang zu bringen. Wie lange diese Ausstattung sinnvoll ist, hängt davon ab, wie gut und wie schnell jemand seine Aufgaben und Möglichkeiten (mitgebrachte Schöpfungsenergien) lebt. Bei manchen Menschen überlebt sich der Vorname relativ früh. Manchmal wäre schon mit zwölf Jahren ein neuer Name für die Weiterentwicklung sinnvoll. Bei anderen kann der Vorname wichtig sein, bis sie vierzig, fünfzig oder sechzig sind oder vielleicht auch für immer. Einige Namen sind eher hemmend. Der Name Grete wäre ein Beispiel dafür, weil er eine freie Entfaltung der Persönlichkeit und eine leichte, vergnügte und souveräne Lebensweise überhaupt nicht unterstützt, sondern das Gegenteil. Es ist jedoch grundsätzlich nicht sinnvoll, einen Namen vorschnell zu ändern, selbst wenn er schwieriger sein sollte. Er dient dann als Stimulator, um bestimmte Lernaufgaben zu bewältigen. Erst wenn wir wirklich spüren, dass der bisherige Name sich überlebt beziehungsweise seine Aufgabe erfüllt hat, sollten wir einen neuen Namen in Erwägung ziehen, aber dann natürlich den richtigen. Sich der Herausforderung durch einen schwierigen Namen zu entziehen ist nicht ratsam. Wir sollten sie zunächst annehmen, verstehen und lösen. Später kann man an einen neuen Namen denken, der uns dabei helfen kann, unsere neuen Visionen zu erreichen. Nach einem solchen Namen sollte man so lange suchen, bis man tief innen das Gefühl hat, so möchte ich heißen.

Frage:

Was kann es bedeuten, wenn sich mein Vorname für mich fremd anfühlt?

Antwort:

Möglicherweise repräsentiert Ihr Vorname eine Energie, die Ihrem Elternhaus entspricht und die Ihre Eltern auf Sie übertragen wollten, die Sie jedoch nicht leben möchten. In einem solchen Fall ist es wichtig, die Energie Ihres Namens – und auch die des Elternhauses – zu überwinden. Ihre Aufgabe ist es dann, Ihre eigene Energie zu finden und zu leben. Ist das gelungen, stört der Name wahrscheinlich nicht mehr, aber vielleicht würden Sie trotzdem einen anderen vorziehen, beispielsweise statt eines weichen, unselbstständigen wie Benjamin eher einen dynamischen, selbstständigen wie Giovanni.

Bitte üben Sie so oft Sie können mit Namen und machen Sie sich auch die Mühe, Ihre Eindrücke zu überprüfen, indem Sie Träger des jeweiligen Namens beobachten oder befragen.

Wirkungskräfte der Umgebung spüren

Die Art und Weise, wie wir uns auf die Wirkungskräfte von Namen eingestellt haben, um sie zunächst über Entscheidungsfragen und dann ganzheitlich zu übersetzen, stellt eine Grundübung dar und ist als Wahrnehmungsmethode auf alle anderen Wirkungskräfte übertragbar.

Auch beim Erspüren von Wirkungskräften aus unserer Umgebung sind Entscheidungsfragen zum Einstieg hilfreich. Machen Sie sich noch einmal bewusst, dass zwei Dinge klar unterschieden werden müssen: die Art der Wirkungskräfte einerseits und unsere Reaktion auf diese andererseits. Es ist sehr leicht, beides miteinander zu verwechseln oder zu vermischen. Nehmen wir als Beispiel die Farbe Rot. Ihre Wirkungskräfte sind immer gleich, wie auch die aller anderen Dinge. Rot wirkt als dynamische Farbe niemals einschläfernd, sondern aktivierend und energetisierend. Allerdings kann es sein, dass jemand Rot sieht und ganz ruhig dabei bleibt, während ein anderer hektisch und überaktiv wird oder ausflippt. Im Extremfall wäre es sogar möglich, dass jemand auf die Farbe Rot reagiert, indem er einschläft, weil er diese Farbe und ihre Wirkung innerlich ablehnt und sie verdrängen möchte, so wie manche leicht bei einem langweiligen oder lästigen Vortragsthema oder der Sonntagspredigt einschlafen. All das sind mögliche *Reaktionen* auf Rot, die aber nichts an der eigentlichen roten Wirkungskraft ändern. Den Unterschied zwischen der Wirkungskraft und der Reaktion können wir nur erspüren, indem wir selbst nicht reaktiv sind, also unser Gefühlssee still ist. Wirkungskräfte klar und ungefiltert zu erkennen ist die Grundvoraussetzung für den bewussten und kontrollierten Umgang mit ihnen. Sollten wir allerdings in unserem Umfeld ungünstige Wirkungskräfte erkennen, muss uns klar sein, dass sie selbst wenn wir nicht darauf reagieren immer noch ungünstig wirken. Um ungünstige Wirkungskräfte auszugleichen, brauchen wir eine Menge Energie. Wenn wir zum Beispiel versuchen, konzentriert zu lesen, während auf der Straße vor dem Fenster Autos hupen, Reifen quietschen und laut diskutiert wird, können wir diesen Lärm wohl für eine Weile ausblenden. Doch es strengt an und mit Sicherheit können wir nicht so lange und intensiv lesen – und es macht auch weniger Freude –, als wenn Stille herrschen würde. Vielleicht können wir unfreundliche Nachbarn ausblenden, aber freundliche Nachbarn würden mehr Energie geben. All solche Störfaktoren oder ungünstige Wirkungskräfte kosten uns Energie, wenn wir sie ausgleichen wollen. Deshalb ist eine bewusste Auswahl der auf uns wirkenden Kräfte so sinnvoll und verhilft zu mehr Lebensqualität. Wir können natürlich nur auswählen, wovon wir wissen und was wir erkennen.

Wo immer wir sind, besonders zu Hause, können wir üben, die vorhandenen Wirkungskräfte zu erkennen und hinsichtlich ihrer Wirkung auf uns zu untersuchen: Klima, Wohnung (zum Beispiel Möbel, Form, Licht, Nachbarn, Geräuschkulisse, Ausblick), politische und wirtschaftliche Verhältnisse, Topografie, Natur, Pflanzen, Stimmen, Gerüche usw.

Setzen Sie sich in Ruhe irgendwo hin, spüren Sie hinein in Ihren Gefühlssee, und dann fragen Sie sich:

- Was nehme ich jetzt spontan an Wirkungskräften wahr? Wirken sie auf mich zum Beispiel ruhig, hektisch, befreiend, chaotisch, erheiternd, bedrückend? Denken Sie daran, es geht nicht um Ihre Reaktion und das, was Sie jetzt im Moment gerade brauchen, nicht um eine Bewertung, sondern nur um Beobachtung.

- Gelingt Ihnen keine klare Wahrnehmung, stellen Sie wiederum Entscheidungsfragen, indem Sie sich Gegensatzpaare suchen. Wie wirken die Kräfte: eng – weit, hell – dunkel, freundlich – unfreundlich, aufmunternd – deprimierend, dynamisch – energielos, ordnend – chaotisch, kühl – warm?

- Wenn Sie Ihre Wahrnehmungen geordnet haben – es sollten möglichst viele sein, um ein Gefühl von der Komposition der Wirkungskräfte zu erhalten – sollten Sie sich mit anderen Personen austauschen. Fragen Sie sie, welche Kräfte sie wahrnehmen und was wie wirkt. Lassen Sie sich davon inspirieren, aber argumentieren Sie nicht. Es geht im Moment nicht darum, wer Recht haben könnte.

Haben Sie für diese Übung Ihre Wohnung ausgewählt, die Sie im Detail erspüren möchten, orientieren Sie sich zunächst an folgenden Fragen, die das große Umfeld untersuchen, das insgesamt auf Ihre Wohnung einwirkt:

- Welche Energien wirken auf meine Wohnung: das Land, der umliegende Ort oder das Stadtviertel, die Straße mit ihren Läden und Häusern in einem bestimmten Baustil, das Klima?

- Wie viel Natur ist in der Nähe? Welche Art von Natur und wie wirkt Sie?

- Wie ist das nahegelegene Umfeld, z. B. das Stadtviertel, energetisch beschaffen? Welche Strukturen sind dort zu finden? Welche Proportionen, welche Dynamik, welcher Rhythmus, welche Farben und Materialien? Welche Geräuschkulisse, welche Luftqualität?

- Welche Menschen leben hier, welche Tiere, welche Pflanzen?

Danach können Sie sich genauer an die Wirkungskräfte herantasten, die direkt in Ihrer Wohnung beziehungsweise in Ihrem
Haus wirken, in denen Sie schon wohnen oder in die Sie ein-
ziehen möchten.

- In welcher direkten Nachbarschaft befinde ich mich?
  Welche Lebensqualität und Sichtweisen herrschen dort und
  wie wirken sie?

- Wie ist der Hauseingang beschaffen: Größe, Zustand,
  Farbe, Architektur, Lage etc.? Wie wirkt er, wenn ich nach
  Hause komme?

- Welche Proportionen, welche Lichtverhältnisse herrschen
  in meiner Wohnung vor? Welche Materialien, welche Bau-
  stoffe wurden verwendet? Wie ist die Innenausstattung
  (neu oder alt, zusammengestückelt oder homogen, gemütlich oder elegant)?

- Welche Energien herrschten früher hier? Welche sind
  jetzt hier? Welche Menschen lebten hier, in welchen Ver-
  hältnissen?

- Welche anderen Farben, Formen, Strukturen, Materialien,
  Proportionen würden in diese Wohnung vielleicht passen?
  Welche anderen Kräfte würden dann wirken?

Wenn wir aufmerksam so viele Details wie möglich auf uns wirken lassen, auch Details wie das schwere Besteck, die Tasse mit
dem Sprung, die Badezimmertür, der brummige Nachbar, die
Vibration der Straßenbahn, das Morgenlicht am Frühstücks-
tisch und so fort, erhalten wir eine klare Sicht von dem Charakter der Wohnung. Erst dann wissen wir wirklich, wie sie auf
uns wirkt und ob sie passend ist oder nicht, ob wir die vorhandenen Wirkungskräfte wirklich wollen oder ob wir sie tolerie-
ren oder sogar nur aushalten. Ist eine Wohnung zum Beispiel
schön, nachdem man vieles in ihr verändert hat, aber die Nachbarschaft bleibt unangenehm, dann wird auch die frische

Farbe, das hübsche Interieur oder neues Geschirr nichts an dieser negativen Wirkungskraft verändern. Wenn uns das Klima zu Hause nicht gefällt, dann können wir noch so oft in Urlaub fahren und über unser schönes Haus erzählen, aber es wird grundsätzlich nichts daran ändern, dass wir uns zu Hause nicht wohl fühlen. Oder wohnen wir in einem Hause, das in einem tiefen Tal gelegen ist, wo häufig Nebel herrscht, dann hilft auch eine heitere grüne und gelbe Farbe für die Tapeten nichts, immer noch fehlt uns Licht und Sonne.

Wenn wir wirklich in unserem Leben leichter und besser leben wollen, ist es wichtig, möglichst viele Wirkungskräfte zu erspüren, sie ganz bewusst in ihrer Wirkung auf uns zu untersuchen und dann entschieden mit ihnen umzugehen, indem wir sie bewusst ändern, uns davon entfernen oder andere suchen, je nachdem, was uns am meisten unterstützt und uns entspricht. Denken Sie daran, wir können Wirkungskräfte ignorieren, aber trotzdem bleiben sie und wirken auf uns, auch wenn wir sie bewusst nicht mehr wahrnehmen.

FRAGEN UND ANTWORTEN

Frage:

Inwieweit nimmt ein Haus oder eine Wohnung die Energie der Vormieter auf? Was ist zum Beispiel, wenn das Paar, das vorher in der Wohnung gewohnt hat, keine glückliche Partnerschaft geführt hat?

Antwort:

Mit Sicherheit nimmt ein Haus die Energien der Menschen auf, die vorher in ihm wohnten, und behält sie auch. Aber auf der anderen Seite sollte man sich in einem solchen Fall auch fragen, warum es den Vorbesitzern in diesem Haus vielleicht nicht so gut ging. Oder wie kommt es, dass jemand, der keine gute Partnerschaft führt, sich in dieses Haus eingemietet hat? Möglicherweise hat dieses Haus vorher schon disharmonische Energien gehabt aus unterschiedlichsten Gründen und hat deshalb disharmonische Menschen nach dem Prinzip der

Entsprechung dort hingezogen. Ich glaube, dass dies alles stimmt und dass es wichtig ist, besonders so lange man die Wirkungskräfte noch nicht genau lesen kann, sich vor einem Einzug zu erkundigen, wie es den zwei oder drei Vormietern oder den Besitzern ergangen ist. Möglicherweise ist bei all diesen Personen ein ähnliches Muster erkennbar, eine ähnliche Lebensqualität oder Grundstimmung.

Es scheint tatsächlich problematische Häuser und »glückliche« Häuser zu geben, Häuser, die krank machen, und Häuser, die gesund erhalten. Der Grund liegt in den entsprechenden Wirkungskräften, die unterschiedliche Ursachen haben können, angefangen von Erdstrahlen und Wasseradern, Elektrosmog und giftigen Baustoffen, Beleuchtung und Klima bis hin zu Menschen in der Nachbarschaft. Nicht alle Wirkungskräfte lassen sich verändern oder ignorieren, ohne dass wir dabei einen Energieverlust erleiden.

Frage:

Wenn Menschen für Wirkungskräfte sehr sensibel sind, haben sie dann nicht große Schwierigkeiten, überhaupt normal zu leben?

Antwort:

Zunächst möchte ich dazu sagen, dass es einen großen Unterschied gibt zwischen »sensitiv sein« im Sinn von paranormal mehr wahrnehmen können, und »sensibel sein« im Sinne von empfindlich auf äußere Umstände reagieren. Es gibt z. B. reichlich Personen, die ihre praktischen Erfahrungen im Bereich der Esoterik und Metaphysik vertieft haben und dann glauben, dass Wahrnehmungssteigerung mit erhöhter Sensibilität zu tun hätte. Sie halten sich für äußerst sensitiv und deshalb auch für äußerst sensibel. Bei einigen geht das so weit, dass sie bestimmte Räume nicht mehr ertragen, weil sie dort »schlechte Energie« wahrnehmen, oder bestimmte Speisen nicht mehr essen können, wenn sie auf eine bestimmte Weise gekocht worden sind, wie ihnen das ihr Pendel verrät. Aber mehr wahrnehmen zu können und sich dadurch stören zu lassen sind zwei völlig verschiedene

Dinge! Sensibilität und Aufnahmefähigkeit gegenüber Wirkungskräften haben nichts mit gesteigerter Wahrnehmung zu tun, im Gegenteil. Je mehr ich wahrnehme, desto bewusster kann ich mit den Dingen umgehen. Das Problem der Übersensibilität entsteht vor allem, weil man in den eigenen Energien nicht stabil ist. Man besitzt zuwenig Selbstbewusstsein und Selbstwertgefühl und verliert sich deshalb leicht in fremden Energien oder lässt sich von ihnen beeinflussen. Statt ihre eigenen Energien zu spüren und zum Ausdruck zu bringen, leben Übersensible reaktiv und fremdbestimmt. Die Übung würde darin bestehen, die eigene Persönlichkeit und die eigenen Sehnsüchte zu erforschen und zu leben und nicht die Wahrnehmung zu reduzieren, die bei diesem Prozess der Selbstfindung sehr hilfreich sein kann.

Die Entwicklung der außersinnlichen Wahrnehmung ist immer langfristig ein großer Schritt in Richtung Selbstbewusstsein und Eigenständigkeit, innere Stabilität und geistige Kraft. Wer Wirkungskräfte wahrnimmt, kann seine eigenen Energien und damit sich selbst besser spüren. Andererseits kann er auch durchschauen, was fremde Energien auslösen wollen, die auf ihn wirken – beispielsweise in der Werbung oder in der Politik –, und kann sich viel leichter davon abgrenzen und gegebenenfalls bewusst andere suchen. Erweiterte, paranormale Wahrnehmung macht stabil, fördert Selbstbewusstsein und Selbstkontrolle. Sie lässt unerwünschte Energien vorbeifließen, außer man möchte sich als reagierendes Opfer sehen und keine Verantwortung für die eigenen geistigen Energien übernehmen.

Frage:
Wie kann es sein, dass manche Menschen eine Wirkungskraft gut finden, andere nicht, beispielsweise in einer Wohnung?

Antwort:
Eine Wirkungskraft ist nie gut oder schlecht. Sie wirkt einfach in einer gewissen Weise, und die ist, abhängig von den Bedürfnissen einer Person, entweder günstig oder ungünstig. Es kann durchaus sein, dass ein Mensch eine bestimmte Musik

völlig abstoßend findet, während sie ein anderer zu seiner Lieblingsmusik kürt, weil sie seinen gegenwärtigen Sehnsüchten und damit seiner eigenen Wirkungskraft entspricht, er also in Resonanz zu ihr steht. Die Wirkung der Musik ist die gleiche, aber die Reaktion darauf unterschiedlich, abhängig von der Person und der jeweiligen Zeitqualität, die manchmal Bedürfnisse unterschiedlich steuert. Jeder hat manchmal Lust auf völlig unterschiedliche Dinge, die zwar in sich immer gleich bleiben, aber nicht immer wünschenswert sind.

Unterscheiden Sie immer klar, wie etwas wirkt und wie Sie oder jemand anders darauf reagieren. Die Wirkung als solche können wir nur klar wahrnehmen, wenn unser Gefühlssee sehr ruhig ist und keine eigenen Bedürfnisse und damit Reaktionstendenzen widerspiegelt.

Die menschliche Aura

Nichts wirkt mehr auf uns als die Wirkungskräfte, die von anderen Menschen ausgehen, die Kräfte, die beständig ausstrahlen, deren Quelle in den Gefühlen, Gedanken, Erwartungen, Persönlichkeitsaspekten und körperlichen Strukturen liegt. Die Summe all dieser Energien umgeben den Menschen als sein Aurafeld. Deshalb ist die Wahrnehmung der Aura auch einer der interessantesten Aspekte in der paranormalen Wahrnehmungsfähigkeit.

Stellen Sie sich vor, jeder von uns wäre in der Lage, die ausgestrahlten Energien anderer Menschen zu spüren oder wenigstens einen Teil davon. Wie viel einfacher wäre das Leben dann für uns! Der Umgang miteinander wäre unkomplizierter und wesentlich fruchtbarer. Es gäbe keine Missverständnisse und wir könnten uns schneller diejenigen Menschen aussuchen, die zu uns passen, und die anderen meiden. Wir könnten wahrnehmen, wie andere hinter ihrer äußeren Schale sind, und würden ihre Fehler und Macken besser verstehen und ihnen vielleicht auch leichter verzeihen. Auch der Umgang mit Kindern, ihre Erziehung und Förderung wäre einfacher, wenn wir ihre Persönlichkeit und ihre verborgenen Fähigkeiten und Talente von Anfang an einfach erkennen könnten – über unsere erweiterte außersinnliche Wahrnehmungsfähigkeit. Sicher wären, wenn wir alle in dieser Form der Wahrnehmung leben würden, eine tiefere Art von Verständnis und mehr Liebe untereinander möglich.

Damit Sie diesem Ziel auf einer ganz praktischen Ebene näherkommen, möchte ich Ihnen zeigen, wie Sie die Wirkungskräfte eines Menschen spüren lernen können, wie Sie bewusst Einblick nehmen können in die Summe aller Energien, die er ausstrahlt, in seine Aura. Unsere Aura sieht wie ein Energie-Ei aus, das uns umschließt. Dieses Energie-Ei ist für Aurasichtige bis zu einem Abstand von etwa 90 cm vom physischen Körper, bei besonders vitalen, energetischen Menschen sogar bis auf ei-

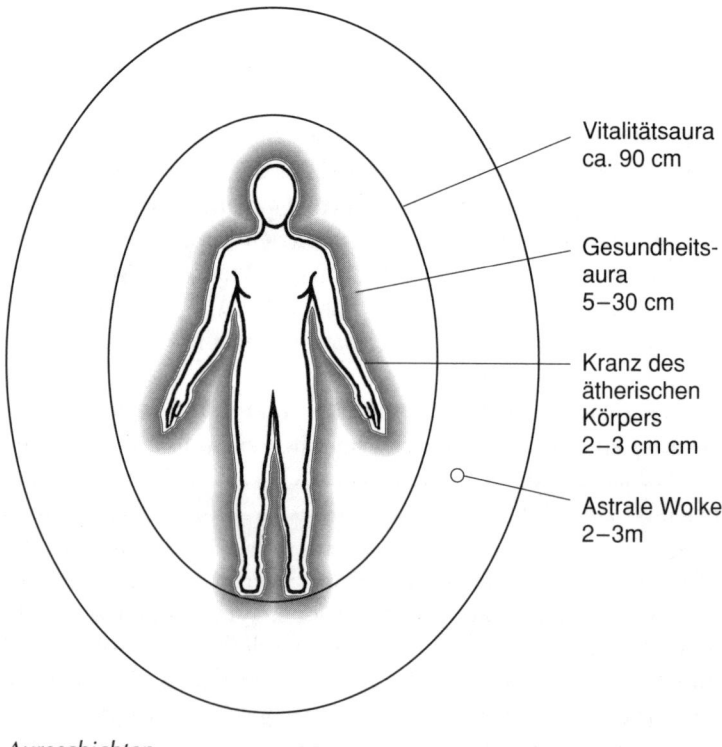

Vitalitätsaura
ca. 90 cm

Gesundheits-
aura
5–30 cm

Kranz des
ätherischen
Körpers
2–3 cm cm

Astrale Wolke
2–3m

Auraschichten

nige Meter weit entfernt, deutlich wahrnehmbar. Tatsächlich hört die Aura in dieser Entfernung nicht einfach auf, sondern sie strahlt weit hinein in den Raum, ist aber zunehmend weniger leicht wahrnehmbar. Was man vereinfacht die Aura nennt, ist in Wirklichkeit die Gesamtenergie von verschiedenen energetischen Schichten, die in der Regel auch getrennt als Gesundheitsaura des physischen Körpers, als Vitalitätsaura des ätherischen Körpers, als Aurastrahlung des Astralkörpers und als Farb- und Energiewolken unserer Gedanken und Gefühle wahrnehmbar sind. Alle diese Elemente der Gesamtaura sind als die Ausstrahlung von energetischen Ebenen des Menschseins aufzufassen. Sie führen kein Eigenleben in sich.

Stellen Sie sich zur Verdeutlichung einen Ofen vor, der mit Holz gefeuert wird. Der Wärmekranz um den Ofen entspricht, wenn das Holz brennt, der Aura des Menschen. Das brennende Holz entspricht einem gelebten geistigen Prinzip, einer Schöpfungsidee, die zum Ausdruck kommt, einer bestimmten Schöpfungsenergie in Aktion. Wenn der Ofen ausgeht, löst sich die Wärmeaura auf und kann auf längere Dauer nicht von außen erzeugt oder erhalten werden. Würde man mit einem heißen Fön die Luft um den Ofen herum anwärmen, würde, sobald der Fön aufhört zu blasen, diese Scheinaura wieder weg sein. Wenn Menschen schwache Stellen in ihrer Aura haben, können diese ebenfalls nicht von außen beseitigt werden mit Hilfsmitteln wie Farblicht oder anderen, sondern müssen von innen heraus ganzheitlich geheilt werden, indem die entsprechenden Energieprinzipien wieder aktiviert werden, so wie wieder Holz im Ofen entzündet werden müsste. Bewegt man den heißen Ofen, wandert seine Wärmeaura mit Verzögerung mit, aber dort, wo er stand, bleibt es noch eine Weile warm. Genauso bewegt sich auch die Aura einer Person mit, und bleibt doch noch lange Zeit spürbar, beispielsweise in einem Raum, den die Person schon verlassen hat. Die Wirkungskräfte einer Person bleiben also länger als sie selbst an einem Ort und wirken und beeinflussen dort noch das Umfeld.

Die Aura einer Person lässt Rückschlüsse darauf zu, wie die Person lebt, in welchem Zustand ihr Körper ist, wie viel Vitalität sie im Moment besitzt, wie ihre Stimmung ist, wie das Umfeld und Menschen auf sie wirken und mit welcher Persönlichkeit und Lebensabsicht sie in dieses Leben gekommen ist.

Die Gesundheitsaura

Die Gesundheitsaura korrespondiert direkt mit dem Gesundheitszustand einer Person. Die Schicht der Gesundheitsaura können Sie sich vorstellen wie einen Strahlenkranz, der etwa im Abstand von zwei bis drei cm den gesamten Körper umschließt. Er folgt normalerweise exakt den Körperkonturen und ist an manchen Stellen mehr, an anderen weniger breit. Hellsichtige Menschen, welche die Gesundheitsaura wie mit ihren Augen sehen können, beschreiben sie als hellblau, direkt am Körper weißlicher, am äußeren Rand kräftiger blau. Aus dem Zustand, vor allem der Dicke und Leuchtkraft, der Gesundheitsaura lassen sich Aussagen darüber ableiten, wie die Energien im Körper fließen, ob sie harmonisch verteilt, stark oder schwächer sind.

Verfügt ein Mensch über viel Energie, dann ist die Gesundheitsaura bis auf etwa acht Zentimeter vom Körper entfernt zu spüren. Hat er eher wenig Energie, dann kann der Strahlenkranz nur ein bis zwei cm dick sein oder teilweise sogar völlig verschwinden.

Die Gesundheitsaura erspüren

Man kann sich auf die Gesundheitsaura einstimmen, ähnlich wie wir uns auf Namen oder unser Umfeld eingestimmt haben, und die wirkenden Kräfte zu verstehen versuchen, oder man kann sie mit den Händen relativ leicht ertasten.

• Zunächst suchen Sie sich eine Versuchsperson und bitten Sie sie, still zu sitzen. Bewegen Sie Ihre mit den Handflächen nach vorne ausgestreckten Hände langsam in Richtung ihres Körpers, und richten Sie Ihre gesamte Wahrnehmung auf die Handflächen. Sobald Sie in den Bereich der Gesundheitsaura kommen – ab wenigen Zentimetern vor dem Körper –, werden Sie das an einem leichten Kribbeln in den Handflächen spüren, ähnlich

wie die elektrostatische Aufladung an einem Fernseh-
schirm oder auch spürbar wie ein leichter Wind, der
über die Handflächen streicht.

- Die nächste Übung ist schon fast ein Klassiker: Reiben
  Sie Ihre Handflächen fest aneinander und bewegen
  Sie sie aus einem Abstand von etwa einem Meter dann
  langsam aufeinander zu. Sie werden wahrscheinlich
  spüren, wie sich zwischen Ihren Händen ein Energiefeld
  aufbaut, schon etwa im Abstand von 30 cm.

- Für die nächste Übung brauchen Sie wieder einen
  Freiwilligen, der für eine Weile still sitzt. Stellen Sie sich
  hinter ihn und reiben Sie die Handflächen aneinander.
  Dann nähern Sie sich bei geschlossenen Augen mit den
  Handflächen über seinem Kopf. Beobachten Sie wieder,
  wie an Ihren Handflächen langsam etwas spürbar wird –
  vielleicht als Empfindung eines Windhauchs, eines
  Kribbelns oder Stechens. Nähern Sie sich bis auf eine
  Entfernung von zwei bis drei cm, und Sie werden
  merken, wie sich Ihr Empfinden des Feldes intensiviert,
  denn um den Kopf ist die Strahlung deutlicher spürbar.

Nachdem Sie mit den obigen Übungen Ihre Wahrnehmung über
die Hände schon etwas geschult haben, können Sie nun versuchen, den Gesundheitszustand einer Person zu erforschen. Folgen Sie dazu im Abstand von etwa fünf Zentimeter mit den Händen den Konturen ihres Körpers und nehmen Sie wahr, ob und
wie sich das Energiefeld der Gesundheitsaura unter Ihren Händen verändert. Normalerweise ist das Energiefeld überall gleichmäßig, deshalb sind Unterschiede klar wahrnehmbar. Dort, wo
die Energie schwächer wird, handelt es sich in der Regel um eine
kleine Problemzone oder ein energetisches Ungleichgewicht. Wo
die Energie hingegen stark zu spüren ist, weist das auf starke
Vitalität beziehungsweise gute Gesundheit hin.
　Um sich genauer auf den Gesundheitszustand eines Menschen einzustellen, sollten Sie Ihr Wahrnehmungsfeld direkt für

die ausgestrahlten Energien öffnen bzw. Ihre Wahrnehmung direkt auf den Körper dieser Person richten und ihn *Stückchen für Stückchen* abtasten und die vorhandenen Energien erspüren. Schließen Sie die Augen und konzentrieren Sie sich in Ihrer Wahrnehmung auf den Körper Ihrer Versuchsperson von oben nach unten, von rechts nach links, an der Oberfläche und tief innen. Fallen Ihnen irgendwo Schwächen auf, z. B. alte Narben, mäßig funktionierende Organe, steife Gelenke, wenig vitales Blut? Sie brauchen dazu nicht wirklich medizinische Kenntnisse, aber ein bisschen zu wissen wo in etwa was im Körper sitzt, wäre hilfreich. Denken Sie dabei nicht nach, spüren Sie und fragen Sie sich dabei: Worauf deuten diese Störungen hin? Seit wann sind sie da? Entwickeln sie sich erst gerade?

Anschließend besprechen Sie Ihre Wahrnehmungen und sammeln Sie Inspiration. Lassen Sie sich den Körperzustand von der Person selbst beschreiben. Hatten Sie an einigen Stellen auch etwas gespürt, aber vielleicht nicht beachtet? Haben Sie etwas falsch oder anders interpretiert, aber richtig wahrgenommen? Es ist nicht wichtig, dass Sie immer Recht haben, aber Sie sollten unbedingt spüren lernen, wie sich richtige und falsche Wahrnehmungen in Ihren Gefühlen unterscheiden. Verteidigen Sie auf keinen Fall Ihre Wahrnehmung, sonst werden Sie Ihre Offenheit für eine Wahrnehmungssteigerung verlieren. Was Ihnen übrigens schon nach einiger Zeit des Übens stark auffallen wird, ist, wie sehr sich bei einem Menschen, der ausgeglichen ist oder sich in tiefer Meditation befindet, die Ausstrahlung und Stabilität der Gesundheitsaura vergrößert. Man fühlt sich von solchen Menschen in der Regel stark angezogen durch den großen Magnetismus, der von ihnen ausgeht.

Die Vitalitätsaura

Während die Gesundheitsaura hauptsächlich Aussagen darüber zulässt, in welchem Gesundheitszustand sich der Körper befindet, wo es energetische Blockaden gibt und inwieweit die verschiedenen Körperfunktionen aktiv sind, stellt die Vitalitätsaura einen Spiegel der gesamten Lebensenergie eines Menschen dar, die zwischen den einzelnen Körperzellen und durch das

Nervensystem fließt. In China heißt diese Lebensenergie *Qi* sprechen, in Japan *Ki*, in Indien *Prana* usw. Die Menge der vorhandenen und nutzbaren Lebensenergie wird bestimmt durch unsere Atmung, Ernährung, geistige Haltung und unsere allgemeine Lebensweise und Einstellung zum Leben. Je mehr wir in unserer Mitte ruhen, desto mehr sind wir in Kontakt mit der unbegrenzten Lebensenergie, desto größer und lebendiger ist auch unsere Vitalitätsaura.

Diese Auraschicht dehnt sich bis zu 90 cm deutlich wahrnehmbar um den Körper herum aus, aber reicht viel weiter hinein in den Raum. Sie erscheint hellsichtigen Menschen als funkelndes Gebilde von kleinsten Energiepartikeln, die weißlich oder weißlich-rosa erscheinen und den Menschen wie zwei große Eier umgeben, durchdringen und in der Mitte zusammentreffen.

Diese Schicht ist auch vorstellbar als ein Feld aus vielen magnetischen Linien, die durch die Wirbelsäule und unser Nervensystem fließen, oben heraus und unten wieder hinein. Pflanzen und Tiere besitzen ebenfalls ein solches Energiefeld, das sie wie ein Magnetfeld umgibt. Menschen mit einer starken Vitalitätsaura können diese als Heilmagnetismus auf andere übertragen.

Die Aura des Astralkörpers

Der Astralkörper gehört zu den feinstofflichen, also nicht physischen Körpern, durch die sich unser Bewusstsein zum Ausdruck bringt und Wirklichkeit wahrnehmen kann. Ich habe zu Beginn des Buches über unser Bewusstsein gesprochen, das sich als bewusste Energie mit den Schöpfungsideen einer Dimension verbindet und Schöpfungsenergien anzieht und damit Wirklichkeit entstehen lässt. Einfach ausgedrückt, können Sie sich vorstellen, dass unser Bewusstsein durch verschiedene Dimensionen wandert und sich dort eine Wirklichkeit schafft, über die es sich selbst erkennen und durch welche es sich ausdrücken kann. In jeder Ausdrucksebene oder Ausdrucksdimension nimmt es dafür eine äußere Form an, über die es einerseits diese geschaffene Wirklichkeit intensiv wahrnehmen und andererseits sich auch deutlich zum Ausdruck bringen kann.

In unserer Wirklichkeit von materiellem Raum und linearer Zeit benutzen wir den physischen Körper. Durch unsere Sinnesorgane haben wir eine intensive Wahrnehmung der sinnlichen Wirklichkeit, und über den Körper nehmen wir auch Einfluss auf die Wirklichkeit. Unser Gehirn und Nervensystem dient dabei als eine Art Schaltzentrale, die unserem Bewusstsein die Möglichkeit gibt, in dieser Wirklichkeit auch intensiv wahrzunehmen. Nun existiert unser Bewusstsein aber auch gleichzeitig in anderen Dimensionen, und auch dort benutzt es einen Körper als Wahrnehmungs- und Ausdrucksorgan. In der Traumwelt haben wir einen Traumkörper, der nach anderen Gesetzmäßigkeiten funktioniert. In der Astralwelt, die unserer Wirklichkeit noch näher steht, benutzen wir einen Astralkörper. Die astrale Welt ist hier, durchdringt unsere Wirklichkeit, besitzt aber viele Aspekte, die wir in unserem physischen Körper nicht wahrnehmen und auf die wir direkt auch keinen Einfluss nehmen können. Jede Nacht, manchmal auch tagsüber in tiefer Entspannung, gehen wir beziehungsweise unser Bewusstsein auf Reisen in die Astralwelt, um unsere Wirklichkeitssicht zu erweitern und Erfahrungen zu machen, die auch für diese Wirklichkeit wichtig sind. Wir nehmen dort Kontakt auf mit Verstorbenen, geistigen Freunden und Helfern. Wir treffen andere Astralkörper von Menschen und Tieren und nehmen die Aura wahr von allem, was existiert. Auf anderen Ebenen, auf denen wir gleichzeitig als Bewusstsein Erfahrungen sammeln, haben wir andere Ausdruckskörper, z. B. den Mental- und Kausalkörper, die aber für unsere Betrachtungen nicht so wichtig sind.

Den Astralkörper erwähne ich, weil er eine deutliche Ausstrahlung hat, die in der großen Aura um uns wahrnehmbar ist, und weil es beim Üben der paranormalen Wahrnehmung geschehen kann, dass wir nicht nur unser Wahrnehmungsfeld über die Grenzen des Körpers hinausschieben, sondern auch eine außerkörperliche Erfahrung machen, in der der Großteil unseres Bewusstseins aus unserem Körper austritt und in astraler Form auf Wahrnehmungsreisen geht.

Der Astralkörper als feinstoffliche Energie erscheint in der Regel hellblau und kann seine Form über seine Gefühle oder Absichten verändern. Normalerweise nimmt er entweder Körpergestalt an oder eine Kugelform. Unabhängig von seiner (hellbläulichen) Form ist er von einer weißlichen Ausstrahlung umgeben, der Aura des Astralkörpers. Diese bildet einen Teil unserer Aura. Sie umhüllt wie eine weißliche Wolke unseren physischen Körper in einer Ausdehnung von bis zu zwei bis drei Zentimeter. Wenn der Astralkörper ausgetreten ist, ist diese Wolke nicht zu sehen, z. B. in der Nacht, wenn wir schlafen.

Wenn wir uns bewegen, bewegt sich unser Astralkörper mitsamt seiner Aura (und natürlich auch unsere anderen Körper) mit, doch nicht unbedingt in der gleichen Geschwindigkeit. Manchmal ist er langsamer und hinkt deutlich wahrnehmbar hinter dem physischen Körper her, und manchmal drängt er auch voraus, getrieben beispielsweise von dem Wunsch, dass wir bald irgendwo ankommen wollen.

In skandinavischen Ländern war früher häufig von »Doppelgängern« die Rede, die kommenden Besuchern vorauseilten und auf dem flachen Land schon lange vor der Ankunft, als Bote gewissermaßen, sichtbar waren. Gemeint waren wohl die Astralkörper mit ihrer weißen Aura, die sozusagen schon in Vorfreude dem physischen Körper vorauseilten. Oft wird auch von Geistererscheinungen gesprochen, wenn sich irgendwo eine weiße Wolke materialisierte und in dieser Wolke dann ein Spuk sichtbar wurde. Aber wahrscheinlich sind solche Erzählungen auf Astralkörper zurückzuführen, die von sensitiven Menschen gesehen, aber nicht als solche erkannt wurden. Im Tode verlässt unser Bewusstsein im Astralkörper den physischen Körper für immer, und auch dies kann von Sensitiven als vom Körper aufsteigende weiße Wolke wahrgenommen werden.

Das ätherische Feld in der Aura

Ebenfalls in unserer großen Aura erkennbar ist das ätherische Feld, ein feinstoffliches Energiefeld, das alle unsere Körper durchdringt, auch unseren physischen Körper. Seine Funktion kann man sich am einfachsten als eine Art Transformator vorstellen, der intensive, überall vorhandene Schöpfungsenergie – Lebensenergie in reiner Form – so umwandelt, dass sie von den jeweiligen Körpern aufgenommen und direkt verwertet werden kann. Unsere Zellen sind besonders aufnahmefähig für die von diesem ätherischen Feld vermittelte Energie, wenn wir tief entspannt sind, während des Schlafs oder auch in tiefer Meditation. Je ausgeglichener ein Mensch ist, desto mehr Energie kann dieses Feld auf ihn übertragen. Das ätherische Feld durchdringt unseren physischen Körper und ist als leuchtender Kranz von gelblich-grünlicher Farbe erkennbar, der relativ genau unserer Körperkontur folgt, ihn in einer Dicke von zwei bis drei Zentimeter aber überragt. Manchmal ist er auch dicker, z. B. im Bereich des Kopfes, wenn ein Mensch stark an seine Intuition angeschlossen ist, inspiriert eine Rede hält oder Schüler unterrichtet oder auch tief meditiert. Diesen leuchtenden, gelblichen, zwei bis drei Zentimeter dicken Kranz kann man relativ leicht sehen. Wenn Sie es versuchen wollen, schauen Sie einfach entspannt am Körper einer Person vorbei, stellen Sie Ihre Augen auf »unendlich« ein und blicken Sie erwartungslos in die Ferne, und schon werden Sie den Rand um den Körper der Person erkennen. Es vereinfacht die Wahrnehmung, wenn die Person vor einem einfarbigen Hintergrund steht und gut gestimmt ist. Sie können den ätherischen Körper auch bei Tieren und Bäumen sehen. Die Leuchtkraft lässt einen Rückschluss darauf zu, wie leicht die Person oder das Tier Zugang zur Lebensenergie hat. Vielleicht denken Sie, wenn Sie den Kranz zum ersten Mal entdecken, dass es eine optische Täuschung sei, ein Kontrastrand möglicherweise. Aber Sie werden bemerken, dass die Farbe gleich bleibt, egal, vor welchem Hintergrund Sie die Person betrachten.

Farbnebel in der Aura

Alle diese Schichten der Aura, die Sie teilweise vielleicht mit den Augen sehen, sicher aber mit dem Wahrnehmungsfeld durchdringen und verstehen können, sind zusätzlich von Farbnebeln durchzogen. Diese sind selten fest lokalisierbar, sondern bewegen sich frei im gesamten Energiefeld eines Menschen. Selbst für geübte Sensitive oder Hellseher sind sie nicht immer leicht über die Augen zu erkennen, jedoch außersinnlich ganz klar wahrnehmbar. Sie geben Aufschluss über die geistigen Wir-

kungskräfte eines Menschen, die er einerseits in seiner Kernaura mitgebracht hat – als Grundpersönlichkeit mit gewissen
Fähigkeiten, Eigenheiten und Sehnsüchten – und die er andererseits aus seinem Umfeld übernommen hat als fremde Energien.
Sie beschreiben sowohl die Art und Weise, wie er lebt, wie er
sich empfindet und sich im Leben zum Ausdruck bringt, wie er
seine Welt wahrnimmt und sich zu ihr verhält, als auch sein
mitgebrachtes Wesen. Diese farbigen Nebel sind für unsere
praktische Arbeit mit der Aura besonders relevant, weil wir
über ihre Wahrnehmung verstehen können, als was ein Mensch
in dieses Leben gekommen ist (seine Lebensabsicht, seine Persönlichkeit, seine Fähigkeiten, Sehnsüchte und Möglichkeiten),
was er aus diesen Voraussetzungen und seinem Potential bis
jetzt gemacht hat und was er tun sollte, um möglichst wieder
seine Lebensabsicht finden und leben zu können

Falls Sie lernen möchten, die verschiedenen Auraschichten,
besonders vielleicht die Farbnebel, auch mit Ihren Augen wahrzunehmen, zumindest ein bisschen, können Sie das aus Freude
üben, für das Verstehen und Begreifen der Aura ist es aber nicht
wichtig.

ÜBUNGEN ZUR AURASICHT

Sie sollten sich viel Zeit nehmen, um locker, spielerisch, aber
regelmäßig mit Menschen und Tieren zu üben. Setzen Sie
sich dazu ruhig vor sie hin, atmen Sie wie gewohnt langsam
ein und aus und entspannen Sie sich. Schauen Sie an der Person oder dem Tier vorbei, weit in die Ferne, und warten Sie.
Vielleicht tauchen vor Ihren Augen zunächst Nebel auf oder
tanzende Punkte, Farbschleier oder sonstige visuelle Effekte.
All dies sind Zeichen, dass etwas passiert, und sollte Sie er-
mutigen weiterzumachen, bis irgendwann konkrete Aspekte
der Aura vor Ihren Augen auftauchen. Es kann ein langer Weg
dorthin sein, aber es lohnt sich. Am leichtesten wird Ihnen
diese Übung wieder gelingen, wenn Sie die Person oder das
Tier vor einem einfarbigen, schwarzen oder weißen Hintergrund betrachten. Wer zusätzlich auf Hilfsmittel zurückgrei-
fen möchte, dem kann ich einen Tipp geben: In England gibt

es so genannte Aurabrillen oder Aura-Goggels mit besonderen violetten Gläsern, die beim Tragen und Schauen Auge und Gehirn darauf trainieren, andere Lichtfrequenzen wahrzunehmen. Ich habe von Personen, die regelmäßig damit übten, gehört, dass sie zumindest teilweise Erfolge damit erzielen konnten. Betrachten Sie es als nützliche Spielerei.

Kernaura und gelebte Aura

Wie viel Sie von der Aura und ihren verschiedenen Schichten sehen können, und was Sie dagegen eher klar spüren oder einfach wahrnehmen können, macht in der Praxis keinen Unterschied. Es hängt von Ihren individuellen Neigungen und Fähigkeiten ab. Die einzelnen Auraschichten theoretisch zu kennen, so wie ich sie eben skizziert habe, ist hauptsächlich im Moment von Bedeutung, weil Sie damit Ihre Wahrnehmung besser einordnen und deuten können. Sie werden sich später ohnehin ein eigenes Bild machen, das Ihren persönlichen Erfahrungen entspricht.

Für den praktischen Umgang mit der Aura scheinen vor allem die Schicht der Gesundheitsaura – für Heilung und Selbstheilung – und die Farbnebel von Bedeutung, weil sie Aufschlüsse darüber geben, welche Möglichkeiten und Energien ein Mensch in dieses Leben mitgebracht hat und welche er dann tatsächlich gelebt hat. Die mitgebrachten Energien sind stabil und unveränderlich und als Kernenergie oder Kernaura wahrnehmbar. Die gelebten Energien, also das, was jemand in seinem Leben umgesetzt hat, erscheinen als gelebte Aura. Sie sind als kurzfristige und langwellige Muster von Veränderungen im Leben erkennbar. Es gibt also zwei verschiedene Qualitäten in der Aura, eine permanente und eine veränderliche, die nicht nur deutlich unterschiedlich wahrnehmbar sind, sondern auch Zeitenergien aufweisen und so zeitlich eingeordnet werden können. Rein optisch sind diese sehr verschiedenen Auraqualitäten kaum klar auseinander zu halten, aber in der Einstimmung mit unserem Wahrnehmungsfeld sehr wohl. Im Moment mag dies verwirrend klingen, aber Sie werden sehen, dass die Unterscheidung später beim praktischen Üben relativ leicht ist.

Die Kernaura sagt also etwas darüber aus, welche Wünsche und Sehnsüchte ein Mensch in dieses Leben mitgebracht hat, welche Fähigkeiten und Möglichkeiten zur Erfüllung er in sich trägt und ganz allgemein, welche Lebensqualität und welche Lebensaufgaben er als Lebensabsicht in diesem Leben sucht. Auch Spuren von vergangenen Leben sind hier zu finden, die mit diesem Leben inhaltlich oder energetisch in irgendeiner Weise korrespondieren – ähnliche Entwicklungs- und Lernprozesse, ähnliche Fähigkeiten und Persönlichkeitsmerkmale.

Zur geschichtlichen oder gelebten Aura gehören dagegen die Energien der Eltern und des ersten Umfeldes, von denen wir uns prägen ließen und die wir entweder so fortführten oder in einer Art Antihaltung in das Gegenteil verkehrten. Alles, was wir von Kindheit an erlebten, hat in dieser Auraqualität Spuren hinterlassen, die man deutlich wahrnehmen kann, weil sie die Kernaura überlagern, manchmal so sehr, dass man unseren Ursprung kaum noch erkennen kann. Dazu gehören auch die Menschen, die wir kennen gelernt haben, oder auch Geistwesen, die mit uns in Kontakt standen und uns prägten oder lehrten.

Wenn wir diese beiden Auraqualitäten der mitgebrachten Kernaura und die gelebten Energien in ihren Wirkungskräften klar erkennen können, sind wir in der Lage, eine Art »höhere« Menschenkenntnis zu erlangen, die die übliche Betrachtungsweise der Psychologie deutlich in den Schatten stellt, weil sie eine Unterscheidung in dieser Form nicht kennt.

Wie bereits beim Erspüren von Namen, sind wir auch bei der Analyse von Kern- und gelebter Aura *nicht* auf der Suche nach problematischen Aspekten, wie das normalerweise in unserer Gesellschaft üblich ist. Wir wollen vielmehr herausfinden, welche Wirkungskräfte für unsere Lebensgestaltung günstig, weniger günstig oder auch als Konfrontation aufzufassen sind, die uns ständig in Frage stellen und uns dazu zwingen, klar unseren Standpunkt zu überprüfen. Wenn wir erkennen, wie bzw. als was jemand geboren wurde und welche Kräfte in seinem Leben wirksam sind oder waren, die ihn dazu veranlassen von seinem natürlichen Weg abzuweichen, können wir ihm Hilfe anbieten, um wieder leichter zu sich zurückfinden und sein Potential entfalten zu können.

Das gilt natürlich auch für uns selbst. Wir werden unseren Mitmenschen Verständnis und liebevolle Achtung entgegenbringen, weil wir plötzlich erkennen, warum jemand so geworden ist, wie er heute ist. Wir werden das, was er jetzt ist, und das, was er sein könnte, begreifen und nicht auf der Ebene des Verstandes allein, sondern vor allem werden wir es im Herzen spüren. Unsere Wahrnehmung von anderen Menschen und damit auch unsere Beziehung zu ihnen wird sich in dieser ganzheitlichen Wahrnehmung grundlegend verändern. Das gilt auch für viele andere Aspekte unseres Lebens. Wir werden grundsätzlicher wahrnehmen und leben. Und seien Sie gewarnt: Sobald Sie diesen Prozess einmal angestoßen haben, lässt er sich nicht mehr abstellen! Sie werden Menschen mehr und mehr in ihrer Gesamtheit wahrnehmen und sich nicht mehr von Äußerlichkeiten täuschen lassen. Sie werden nicht mehr durch die gleichen Augen schauen, die gleichen Ohren hören. Sie werden paranormal mehr wahrnehmen als je zuvor, und Sie können auch nicht mehr so tun, als ob Sie nichts wüssten. Aber für mich ist es gut so, und auch für Sie wird es gut sein, wenn Sie es möchten. Ihr Leben wird damit wesentlich interessanter und auch leichter werden.

Die Aura und die drei Bewusstseinsebenen

Wie lassen sich die verschiedenen Ebenen unseres Bewusstseins in ein Verhältnis setzen zu dem, was Sie über die Aura gehört haben, besonders über die Kernaura und die gelebte Aura, um die es bei unseren Wahrnehmungsübungen stark gehen wird?

Im ersten Teil des Buches habe ich die drei Ebenen unseres Bewusstseins beschrieben und ihre Funktionsweisen erklärt (siehe Seiten 48 ff.). Das große Restbewusstsein ist in seiner raum- und zeitlosen Qualität in der Aura direkt nicht wahrnehmbar. Aber unser vertrautes Wachbewusstsein und die einzelnen Schichten des Unterbewusstseins können klar unserer Kernaura und der gelebten Aura zugeordnet werden.

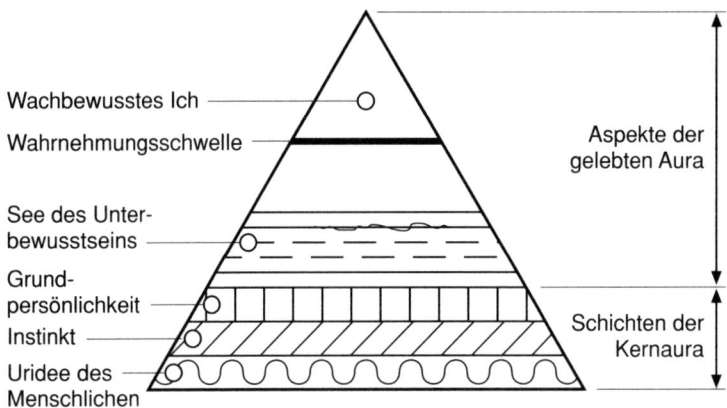

Wachbewusstes Ich

Wahrnehmungsschwelle

See des Unter-
bewusstseins

Grund-
persönlichkeit

Instinkt

Uridee des
Menschlichen

Aspekte der
gelebten Aura

Schichten der
Kernaura

Kernaura und gelebte Aura

Bewusstseinsschichten der Kernaura

Eine wesentliche Qualität des Unterbewusstseins – Sie erinnern sich – stellt die *Ebene des Instinktes* dar. Dort sind all jene Eigenschaften verankert, die uns als physischem Lebewesen helfen zu überleben, wobei das Überleben keinen Selbstzweck besitzt, sondern dazu dient, unserer Lebensabsicht nachkommen zu können. Der Instinkt ist auch die Instanz, in der unsere Selbstheilungskräfte verankert und aktiv sind. Durch die Wahrnehmung dieser auf Heilung und Regeneration ausgerichteten Wirkungskräfte des Instinktes können wir feststellen, in welchem Gesundheitszustand sich ein menschlicher Körper befindet und was er braucht, um ganzheitlich wieder stabil zu werden oder zu bleiben.

Eine weitere Eigenschaft des Instinktes ist sein sechster Sinn. Er dehnt sein eigenes Bewusstseinsfeld weit über die Körpergrenzen hinaus und ist ständig für außersinnliche Wahrnehmung bereit. Diese Wahrnehmungsqualität des Instinktes nenne ich in diesem Buch das »dritte Auge«. Je nachdem, wie aktiv die Wirkungskräfte dieses Bewusstseinsfeldes sind, lässt das Rückschlüsse darauf zu, wie stark jemand seine außersinnliche Wahrnehmungsfähigkeit bereits aktiv nutzt – inwieweit er also hellsichtig oder hellfühlig ist – und was zu tun wäre, um sie weiter zu fördern.

Die dritte wichtige Eigenschaft des Instinktes ist sein unbegrenztes Gedächtnis, in dem alles gespeichert ist, was unser Bewusstsein von der Zeugung an jemals berührt oder durchströmt hat. Wenn wir in diese Gedächtnisbank, unsere eigene oder die einer anderen Person, eintauchen, können wir dort Aufschluss darüber erhalten, wann in unserem oder ihrem Leben welche Energien oder Einflüsse eine Rolle gespielt haben.

Ebenfalls zur Kernaura gehört die *Schicht der Sehnsüchte und der Grundpersönlichkeit*, die dem Instinkt übergeordnet ist bzw. von ihm getragen wird. Dort sind all die Wünsche und Bedürfnisse verankert, alle Fähigkeiten und Möglichkeiten, die wir in dieses Leben mitgebracht haben. Diese Schicht unseres Unterbewusstseins hilft uns nicht vorrangig zu überleben, sondern unserem Leben einen Sinn zu verleihen. Sie trägt unsere Lebensabsicht, die uns zeigt, wozu wir leben wollen (Lebensziele) und wie wir entsprechend dorthin kommen können (Lebensstil).

1. Unter »Lebensziel« verstehe ich Erkenntnisse, Lern- und Entwicklungsziele oder auch Dinge, die wir in diesem Leben schaffen und verwirklichen möchten. Der Inhalt unserer Lebensziele wird häufig in Verbindung mit anderen Leben begreifbarer und besitzt immer eine Entsprechung zu den Zielen und Aufgaben unserer Eltern, mit denen wir gemeinsame Schicksalsfäden finden und lösen wollen.

2. Unter »Lebensstil« verstehe ich unseren tiefen Wunsch, auf eine ganz bestimmte Art und Weise zu leben und nach eigenen Zielen suchen zu wollen. Wir wünschen uns einen bestimmten Partnertyp, unsere spezielle Art zu wohnen, unseren eigenen Lebensrhythmus, eine bestimmte Art von zwischenmenschlichem Austausch und so fort. Der Stil ist nicht bewertbar im Sinne von gut oder schlecht, sinnvoll oder nicht sinnvoll, aber er gibt uns Energie und Freude, wenn wir ihn entsprechend leben.

Ebenfalls in unsere Grundpersönlichkeit eingewoben sind eine Art natürlicher Zeitqualität und ein natürlicher Rhythmus, in dem unsere Lebensabsicht zur Erfüllung kommen soll. Sie zeigen uns an, wann im Leben bestimmte Erfahrungen am einfachsten und eindringlichsten gemacht werden könnten, also wann die Zeit für bestimmte Dinge besonders günstig ist – ähnlich wie in der Astrologie oder Numerologie. Das gilt vor allem für wesentliche Sehnsüchte mit markanter Auswirkung auf unser Leben, wie Kinder, Heirat, Ortwahl und andere.

Die Bewusstseinsqualitäten unserer Kernaura verändern sich nie. Wir bringen sie in dieses Leben mit und verlassen es auch wieder mit ihnen. Allerdings treten die verschiedenen Aspekte unserer Kernaura zu bestimmten Zeiten mehr oder weniger in den Vordergrund, sind also nicht immer gleichzeitig dominierend. Das ist auch der Grund dafür, dass wir beispielsweise von einem Hellseher sehr verschiedene Auskünfte über die eigene Kernaura bekommen können, wenn wir ihn zu unterschiedlichen Zeiten in unserem Leben besuchen. Er beschreibt in der Regel diejenigen Fähigkeiten oder Sehnsüchte, die zu dem betreffenden Zeitpunkt dominant sind und jetzt gelebt werden wollen und auch mit unserem derzeitigen Umfeld und den entsprechenden Voraussetzungen und Anforderungen in Verbindung stehen. Grundsätzlich ist es aber natürlich zu jedem Zeitpunkt möglich, die gesamte Kernaura zu sehen und gleichzeitig auch dominante und im Moment weniger wichtige Aspekte erkennen zu können. Das ist lediglich eine Frage der Übung und vor allem der inneren Neutralität während des Wahrnehmungsprozesses.

Bewusstseinsschichten der gelebten Aura

Im Gegensatz zu den mitgebrachten und unveränderlichen Qualitäten des Unterbewusstseins, die in der Kernaura zu finden sind, stellt der *See des Unterbewusstseins* jenen Bereich unseres Bewusstseins dar, der sich erst vom Moment der Zeugung an bildet. In ihm werden ohne Unterlass und ohne jeglichen Filter alle Impulse und Informationen aufgenommen, die aus unserem Umfeld auf uns einwirken. Hier entstehen unsere Weltsicht, unser Selbstverständnis und unser Bewertungssystem, das wesentlich unser Verhalten und unsere Wahrnehmung steuert.

Was wir als unsere Gefühle und Gedanken über uns und unsere Welt erkennen, kommt zum großen Teil aus diesem See von Informationen aus unserer Geschichte. Unsere Grundpersönlichkeit kann sich nur in dem Maße in uns bemerkbar machen, wie dieser See es zulässt. Er schafft in uns einen kritischen Filter, durch den wir alles wahrnehmen. Durch diesen See haben wir auch unsere Fähigkeit zur paranormalen, außersinnlichen Wahrnehmung vergessen. Er lässt uns nach von außen übernommenen Sichtweisen leben und bringt uns bisweilen dazu, Dinge zu tun und für richtig zu halten, die mit unserem Wesen nichts zu tun haben. Er bringt uns auch dazu, das nicht zu tun oder zu sehen, was unserem Wesen entsprechen würde. Wir erkennen es nicht einmal mehr als Teil unserer Grundpersönlichkeit, weil es von unserem See zugeschüttet wurde. Wenn wir unser Wesen, unseren Kern, verlieren und auf eine unpassende Weise leben und nach falschen Zielen streben, liegt das an den Fremdinformationen aus unserer Geschichte, mit denen wir uns identifizieren.

Die Entschlüsselung und Veränderung der Inhalte dieses Sees gibt uns die Freiheit, zu unserem Wesen und unserer natürlichen Lebensweise zurückfinden zu können. Denn eigentlich ist dieser See dazu gedacht, uns den bewussten, praktischen und erfolgreichen Umgang mit dem Leben zu erleichtern.

Die Gefühle, Gedanken und Sichtweisen, die Erwartungen, Hoffnungen und Ängste, die aus diesem See auftauchen, sind die Energien, mit denen sich unser *Wachbewusstsein*, unser *wachbewusstes Ich* identifiziert. Unser wachbewusstes Ich spiegelt viel stärker unsere Geschichte wider als unser eigentliches Wesen. Es ist als dominante Energie in der Kernaura sichtbar. Wenn wir sagen: ich bin, ich denke, ich fühle, dann spricht selten unsere Grundpersönlichkeit, sondern unser unterbewusster See mit allen seinen geschichtlichen Informationen, die wir übernommen haben und mit denen wir uns als Ich identifizieren.

Die Fähigkeit, die Kernaura wahrzunehmen bedeutet, das Wesen einer Person zu erkennen. Über die Kernaura wissen wir, wie und wodurch sich die gelebte Aura als Ausdruck des wachbewussten, geschichtlichen Ichs und des unbewussten Informationssees verändern müsste, damit ein Mensch wieder zu seinem Kern und damit zu seiner Lebensabsicht zurückfinden und sie leben kann. Das wachbewusste Ich ist die bewusste Entscheidungsinstanz, mit der wir unser Leben lenken. Wenn wir es wieder in Kontakt bringen mit unserem Wesen und es nicht mehr hauptsächlich Produkt unserer Geschichte ist, können wir unser Leben frei und bewusst gestalten, wie es unserer Lebensabsicht entspricht.

Zur schnellen Orientierung finden Sie in dieser Tabelle noch einmal die wichtigsten Bewusstseinsschichten und die Zuordnung ihrer Merkmale zur Kernaura und gelebten Aura.

KERNAURA	• Instinkt (für das Überleben)	Selbstheilungskräfte Absolutes Gedächtnis Drittes Auge/6. Sinn
	• Grundpersönlichkeit (für die Lebensabsicht – Lebensstil, Lebensziel)	Sehnsüchte Fähigkeiten Lebensrhythmus (Zeitqualität)
GELEBTE AURA	• See des Unterbewusstseins (als Informationspool für die praktische Lebensgestaltung)	Weltbild Selbstverständnis Überzeugungen
	• Wachbewusstes Ich (für die bewusste und willkürliche Lebensgestaltung)	Geschichtliches Ich (mit Wahrnehmungsmustern und Verhaltensmustern aus der persönlichen Geschichte)

Zur Kernaura – unserem Wesen – zurückfinden

Sollten wir in der glücklichen Lage sein, dass sich im See des Unterbewusstseins viele Informationen befinden, die unseren Fähigkeiten und Sehnsüchten entsprechen, dann spüren wir unsere Grundpersönlichkeit leicht und können sie recht deutlich und intensiv zum Ausdruck bringen. Fehlen solche Informationen jedoch oder sind die übernommenen Impulse aus unserer Geschichte sogar unseren wahren Sehnsüchten und Anlagen entgegengesetzt, dann können wir unsere Wünsche, Bedürfnisse und Fähigkeiten nicht mehr spüren. Ihre Energie wird vom See des Unterbewusstseins verdrängt. Sie ist nicht mehr nutzbar für uns und kann sich auch so stark aufstauen, dass sie sich gelegentlich in Ausbrüchen von Angst oder Aggression entladen muss. Aggression und Angst deuten immer darauf hin, dass wir Dinge tun, die wir eigentlich nicht tun wollen und die auch nicht zu uns passen, oder dass wir nicht das tun, was uns entsprechen würde und wonach wir uns sehnen, weil wir es ganz einfach nicht mehr spüren.

Durch den Vergleich der Kernaura mit der gelebten Aura kann man feststellen, inwieweit sich ein Mensch in seinem Leben von dem entfernt hat, was er ursprünglich wollte, was er tut, was er nicht will und wo ungelebte Sehnsüchte und Fähigkeiten verborgen sind. Je weniger die gelebte und die Kernaura sich entsprechen, desto mehr Probleme und Spannungen werden in seinem Leben vorhanden sein, desto mehr Aggression und Angst wird er erleben. Je mehr die gelebten und die Kernenergien sich ähneln, desto leichter und erfolgreicher entwickelt sich sein Leben, desto mehr verleiht ihm sein Lebensstil Energie und desto mehr erfüllt ihn die Suche nach seinen Lebenszielen.

Über die Kernaura kann man einem Menschen sein Potential zeigen, über die gelebte Aura seine Prägung aus der Geschichte. Seine Lebensqualität lässt sich steigern, wenn er die Inhalte seiner Prägung kennt und versteht, wie er sie zugunsten seiner Grundpersönlichkeit und Lebensabsicht bewusst aufgeben kann. Dazu ist es nicht einmal wichtig herauszufinden, wann, wie, warum und durch wen die Prägung stattgefunden hat, wohl aber die Art der mitgebrachten Sehnsüchte und Fähigkeiten, damit dieser Mensch von jetzt an sein Potential entschieden leben kann. Wenn wir die Energien der Aura erspüren können, können wir diese Hilfestellung geben, natürlich uns selbst auch (Näheres dazu in meinem Buch *Individualität und Freiheit*, siehe Anhang).

Die Aura eines anderen Menschen erspüren

Ich möchte Ihnen jetzt wieder eine Meditation vorschlagen, mit der Sie sich langsam an die Wahrnehmung der Wirkungskräfte von Kernaura und gelebter Aura herantasten können. Es ist in diesem Stadium noch nicht wichtig und auch nicht möglich, die verschiedenen Wirkungsebenen genau zu unterscheiden. Spüren Sie einfach, so gut es geht. Sie brauchen für diese meditative Übung einen Übungspartner, eine Person oder ein Foto von einer Person, mit der Sie sich anschließend über Ihre Eindrücke austauschen können. Sie müssen wissen, wo Sie richtig wahrgenommen haben und wo nicht! Im Prinzip können Sie diese Übung auch mit einem Tier machen, aber Sie sollten sich mit dem Besitzer später austauschen können. Sie könnten auch mit dem Namen einer Person arbeiten, die Sie noch nicht so gut kennen, aber denken Sie daran, zu üben, ohne Ihre Wahrnehmung kontrollieren zu können, bringt wenig Fortschritt.

Noch einen Hinweis: Üben Sie nur, wenn Sie wirklich Lust und Zeit dazu haben und wenn Sie richtig motiviert sind, weil Sie vielleicht jemandem behilflich sein wollen. Nutzen Sie diese Arbeit, um über Ihre verfeinerte Wahrnehmung sich und andere auf einer tieferen Ebene verstehen zu lernen. So kommen Sie sich selbst näher, entwickeln mehr wahres Selbstbewusstsein – und können auch anderen hilfreich zur Seite stehen.

MEDITATION – EINSTIMMUNG AUF DIE AURA

Atme jetzt langsam tief ein und aus, tief ein und aus und schließe die Augen.

Immer weiter, atme tief ein und aus.

Und während du langsam weiteratmest, denke an deine Knie, denke an beide Knie.

Nun denke an deine Schultern und atme weiter ein und aus.

Denke an deinen Solarplexus und atme weiter ein und aus.

Und nun denke an dein Herz und atme weiter langsam ein und aus.

Mit jedem Einatmen stelle dir jetzt vor, du atmest kraftvolle, strahlende Energie ein. Und beim Ausatmen verteilst du diese Energie in deinem Körper und in deinem Bewusstsein ... strahlende, kraftvolle Energie.

Spüre, wie sich der gesamte Raum mit strahlender, kraftvoller Energie anfüllt.

Diese Energie hat die Kraft, deine Gedanken, Gefühle und inneren Bilder Wirklichkeit werden zu lassen, wenn du dies möchtest.

Jetzt, ganz leise, sage zu dir selbst und empfinde, wenn du möchtest:

Ich möchte spüren, dass mein Bewusstsein unbegrenzt ist, ewig und frei. Ich möchte erfahren, wie ich mein Bewusstsein und meine Wahrnehmung über die Grenzen meines Körpers hinaus ausdehnen kann, frei durch den Raum, frei durch die Zeit.

Ich möchte erfahren, wie mein Bewusstsein alles durchdringen kann, was ich wahrnehmen möchte: Menschen, Tiere, Pflanzen, Mineralien, Situationen, Begebenheiten und Dinge. – Ich möchte spüren, wie mein Bewusstsein all dies durchdringen kann und eins damit wird und es in diesem Zustand des Einsseins versteht.

Ich kann eins sein mit allem, was ich verstehen möchte und kann es damit begreifen.

Und ich möchte dieses Einssein in liebevollem Einverständnis mit allem Sein erleben.

Jetzt atme weiter langsam tief ein und aus.

Stelle dir nun vor, wie dein Bewusstsein sich ausdehnt und größer wird.

Spüre, wie dein Bewusstsein sich aufbläht wie ein Ballon. Größer ... und größer...

Dehne dich aus und erfülle diesen Raum.

Durchdringe alles, was in diesem Raum ist.

Spüre, wie alles in diesem Raum in dir ist, ein Teil von dir ist.

Jetzt spüre eine Person, die du jetzt auswählen kannst, die du wahrnehmen möchtest in diesem Raum oder irgendwo.

Stimme dich auf sie ein und nimm sie in dich auf. Spüre sie, versuche mit ihr zu verschmelzen.

Und jetzt, wenn du mit ihr verschmolzen bist, frage: Wer bist du? Ich möchte dich spüren, erkennen und begreifen. Wer bist du? Bleibe ruhig, spüre und lasse ihre Energie und Wirkungskräfte in dir klingen.

Dann frage sie: Was willst du erlebt haben, bevor du aus diesem Leben scheidest. Was sind deine Ziele? Und jetzt stelle dir vor, wie dieser Mensch zu dir spricht und dir erzählt, welche Ziele er verfolgt und wie er zu diesen Zielen kommen will. Lass dir berichten, welche Lebensqualität er sucht und welchen Lebensstil. Stelle dir vor, wie er es dir erzählt, höre zu, spüre.

Jetzt frage ihn: In deiner Kindheit, welche Energien herrschten da vor? Wie war deine Stimmung damals?

Und dann frage dich: Welche Hände passen zu diesem Menschen?

Stelle dir seine Hände vor. Welche Merkmale hätten Hände, die zu ihm passen würden?

Fühle sie in deiner Vorstellung, fasse sie an, beobachte sie und spüre sie. Sie erzählen dir über sein Wesen.

Jetzt atme langsam tief ein und aus.

Und dann, wenn du möchtest, sage noch einmal in Gedanken leise zu dir selbst und empfinde: Ich kann meine Wahrnehmung ausdehnen, weit in den Raum und weit durch die Zeit. Ich kann mit allem verschmelzen, womit ich verschmelzen möchte. Und in dieser Verschmelzung kann ich es spüren, in meinen Gefühlen empfinden und verstehen. Denn mein Bewusstsein und meine Wahrnehmung und der See meiner Gefühle sind unbegrenzt, ewig und frei.

Jetzt ziehe deine Wahrnehmung wieder zurück zu dir selbst.

Spüre wieder deinen Körper, empfinde dich wieder in deinem Körper und atme tief ein und aus.

Und öffne langsam die Augen.

Jetzt, nach dieser Übung lassen Sie sich etwas Zeit, erinnern Sie sich an alles, was Sie wahrgenommen haben und lassen Sie es noch etwas in sich wirken.

Sie können diese Wahrnehmungsübung machen, indem Sie sie sinngemäß, nicht wörtlich, aus Ihrer Erinnerung heraus wiederholen oder indem Sie sie vorher auf Tonband sprechen, um Sie zur Einstimmung zu hören. Nach der Übung sollten Sie sich sofort mit Ihrem Übungspartner über Ihre Eindrücke und Wahrnehmungen austauschen. Falls Sie allein geübt haben, z. B. mit einem Bild, notieren Sie, was Sie in der Meditation gespürt haben, damit Sie sich auch später noch an Einzelheiten erinnern und mit der betreffenden Person besprechen können. Achten Sie auch auf Gefühle, die Sie beim Wahrnehmen empfanden, sie sind häufig der Schlüssel für eine präzise Deutung.

Falls es Ihnen anfangs schwer fällt, sich beispielsweise die Hände des Übungspartners vorzustellen, oder wenn Sie keine eindeutigen Botschaften auf Ihre gestellten Fragen erhalten, bleiben Sie ruhig und – haben Sie Geduld. Das wird sich mit zunehmender Übung ändern und jede Art von Anspannung hemmt den Übungsverlauf.

Auch wenn Sie Zweifel haben, ob Sie die empfangenen Informationen wirklich außersinnlich erspürt oder ob Sie sie vielleicht eher erraten oder aus Teilinformationen erschlossen haben, tun Sie so, als ob alles seine Ordnung hätte und Sie richtig gut wahrnehmen würden. Es spielt erst einmal keine Rolle, wie Recht Sie haben oder wie gut Sie sind, denn allein die Tatsache, dass Sie üben, wird früher oder später zu Erfolgen führen.

Nichts ist schlimmer, als schon bei den ersten Versuchen zu skeptisch zu sein und sich immer wieder zu fragen, ob die Wahrnehmung auch richtig ist oder ob man sich vielleicht blamieren könnte, denn damit fördern Sie Ihre Skepsis erst richtig heraus und blockieren Ihre außersinnlichen Fähigkeiten. Wenn Sie zu ernsthaft und allzu vorsichtig üben, ist es sehr schwierig, spielerisch zu bleiben und die ankommenden Botschaften und Informationen einfach in Ihre Wahrnehmung hineinfließen zu lassen. Ich schlage deshalb vor, grundsätzlich zu Ihren Gunsten anzunehmen, dass Sie Recht haben und »echte« Eindrücke erhalten.

Nehmen Sie die Ergebnisse nicht zu ernst, bewahren Sie sich Ihre Lust am Experimentieren und haben Sie vor allem keine Angst, lächerlich dazustehen, wenn Sie Ihre Eindrücke überprüfen und nicht alle den Tatsachen entsprechen.

Meine Erfahrung in Seminaren hat eindeutig gezeigt, wie viel leichter und schneller der Übungserfolg kommt, wenn man unvoreingenommen und spielerisch an die Übungen herangeht und keinerlei Leistungsdenken oder Wettbewerbsdenken zulässt. Fühlen Sie sich wie ein verspieltes Kind, das herumprobiert.

FRAGEN UND ANTWORTEN

Frage:

Ist es nicht moralisch bedenklich, andere Menschen ganzheitlich zu erspüren? Wo bleibt da die Privatsphäre?

Antwort:

Leider habe ich eine unangenehme Nachricht für all jene, die glauben, sie könnten und müssten irgendeinen so genannten privaten Bereich schützen: Er kann nicht geschützt werden, weil es ihn nicht gibt. Alles, was existiert, ist für unser Bewusstsein wahrnehmbar und wird auch wahrgenommen. Alle existierenden Wirkungskräfte prägen unser Bewusstsein ständig und sind deshalb für jeden Einzelnen von uns erkennbar, auch wenn dies meist nur auf der Ebene des Unterbewusstseins bleibt und nicht in die wache Wahrnehmung dringt.

Nun der angenehme Teil der Nachricht: Außersinnliche Wahrnehmung bedeutet lediglich, uns bewusst zu machen, was wir auf einer anderen Ebene ohnehin bereits wissen, und auf dieser Ebene gibt es keine Privatsphäre. Was auf uns wirkt, nehmen wir, wie gesagt, immer wahr. Was wir selbst in uns tragen an wirkenden Kräften, alles, was uns bewegt, was in unserem Bewusstsein ist, was in unserem Leben jemals geschehen ist, das strahlen wir auch aus. Damit ist es für alle anderen Menschen auch wahrnehmbar und wird zumeist unbewusst wahrgenommen. Es gibt keine Geheimnisse. Deshalb sollte man sich, bevor man etwas tut, natürlich immer fragen, ob man dazu auch wirklich stehen kann. Der Versuch, etwas geheim zu halten, mag eine gewisse Zeit lang scheinbar funktionieren. Doch unter der Oberfläche zieht die Information sowieso ihre Kreise in der Wahrnehmung der Menschen, und es ist nur eine Frage der Zeit, bis sie auch bewusst Zugang dazu erhalten.

Allerdings glaube ich, dass wir mit dem Verschmelzen sehr sorgsam umgehen sollten. Wir sollten es nur tun, um jemanden besser zu verstehen und ihm vielleicht helfen zu können. Dass man in der Verschmelzung mit einem anderen Menschen auch versuchen könnte, die eigenen Wirkungskräfte einfach zu übertragen und ihn damit zu manipulieren, liegt auf der Hand und wird sicher auch funktionieren. Das bedeutet jedoch einen Eingriff in seinen Freiraum, eine Missachtung seiner Eigenständigkeit, die mir, und hoffentlich auch Ihnen, völlig zuwider ist und ohnehin auf uns zurückfallen würde. Wer versucht, andere Menschen auf diesem Weg zu manipulieren, der erzeugt eine Resonanz, die ihn für ähnliche Manipulationen öffnet, ein karmisches Prinzip, das man niemals vergessen sollte. Anfällig dafür sind ohnehin nur solche Menschen, die sich selbst wenig kennen und wenig Selbstbewusstsein und Selbstwertgefühl besitzen, wie schon an anderer Stelle erwähnt.

Frage:

Wenn ich mein Bewusstsein und meine Wahrnehmung öffne, muss ich mich dann nicht vor unangenehmen Inhalten schützen?

Antwort:

Ich weiß, dass diese Frage sehr viele Menschen beschäftigt. Dahinter steht natürlich die Angst, ein Opfer äußerer Einflüsse zu werden, die man nicht sucht, die einem nicht gut tun und gegen die man nichts unternehmen kann. Aus einem

Gefühl der Machtlosigkeit sucht man dann nach geistigem Schutz vor allen möglichen Einflüssen, denen man ausgesetzt sein könnte.

Natürlich bieten geistige und esoterische Lehren verschiedene Methoden an, die Schutz verleihen können oder sollen. Man kann z. B. um Schutz bitten, indem man geistige Helfer, Führer oder Schutzengel anruft. Ebenso kann man eine Lichtkugel, eine geistige Pyramide oder andere Schutzsymbole zu Hilfe nehmen, die man um den Körper herum visualisiert und die negative Einflüsse abhalten sollen. Aber ich möchte bei all diesen Methoden – von denen es unzählige gibt und die sicher auch tatsächlich eine Art Schutz bieten – eines zu bedenken geben, ein Problem, das keine von ihnen löst: das ist die Tatsache, dass wann immer man sich schützt oder um Schutz bittet, man gleichzeitig auch den eigenen Glauben nährt, Schutz nötig zu haben, weil man sich ohne Schutz machtlos fühlt. Das Vertrauen in die eigene Kraft wird so immer kleiner. Vorübergehend kommt vielleicht das Gefühl auf, geschützt zu sein, und das mag auch stimmen. Aber was ist, wenn meine Schutzsymbole nicht stark genug aufgebaut werden, weil ich unkonzentriert oder schwach bin? Was ist, wenn ich zu krank bin, um mich effektiv schützen zu können? Ich habe dann vielleicht über lange Zeit meinen Glauben daran genährt, dass ich selbst machtlos und ein potentielles Opfer für unerwünschte Energien oder Einflüsse bin. Und jetzt kann es natürlich sein, dass wir nach dem Gesetz der Entsprechung erst recht anziehen, wovor wir uns schützen wollten. Wir ziehen an, was wir ausstrahlen. Der einfachste Weg, sich zu schützen, ist immer noch der, keinen Schutz nötig zu haben, indem man ein klares Selbstbewusstsein aufbaut, Kontrolle über seine Gedanken und Gefühle entwickelt und nur die geistigen Energien in sich trägt, die man auch im Außen anziehen will. Ich kann nichts anderes anziehen als das, was ich selbst in meinem Bewusstsein trage und lebe. Das Einzige, wovor wir wirklich Angst haben müssten, sind wir selbst.

Auf dem Wege zu uns selbst und unserer geistigen Eigenständigkeit spricht jedoch trotzdem nichts dagegen, uns vorübergehend zu schützen – mit welchen Mitteln auch immer – bis wir dort angelangt sind. Aber das sollte zeitlich begrenzt sein und nicht die Arbeit an unserem Selbstbewusstsein und Selbstwertgefühl ersetzen.

Die Farben der Aura

Um die Wirkungskräfte, die von einem Menschen als Aurafeld ausgestrahlt werden, interpretieren zu können, brauchen wir etwas Wissen über die Bedeutung der verschiedenen Farben, die die Aura als Farbnebel durchziehen. Sie besitzen viel Aussagekraft für die Kernaura (das Wesen eines Menschen) und die gelebte Aura (die Energie, die er in sich pflegt und lebt).

Die Farben sind Ausdruck geistiger Energien, die in Form unserer Gefühle, Gedanken und Ideen durch unser Bewusstsein strömen. Sie spiegeln wider, wer wir wirklich sind und wie wir tatsächlich leben. Selbst wenn diese Farben nicht immer leicht zu sehen sind, sind sie doch sehr deutlich zu erspüren. Sowohl in der permanenten Kernaura als auch in der sich verändernden gelebten Aura sind alle Farben enthalten, aber nicht in der gleichen Intensität oder Dominanz. Man kann mit etwas Übung die wahrgenommenen Farben in Dominanz- oder Intensitätsebenen unterscheiden und spüren, ob sie eher eine beständige Energie (Kernaura) oder eine wechselnde Qualität (gelebte Aura) aufweisen.

Ich beschreibe nachfolgend die Farben in ihrer Bedeutung, so wie ich sie in der Kernaura und der gelebten Aura von Menschen, teilweise auch von Tieren, wahrgenommen habe. Die Deutung ist gleichermaßen gültig für die Farben in unserem äußeren Umfeld. Farben haben ihre immer gleichen Wirkungskräfte, unabhängig davon, wo sie auftauchen und wie das Umfeld darauf reagiert.

HELLGRÜN

Taucht die Farbe Hellgrün intensiv in der Aura auf, so haben wir eine Person vor uns, die ruhig, ausgeglichen und gelassen ist. Sie ruht in sich selbst, verfügt aber auch über ein ausreichendes Maß an Beweglichkeit. Diese Beweglichkeit zeigt sich auf der geistigen Ebene als Kreativität, und auf der materiellen Ebene drückt sie sich aus in der Bereitschaft, z. B. auf Reisen zu gehen oder auch größere Umgebungswechsel nicht zu scheuen. Grundsätzliche Veränderungen in der Lebensweise und Lebensqualität sind immer willkommen.

Eine »hellgrüne« Persönlichkeit ist tolerant, nicht manipulierbar und geht ganz selbstverständlich ihren Weg. Die besondere Qualität einer »hellgrünen« Persönlichkeit liegt darin, dass sie viel im Leben bewegt, aber auf eine ganz unauffällige Art. Wenn man ihr begegnet, hält man sie womöglich für »ganz nett« und kompetent, unterschätzt dabei aber ihr schöpferisches Potential vielleicht völlig.

Versucht man, diesen »netten« Menschen zu manipulieren und in eine bestimmte Richtung zu drängen, läuft man völlig ins Leere. Er bleibt ganz selbstverständlich er selbst, was Menschen, die das nicht gewohnt sind, völlig aus der Ruhe bringen kann. Ein »Hellgrüner« ist durchaus aufgeschlossen und nimmt die Dinge, die um ihn herum geschehen oder die ihm angetragen werden, zur Kenntnis und beschäftigt sich auch damit. Beeinflussen lässt er sich aber nur, wenn er das möchte. In seiner Gegenwart fühlt man sich wohl, weil man spürt, dass er nicht nur sich selbst, sondern auch andere so sein lässt, wie sie sind.

Die Wirkungskräfte einer hellgrünen Aura werden fühlbar, wenn Sie sich vorstellen, wie Sie im Frühling durch einen Birkenwald laufen: leicht, beschwingt, ausgeglichen und doch beweglich.

Hat ein Mensch die Farbe Hellgrün in seiner Kernaura, dann sucht er Harmonie. Findet er sie nicht, hat er es schwer und leidet unter äußeren Spannungen, Abhängigkeiten und Ungerechtigkeit.

Hellgrün im Außen hat auf die meisten Menschen eine sehr angenehme, heilende Wirkung.

DUNKELGRÜN

Dunkles Grün, zum Beispiel Tannengrün, deutet auf einen Menschen hin, der sehr ruhig, friedlich, ausgeglichen, entspannt und mit sich selbst zufrieden ist.

Wie die hellgrüne besitzt auch die dunkelgrüne Persönlichkeit das Potential zur Beweglichkeit, jedoch längst nicht so stark. Der dunkelgrüne Typ braucht in der Regel viel länger, bis er aktiv wird. Was er tut, hat dann auch eher eine Wirkung in seinem näheren Umfeld.

Im Vergleich zum Hellgrünen besitzt der Dunkelgrüne eine weit geringere Bereitschaft zu reisen. Es muss schon ein triftiger Grund vorliegen. Ansonsten wird er ungern weiter als ins nächste Dorf oder ans andere Ende der Straße ziehen. Sein Motto könnte sein: »My home is my castle«. Er schätzt sein Zuhause, lebt sehr gemütlich, lässt sich kaum unter Druck setzen und wird wahrscheinlich auch nach einer soliden Ausbildung beruflich dann das machen, was er gerne tut – und das unter Umständen ein Leben lang.

Auch dunkles Grün ist eine sehr heilsame Farbe. Um die Wirkungskräfte einer dunkelgrünen Aura besser nachempfinden zu können, stellen Sie sich vor, wie Sie in aufgewühltem Zustand durch einen Tannenwald spazieren oder sich auf einer sattgrünen Wiese niederlassen. Spüren Sie, wie Sie dabei immer ruhiger und ausgeglichener werden?

Auch bei einem dunkelgrünen Menschen fühlt man sich normalerweise sehr wohl. Man spürt seine Ruhe und Kraft, auch seine Fähigkeit, Dinge zu bewegen, die aber nie etwas Drängendes hat.

ROSA

Rosa in der Aura deutet auf einen Charakter hin, dem sehr viel an anderen Menschen liegt. Eine Person, in deren Aura die Farbe Rosa vorherrscht, ist sehr weich und gefühlvoll. Sie lässt andere Menschen liebevoll so sein, wie sie sind. Sie liebt die anderen für das, was sie sind, und nicht für das, was sie tun. Sie versucht, Menschen nicht zu kritisieren und zu verbessern und schon gar nicht zu beurteilen, sondern gibt allenfalls Anregungen und lässt sie sonst frei.

Wenn man einen rosa Typ kennt, kann man sich glücklich schätzen. Man kann sich auf ihn verlassen, man weiß, dass er sich um einen kümmert, einem beisteht, sich Gedanken macht –

aber ohne Druck zu erzeugen oder bestimmte Erwartungen zu haben.

Viel Rosa in der Aura weist immer auf Menschen hin, deren Leben sich um andere rankt – Menschen oder Tiere oder beides. Sie lieben grundsätzlich alles, was lebt, und unterstützen es mit ihrer Energie. Auch Pflanzen gedeihen prächtig in ihrem Umfeld.

HELLROT

Wer viel Hellrot in der Aura hat, ist geistig sehr beweglich und auch sonst ein dynamischer Typ – ein »Stürmer und Dränger«. Seine Sturm- und Drang-Zeit hört mit der Pubertät nicht auf, sondern dauert ein Leben lang. Er lebt voll und ganz die Qualität der Dynamik: Er hat ständig Ideen, ist sehr beweglich, unternehmerisch und ausdrucksstark, gibt sich schlagfertig und lebt äußerst selbstständig. Ein »Hellroter« lässt sich ungern etwas sagen und ordnet sich schon gar nicht unter. Fremde Ideen kann er akzeptieren, aber nicht für sich übernehmen, denn er entwickelt lieber selbst etwas. Bereits als Kind lehnt er Vorgaben, Erklärungen und die Hilfe der Erwachsenen ab. Er hat seinen eigenen Kopf und besteht darauf, alles selbst herauszufinden.

In seiner explosiven Dynamik hat er mehr oder weniger die Tendenz, andere zu überrollen, aber ohne böse Absicht. Er folgt eher seinen spontanen Gefühlsimpulsen, als dass er lange und sorgfältig überlegt, bevor er etwas tut.

DUNKELROT

Der dunkelrote Typ besitzt ebensoviel Energie wie der hellrote, aber lebt sie eher auf der körperlichen Ebene. Das bedeutet, er ist lustvoll, triebhaft, hat einen starken Instinkt, viel Kraft und kann viel in Bewegung setzen. Manchmal erinnert er an eine Dampfwalze in der Art, wie er ein Ziel verfolgt und Probleme beseitigt, die ihm im Weg zu stehen scheinen.

Wie beim »Dunkelgrünen« liegt sein Wirkungsbereich eher in seinem direkten Umfeld. Auch er braucht dafür öfter mal den sprichwörtlichen »Tritt in den Allerwertesten«, um überhaupt in Gang zu kommen, aber wenn er läuft, ist er nicht mehr aufzuhalten.

Das triebhafte Rot zeugt auch davon, dass er genießen kann, und zwar alles, was es eben zu genießen gibt: Sexualität, Essen, Trinken, Rauchen, Massagen, Motorrad- oder Skifahren, ganz allgemein Luxus. Er liebt Genuss in jeder erdenklichen Form.

HELLBLAU

Bei wem sich konzentriert die Farbe Hellblau in der Aura findet, der ist ein beweglicher Mensch. Er sucht alternative Ideen, lässt sich nichts sagen, meidet das Übliche und bevorzugt das Unkonventionelle. Hellblau ist auch die Farbe der Luftikusse, die es vermeiden, sich im Detail zu verlieren und allzu verbindlich zu werden. Sie machen lieber große Sprünge und nehmen die Dinge nicht so furchtbar genau, was sie in den Augen anderer zuweilen als unzuverlässig erscheinen lässt. Ein »Hellblauer« kommt vielleicht nicht immer pünktlich, aber meistens rechtzeitig. Er vertritt gern außergewöhnliche Ideen, ist offen für Neues und alle Arten der Veränderung. Er gibt sich auch geistigen, religiösen oder philosophischen Interessen gern hin. Dabei ist es möglich, dass ihm in seiner geistigen Beweglichkeit und Unverbindlichkeit manchmal der Bezug zur Realität abhanden kommt und er sich in materielle oder finanzielle Schwierigkeiten hineinmanövriert.

DUNKELBLAU

Dunkelblau ist das extreme Gegenteil von Hellblau. Jemand, bei dem viel Dunkelblau in der Aura vorhanden ist, sucht Distanz und Abgrenzung. Er möchte sich nicht einlassen. Er sucht Neutralität und zeigt wenig bis gar keine Gefühle. Ein solcher Mensch ist eher intellektuell, außerdem vorsichtig, behutsam, kalkulierend und sachlich. Der »Dunkelblaue« ist in der Regel ein Einzelgänger: Er wohnt meist allein, selten in Gemeinschaft, ist vielleicht sogar Mönch oder Einsiedler. Er bevorzugt einen Beruf, bei dem er hauptsächlich allein arbeiten kann und auf niemanden angewiesen ist. Dunkelblau kommt in der Kernaura niemals als dominante Farbe vor, sondern gibt den dominanten Farben eine zusätzliche Qualität.

Dunkelblau als Farbe von Distanz und Neutralität ist in unserem Kulturkreis in Geschäftskreisen sehr üblich, wo man Kompetenz und Sachlichkeit in den Vordergrund stellt und weniger mit dem Menschen selbst als mit seiner Funktion umzugehen scheint.

GELB

Der gelbe Typ ist spontan, heftig, gegenwartsbezogen, kindlich, impulsiv und intuitiv. Er könnte auch unordentlich sein nach dem Motto: »Wenn ich etwas suche, dann reicht es mir zu wissen, dass es ganz hinten im Schrank unter einem Berg anderer Sachen liegt.« Der »Gelbe« holt es dann hervor, wenn er es braucht. Ein Mensch mit dieser Farbe in der Aura ist äußerst wechselhaft – er lebt nur im gegenwärtigen Augenblick. Seine Intuition fließt frei, ebenso wie seine Gefühle. Sein drittes Auge ist sozusagen von Natur aus geöffnet. Er plant äußerst ungern und nur, wenn es unumgänglich ist. Viel lieber nutzt er die Gunst der Stunde und lässt sich von der Muse küssen.

Menschen mit der Farbe Gelb in der Aura erscheinen unbefangen, direkt und manchmal naiv, strahlen aber gleichzeitig eine natürliche Weisheit aus, weil sie unbekümmert ihrer inneren Intuition folgen und sie nicht in Frage stellen.

ORANGE

Orange ist eine Mischfarbe aus Rot und Gelb. Das bedeutet, dass sich hier auch die Wirkungskräfte beider Farben vermischen.

So steht Orange in der Aura für Vitalität, für Dynamik und ungerichtete Kraft. Dem orangefarbenen Typ ist es zuzutrauen, dass er aufsteht, losrennt und erst dann überlegt, wohin er eigentlich will. Ein leichter Hang zum Chaos kennzeichnet diese Persönlichkeit. Sie will Dinge bewegen, jedoch mehr um des Bewegens willen; ob das Ganze ein Ziel oder eine Richtung hat, ist dabei eher zweitrangig oder gar nicht vonnöten. Eine solch »chaotische« und gleichzeitig völlig entspannte Haltung ist ausgesprochen gesundheitsfördernd und hält die Lebensgeister auf Trab. Ein orangefarbener Typ ist vital und erzeugt leichte Unruhe in sich selbst wie in seinem Umfeld. Ist er in der Nähe, dann hat man den Eindruck, man müsste ebenfalls aktiv sein, damit man bei ihm gut ankommt. In seiner Nähe erzeugt Müßiggang geradezu Schuldgefühle.

TÜRKIS

Auch Türkis ist eine Mischfarbe, hier treffen Blau und Grün aufeinander. Helles Türkis ist eine sehr heilsame Farbe. Wer Türkis in der Aura hat, ist sehr ausgeglichen und harmonisch, in Frieden mit sich und der Welt – ein potentieller Heiler. Eine solche Person kann mit ihrer türkisfarbenen Energie die Menschen regelrecht überschütten und ihnen zu mehr Ausgleich, Harmonie und Heilung verhelfen. Sie ist großzügig, beweglich und kommt selten in Druck.

Ein türkisblauer Mensch hat eine sanfte Art, mit sich und der Welt umzugehen, und lässt sich genauso viel Raum wie den anderen.

DUNKELBRAUN UND BEIGE

Dunkelbraun in der Aura steht für eine erdbezogene, ruhige Kraft. Ein »Dunkelbrauner« hat viel Energie, ist jedoch eher träge, er kann gewissermaßen kraftvoll auf der Stelle treten. Um in Bewegung zu kommen, braucht er oft den Antrieb von außen. Bei ihm kann man sich aufladen mit Energie, nicht aber mit Ideen.

Er ist praktisch veranlagt und in seiner Art der Lebensgestaltung nicht sehr strategisch, sondern eher fleißig, und das möglichst in seinem nahen Umfeld. Großräumige Aktivitäten meidet er. Er liebt Ordnung und Beständigkeit.

Dunkelbraun kommt in der Kernaura niemals dominant vor, und auch in der gelebten Aura ist es selten wirklich intensiv.

Wenn das dunkle Braun eher zu beige wird, ist die Wirkungskraft ähnlich, aber etwas weniger träge und immer noch sehr ruhig.

HELLES VIOLETT

Helles Violett ist eine Mischung aus Rosa und Hellblau. Wer ein intensives helles Violett in seiner Aura hat, besitzt starke spirituelle Ausrichtung. Er interessiert sich für das Leben »danach«, für Gott, für geistige Werte, für die Natur der Dinge und des Seins.

Geht das Violett stark ins Lila – weist es also starke Blauanteile auf –, dann kann das auf einen Hang zum Fanatismus in religiösen oder geistigen Anschauungen hindeuten. Der Mensch lebt zwar seine geistigen Interessen, paart sie aber mit einer stark egozentrierten Haltung, die ihn verschlossen gegenüber anderen Sichtweisen macht.

Der hellviolette Typ sucht den Kontakt mit seinem Urgrund. Er sucht nach seiner Bestimmung und hat das starke Bedürfnis, ein sinnvolles Leben zu führen. Er besitzt ein klares ethisches und moralisches Empfinden, das aber keinen sozialen Ausdruck finden muss. Der »Hellviolette« könnte ebenso ein geistiger Lehrer oder Priester sein wie auch ein ambitionierter Wissenschaftler, der Neues sucht, das dem Wohle der Menschheit dienen soll. Auf jeden Fall ist er sehr integer.

DUNKELVIOLETT

Dunkles Violett ist eine Mischung aus Dunkelblau und Dunkelrot. Ein Mensch mit dieser Farbe in der Aura ist jemand, der Energien förmlich aufsaugt. Er ist ein triebhafter Typ, der von anderen zwar etwas möchte, aber innerlich Abstand hält.

Taucht Dunkelviolett stark in der gelebten Aura auf, dann deutet das auf einen »Vampir« hin, auf jemanden, der auf Kosten anderer lebt, deren Energien aufsaugt und über Schuldgefühle und Abhängigkeiten Druck erzeugt, um sie manipulieren zu können. Dieser Mensch lebt durch andere und hat keinen eigenständigen Ausdruck. Er hat den Kontakt zu seinem Wesen, seiner Kernaura, und damit zu seiner eigenen Lebensenergie verloren und lebt durch fremde Energien – im Gegensatz zum grauen Typ, der den Kontakt zu allen Energiequellen verloren hat.

Der dunkelviolette Typ hat das Bedürfnis und die Notwendigkeit zur Umwandlung erkannt. Er weiß, er muss seine Bestimmung finden und leben, doch er weiß nicht wie. Es fehlen ihm die Kraft und die Ideen dazu, obwohl das Verlangen vorhanden ist.

Ein helles und mittleres Violett kann auch stark in der Kernaura vertreten sein und deutet dort die Sehnsucht nach Spiritualität an.

SCHWARZ

Wer Schwarz in seiner gelebten Aura hat, ist entweder schon seit geraumer Zeit dabei, eine bestimmte Entwicklungsphase zum Abschluss zu bringen und hat es noch nicht geschafft, oder er befindet sich in einem umfassenden Prozess des Abschließens, den man als körperlichen und geistigen Sterbeprozess verstehen könnte. Er kann sein Potential an Möglichkeiten nicht mehr spüren und nutzen, seine Fähigkeiten liegen brach und kommen nicht mehr zum Ausdruck. Deshalb wird der »Schwarze« versuchen, äußere Energien anzuziehen und zu nutzen, die ihm helfen können, die eigene Absicht wieder zu spüren und zu leben. Er sucht Rückenwind.

Schwarz kommt in der Kernaura nicht vor, und normalerweise nur als Übergangsphase in der gelebten Aura oder wenn ein Mensch im Sterben liegt.

GRAU

Auch Grau ist nur in der gelebten Aura zu finden, nicht jedoch in der Kernaura. Grau ist ein Hinweis auf Depressionen. Die Farben als Ausdrucksmöglichkeiten werden unterdrückt, und damit fehlt jeglicher Ausdruck. Diese Person weiß nicht mehr so recht, wo es langgeht. Sie hat keine Hoffnung und keine Kraft mehr und möchte eigentlich nur noch ihre Ruhe. Grau ist so betrachtet die Farbe der Depression und nur in Menschen zu finden, die lange Zeit in ihrem Leben Dinge getan oder hingenommen haben, die sie nicht wollten, oder sich lange Zeit sich davon haben abhalten lassen, das zu tun, was ihnen wirklich entsprochen hätte. Somit wurde ihr Leben ihrer Meinung nach sinnlos. Wenn das Grau in der Aura sehr intensiv geworden ist, kann es sogar körperlich durchschimmern: die Haut wirkt gräulich, die Haare werden matt und grau (damit sind keine silbrigen oder grau glänzenden Haare gemeint). Wenn dieser Zustand von geistigem und körperlichem Zerfall über längere Zeit hinweg anhält, ist das nicht zu überleben. Wird Grau in der Aura sichtbar, muss dieser Mensch dringend einen Weg zu seinen Energien und zu seiner Kernaura finden, sonst bricht sein Energiesystem zusammen, und er wird sterben.

WEISS

Menschen, die viel Weiß in der Aura haben, gibt es selten. Weiß bedeutet, dass die Person Zugang zu der Summe all ihrer Möglichkeiten hat. Sie verfügt über die Freiheit, jederzeit auswählen zu können, welche von ihnen sie gerade braucht und einsetzen möchte. Man könnte auch sagen, dieser Mensch ist ein Meister seiner Energien. Er ist in Kontakt mit seiner Grundpersönlichkeit; er lebt seine Kernaura und geht beliebig damit um.

Engel werden in der Regel mit einer weißen Aura dargestellt, um anzudeuten, dass sie ihr gesamtes Potential zur Verfügung haben und sozusagen aus dem Vollen schöpfen können. Zu jemandem, der mit einer weißen Aura umgeben ist, hat man sofort Vertrauen. Man sucht seinen Rat und lässt sich gern von ihm belehren. Eine weiße Aura deutet auf eine starke Spiritualität hin.

»Weiße Typen« leben in der Regel souverän und vielseitig. Sie sind sehr selbstständig und lassen sich in keine Normen pressen. Sie suchen Lebensqualität und Lebenssinn in gleicher Weise, und sie können anfangen was sie wollen, es wird gut. In ihnen wirkt die Schöpfungsenergie gewissermaßen ungebremst.

Hellgrün	Ruhe, Beweglichkeit, Ausgeglichenheit, Toleranz
Hellblau	Leichtigkeit, Veränderungsfreude, Großzügigkeit
Hellrot	Dynamik, Motivation, Entschiedenheit
Rosa	Verständnis, Liebe, Einheit mit allem, was ist
Helles Violett	Vertrauen, Sehnsucht nach dem eigenen Ursprung, geistige Klarheit
Weiß	Offenheit, ganzheitlicher Ausdruck, Neubeginn
Gelb	Spontaneität, Kindlichkeit, Intuition
Orange	körperliche und geistige Vitalität, Impulsivität, Kreativität
Türkis	Heilung, Harmonie, Sanftheit
Dunkelgrün	Ausgeglichenheit, ruhige Kraft, Erholung
Dunkelblau	Ruhe, Distanz, Schutz
Dunkelrot	körperliche Vitalität, Kraft, Regeneration
Dunkelbraun	erdende Energie, Beständigkeit, Ordnung
Dunkelviolett	Umwandlung, triebhafte Kraft, Verlangen
Schwarz	Abgeschiedenheit, Neutralität, Abschied

In der Aura kommen neben diesen Hauptfarben auch alle möglichen Mischfarben vor, die Sie relativ einfach selbst interpretieren können, indem Sie die Wirkungskräfte der Einzelfarben kombinieren und zu einer Art Gesamtwirkung kommen. Die Übersichtstabelle oben kann Ihnen dazu als Gedächtnisstütze dienen.

In der Regel ist es schwierig, die Farbnebel in der Aura mit den physischen Augen klar und deutlich wahrzunehmen. Aber wenn Sie sich mit Ihrem Wahrnehmungsfeld auf die Aura einer Person einstimmen, kann es gut sein, dass Sie statt konkreter Bilder Farben vor Ihrem inneren Auge auftauchen sehen, die Ihnen ein klares Gefühl von der Person geben, und wenn Sie schon etwas über Farben wissen, wird es erheblich einfacher sein, sie erspüren und deuten zu lernen. Auch die Wirkungskräfte Ihres Umfeldes lassen sich schneller erfassen, wenn Sie die Wirkung der Farben kennen und spüren. Das führt wiederum dazu, dass Sie im Alltag bewusster mit Farben und auch anderen Wirkungskräften umgehen werden, sei es beim Essen, bei der Farbwahl Ihrer Kleidung, bei der Einrichtung und Gestaltung von Wohn- und Arbeitsbereich oder überall dort, wo Sie Farben verwenden oder in sich aufnehmen.

Nebenbei, ob Sie sich nun auf Namen und Klangmuster einstimmen, verschiedene Schichten der Aura erspüren oder sich aufnahmebereit für die Wirkung von Farben machen, Sie werden mit diesen Übungen immer auch gleichzeitig Ihre Wahrnehmung für alle anderen Wirkungskräfte schulen, weil die Wahrnehmungstechnik immer die gleiche bleibt.

Was ich über Farben gesagt habe, wird Ihnen vielleicht einleuchten, einiges vielleicht auch nicht. Wichtig ist, dass Sie selbst die Wirkung der Farben in sich spüren lernen und sie nicht einfach nur wissen. Ich möchte Ihnen deshalb zwei Farbmeditationen vorschlagen, die Ihre Wahrnehmungsfähigkeit für Farben und ihre Wirkungskräfte stark erhöhen werden.

FARBMEDITATION I

Atme langsam tief ein und aus und schließe die Augen.

Atme weiter tief ein und aus, und während du langsam weiteratmest, lasse immer mehr los, lasse dich treiben.

Der Körper darf jetzt schlafen gehen, deine Gedanken und deine Wahrnehmung werden wach bleiben.

Die Muskeln und Nerven in deinem Unterkiefer entspannen sich, lassen los.

Deine Stirn entspannt sich … die Muskeln und Nerven in deiner Stirn entspannen sich und lassen los.

Die Lippen entspannen sich, die Muskeln und Nerven in deinen Lippen entspannen sich und lassen los.

Deine Wangen entspannen sich, die Muskeln und Nerven in deinen Wangen entspannen sich und lassen los.

Deine Augen entspannen sich, die Muskeln und Nerven in beiden Augen entspannen sich, lassen los. Deine Augen werden klar und entspannt.

Die Kopfhaut entspannt sich, die Muskeln und Nerven der Kopfhaut entspannen sich, lassen los.

Die Entspannung sinkt tief hinein in den Kopf, tief hinein in die Mitte des Kopfes. Der Kopf wird klar, frei und leicht, ganz entspannt.

Die Entspannung sinkt hinein in den Hals, den Nacken, in die Schultern, hinein in die Arme, die Hände. Alle Muskeln und Nerven dort entspannen sich, lassen los.

Die Entspannung fließt hinein in die Hüfte, die Beine, in die Füße. Alle Muskeln und Nerven dort entspannen sich, lassen los.

Die Entspannung fließt hinein in den Rücken, in die Wirbelsäule. Alle Muskeln und Nerven dort entspannen sich, lassen los.

In diesem Zustand lösen sich deine Gedanken und Gefühle vom Körper, dein Bewusstsein wird frei und geht eigene Wege. Und dein Körper kann sich jetzt tief entspannen und heilen.

Jetzt sage leise in Gedanken zu dir selbst und empfinde, wenn du möchtest: Ich weiß tief in meinem Innern, meine Gedanken, meine Gefühle, meine inneren Bilder bestimmen mein Leben, meinen Körper und meine persönliche Lebenserfahrung.

Ich möchte deshalb lernen, sie so bewusst zu gestalten, wie ich es möchte und wie es gut für mich ist.

Jetzt ist es Zeit, alle Gedanken und Gefühle, die dich beschäftigen, loszulassen für die Zeit dieser Übung. Lasse sie einfach wegtreiben und werde still.

Du erreichst einen Zustand tiefer Entspannung. Deine Gedanken und Gefühle sind still und klar und haben eine große schöpferische Kraft. Die Ebenen deines Bewusstseins liegen frei zugänglich vor dir und können genutzt werden.

In diesem Zustand kannst du die Kraft der Farben verstehen und sie über deine inneren Bilder zur Steigerung deiner geistigen Kräfte nutzen. Du beginnst ihre Energie zu fühlen und kannst sie auch in deinem äußeren Umfeld bewusst einsetzen. Ebenso kannst du die Farben in der Aura anderer Menschen wahrnehmen und begreifen.

Jetzt denke, stelle dir vor und fühle ein helles Rot. Atme dieses helle Rot ein und beim Ausatmen verteile es in deinem Körper und spüre Dynamik, Motivation, Entschiedenheit.

Spüre hellrote Dynamik, hellrote Motivation, hellrote Entschiedenheit … hellrote Dynamik, hellrote Motivation, hellrote Entschiedenheit.

Jetzt atme tief ein und beim Ausatmen atme das helle Rot aus, hinaus aus deinem Körper.

Jetzt denke, stelle dir vor und fühle ein helles Grün. Atme dieses helle Grün ein und beim Ausatmen verteile es in deinem Körper und spüre dabei ruhige Beweglichkeit, Ausgeglichenheit, Toleranz.

Spüre hellgrüne ruhige Beweglichkeit, hellgrüne Ausgeglichenheit, hellgrüne Toleranz … hellgrüne ruhige Beweglichkeit, hellgrüne Ausgeglichenheit, hellgrüne Toleranz.

Jetzt atme langsam tief ein und beim Ausatmen atme dieses helle Grün aus, hinaus aus deinem Körper und ruhe dich aus.

Jetzt denke, stelle dir vor und fühle ein helles Blau. Atme dieses helle Blau ein und beim Ausatmen verteile es in deinem Körper und spüre dabei Leichtigkeit, Veränderungsfreude, Großzügigkeit.

Empfinde hellblaue Leichtigkeit, hellblaue Veränderungsfreude und hellblaue Großzügigkeit … hellblaue Leichtigkeit, hellblaue Veränderungsfreude und hellblaue Großzügigkeit.

Jetzt atme langsam tief ein und beim Ausatmen atme das helle Blau aus, hinaus aus deinem Körper und ruhe dich aus.

Jetzt denke, stelle dir vor und fühle ein helles Violett.

Atme dieses helle Violett ein und beim Ausatmen verteile es in deinem Körper. Spüre dabei Vertrauen, Sehnsucht nach Deinem Ursprung, geistige Klarheit.

Spüre hellviolettes Vertrauen, hellviolette Sehnsucht nach deinem Ursprung, hellviolette geistige Klarheit ... hellviolettes Vertrauen, hellviolette Sehnsucht nach deinem Ursprung, hellviolette geistige Klarheit.

Jetzt atme langsam tief ein und beim Ausatmen atme dieses helle Violett aus, hinaus aus deinem Körper und entspanne dich.

Jetzt denke, stelle dir vor und fühle ein Rosa.

Atme dieses Rosa ein und beim Ausatmen verteile es in deinem Körper und spüre dabei die Einheit mit allem, was ist, Verständnis und Liebe.

Empfinde rosafarbene Einheit mit allem, rosafarbenes Verständnis, rosafarbene Liebe ... rosafarbene Einheit mit allem, rosafarbenes Verständnis, rosafarbene Liebe.

Jetzt atme langsam tief ein und beim Ausatmen atme das Rosa aus, hinaus aus deinem Körper und entspanne dich.

Jetzt denke, stelle dir vor und fühle ein Türkis.

Atme dieses Türkis ein und beim Ausatmen verteile es in deinem Körper und spüre dabei Heilung, Harmonie und Sanftheit.

Empfinde türkisfarbene Heilung, türkisfarbene Harmonie, türkisfarbene Sanftheit ... türkisfarbene Heilung, türkisfarbene Harmonie, türkisfarbene Sanftheit.

Jetzt atme langsam tief ein und beim Ausatmen atme das Türkis aus, hinaus aus deinem Körper und entspanne dich.

Jetzt denke, stelle dir vor und fühle ein Schwarz.

Atme dieses Schwarz ein und beim Ausatmen verteile es in deinem Körper und spüre dabei Abgeschlossenheit, Neutralität, Abschied.

Empfinde schwarze Abgeschlossenheit, schwarze Neutralität, schwarzen Abschied ... schwarze Abgeschlossenheit, schwarze Neutralität, schwarzen Abschied.

Jetzt atme langsam tief ein und beim Ausatmen atme das Schwarz aus, hinaus aus deinem Körper und entspanne dich.

Jetzt denke, stelle dir vor und fühle ein Weiß.

Atme das Weiß ein und beim Ausatmen verteile es in deinem Körper und spüre dabei Offenheit, ganzheitlichen Ausdruck und Neubeginn.

Empfinde weiße Offenheit, weißen ganzheitlichen Ausdruck und weißen Neubeginn … weiße Offenheit, weißen ganzheitlichen Ausdruck und weißen Neubeginn.

Jetzt atme langsam tief ein und beim Ausatmen atme das Weiß aus, hinaus aus deinem Körper und entspanne dich.

Du verstehst und empfindest jetzt die Kraft dieser Farben und kannst sie über deine inneren Bilder zur Steigerung deiner geistigen Fähigkeiten benutzen. Du beginnst, ihre Energien zu fühlen.

Du kannst sie auch in deinem äußeren Umfeld bewusst einsetzen und damit deine geistigen Energien von außen unterstützen.

Und du kannst diese Farben in der Aura anderer Menschen wahrnehmen und begreifen.

Jetzt ist es Zeit, zurückzukehren zum normalen, wachbewussten Zustand. Komme mehr und mehr zurück in die Wachheit und beginne langsam, dein Umfeld wieder wahrzunehmen, deine Gedanken und Gefühle.

Du bist nun wieder wach und frisch und dein Körper fühlt sich ausgeruht und erholt an.

Öffne nun die Augen.

FARBMEDITATION II

Für diesen zweiten Teil der Farbmeditation werde ich nur die Einstimmung in die Farbenergien ausführlich beschreiben, da die Einführung und der Ausklang gleich bleiben wie in der Farbmeditation I. Wenn Sie sich eine Kassette besprechen, übernehmen Sie bitte diese Teile einfach.

(Einführung wie in Farbmeditation I)

Jetzt denke, stelle dir vor und fühle ein dunkles Rot.

Atme dieses dunkle Rot ein und verteile es beim Ausatmen in deinem Körper. Spüre dabei körperliche Vitalität, Kraft und Regeneration.

Spüre dunkelrote körperliche Vitalität, dunkelrote Kraft, dunkelrote Regeneration … dunkelrote körperliche Vitalität, dunkelrote Kraft, dunkelrote Regeneration.

Jetzt atme langsam tief ein und beim Ausatmen atme das dunkle Rot aus, hinaus aus deinem Körper.

Jetzt denke, stelle dir vor und fühle ein dunkles Grün.

Atme dieses dunkle Grün ein und beim Ausatmen verteile es in deinem Körper und spüre dabei Ausgeglichenheit, ruhige Kraft und Erholung.

Dunkelgrüne Ausgeglichenheit, dunkelgrüne ruhige Kraft, dunkelgrüne Erholung … dunkelgrüne Ausgeglichenheit, dunkelgrüne ruhige Kraft, dunkelgrüne Erholung.

Jetzt atme langsam tief ein und beim Ausatmen atme dieses dunkle Grün aus, hinaus aus deinem Körper und ruhe dich aus.

Jetzt denke, stelle dir vor und fühle ein dunkles Blau.

Atme dieses dunkle Blau ein und beim Ausatmen verteile es in deinem Körper. Spüre dabei Ruhe, Distanz und Schutz.

Dunkelblaue Ruhe, dunkelblaue Distanz, dunkelblauer Schutz … dunkelblaue Ruhe, dunkelblaue Distanz, dunkelblauer Schutz.

Jetzt atme langsam tief ein und beim Ausatmen atme dieses dunkle Blau aus, hinaus aus deinem Körper und ruhe dich aus.

Jetzt denke, stelle dir vor und fühle ein dunkles Violett.

Atme dieses dunkle Violett ein und beim Ausatmen verteile es in deinem Körper und spüre dabei Umwandlung, triebhafte Kraft, Verlangen.

Spüre dunkelviolette Umwandlung, dunkelviolette triebhafte Kraft, dunkelviolettes Verlangen … dunkelviolette Umwandlung, dunkelviolette triebhafte Kraft, dunkelviolettes Verlangen.

Jetzt atme langsam tief ein und beim Ausatmen atme dieses dunkle Violett aus, hinaus aus deinem Körper und entspanne dich.

Jetzt denke, stelle dir vor und fühle ein dunkles Braun.

Atme dieses dunkle Braun ein und beim Ausatmen verteile es in deinem Körper. Spüre dabei erdende Energie, Beständigkeit, Ordnung.

Spüre dunkelbraune erdende Energie, dunkelbraune Beständigkeit, dunkelbraune Ordnung … dunkelbraune erdende Energie, dunkelbraune Beständigkeit, dunkelbraune Ordnung.

Jetzt atme langsam tief ein und beim Ausatmen atme dieses dunkle Braun aus, hinaus aus deinem Körper und ruhe dich aus.

Jetzt denke, stelle dir vor und fühle ein helles, kräftiges Gelb.

Atme dieses helle, kräftige Gelb ein und beim Ausatmen verteile es in deinem Körper. Spüre dabei Spontaneität, Kindlichkeit, Intuition.

Spüre hellgelbe Spontaneität, hellgelbe Kindlichkeit, hellgelbe Intuition … hellgelbe Spontaneität, hellgelbe Kindlichkeit, hellgelbe Intuition.

Jetzt atme langsam tief ein und beim Ausatmen atme dieses helle, kräftige Gelb aus, hinaus aus deinem Körper und ruhe dich aus.

Jetzt denke, stelle dir vor und fühle ein Orange.

Atme dieses Orange ein und beim Ausatmen verteile es in deinem Körper. Spüre dabei körperliche und geistige Vitalität, Impulsivität und Kreativität.

Spüre orangefarbene körperliche und geistige Vitalität, orangefarbene Impulsivität und orangefarbene Kreativität … orangefarbene körperliche und geistige Vitalität, orangefarbene Impulsivität und orangefarbene Kreativität.

Jetzt atme langsam tief ein und beim Ausatmen atme dieses Orange aus, hinaus aus deinem Körper und ruhe dich aus.

Wenn Sie sich in diesen Farbmeditationen einige Male intensiv mit den Farben identifiziert haben, werden Sie sie in sich spüren können und ihre Wirkungskräfte wahrnehmen, vielleicht weit über das hinausgehend, was ich beschrieben habe. Dann sind Sie auch bereit, in Ihrem Umfeld bewusst mit Farben umzugehen und sie entsprechend Ihren Bedürfnissen zu suchen oder zu meiden. Sie können später die Wirkungskräfte allein durch die Vorstellung in sich erzeugen und damit Ihre körperlichen und geistigen Energien kraftvoll beeinflussen, wie ich es vorher schon beschrieben habe. Sie werden dann auch, wenn Sie sich auf die Aura einer Person einstimmen, deren Wirkungskräfte eher als Farben wahrnehmen und leichter deuten. Dabei macht es keinen Unterschied, ob Sie die Farben mit Ihren physischen Augen sehen oder mit Ihrer inneren Wahrnehmung.

Farbenergien wahrnehmen

Vertiefen sie nun Ihre Einstimmung und Wahrnehmungsfähigkeit der Farben mit praktischen Übungen. Sie stellen sich mit Ihrem Wahrnehmungsfeld auf Personen ein und suchen bewusst nach deren Farben bzw. nach den Wirkungskräften von Farben.

Setzen Sie sich dazu bequem hin und atmen Sie einige Male langsam ein und aus. Betrachten Sie die Person, mit der Sie üben möchten, ganz entspannt und lassen Sie sie auf sich wirken. Stellen Sie sich dann folgende Fragen:

- Welche Farben würden gut zu ihr passen?

- In welcher Farbe fühlt sie sich wohl, in welcher unwohl?

- Welche Farbe würde welchen Einfluss auf ihr Verhalten ausüben?

Für eine solche erste Einstimmung ist es am einfachsten, diese Fragen ganz pauschal zu stellen, ohne auf Unterschiede von Kern- und gelebter Aura zu achten. Die Farben, die sich als erste deutlich aufdrängen, sind höchstwahrscheinlich die Farben der gelebten Aura. Sie wirken am stärksten und sind am leichtesten wahrnehmbar. Nachdem Sie diese registriert haben und Ihre Einstimmung weiter beibehalten, werden weitere Farben auftauchen, von denen Sie spüren, dass sie zwar deutlich da sind, aber wohl nicht gelebt werden. Sollten Sie diese zweite Ebene von Farbenergien spüren können – was eine gewisse Zeit braucht –, dann stehen diese Farben in der Regel mit der Kernaura in Verbindung. Mit zunehmender Übung werden Sie ein Gefühl dafür bekommen, welche Farbe sich in der Vergangenheit wann, wie und warum verändert hat – dann sind Sie schon sehr gut.

Beispielsweise nehmen Sie als momentan sehr intensive Energie ein dunkles Blau wahr. Das deutet darauf hin, dass die Person in ihrer jetzigen Phase nicht sehr offen ist, vielleicht sogar schüchtern, und nur wenig Gefühl zeigt. Dann spüren Sie bei längerer Einstimmung weiter, dass noch ein Gelb und ein Rot da waren, aber schätzungsweise vor etwa zwanzig Jahren verschwunden sind. Die Person muss also früher sehr dynamisch, spontan und kindlich gewesen sein, bis dann etwa zu dieser Zeit etwas passiert ist, was sie sehr verunsichert hat. Vielleicht war es der Verlust einer wichtigen Person, vielleicht hat sie eine falsche Entscheidung gefällt, die nicht wieder gutzumachen war. Auf Ihre Nachfrage stellt sich vielleicht heraus, dass sich damals die Eltern scheiden ließen und sie das Vertrauen in ein sicheres, geborgenes Umfeld verloren hat.

Am Anfang sind solche Wahrnehmungen nicht ganz einfach, aber mit der Zeit werden sie leichter möglich. Wichtig ist, dass Sie immer versuchen, neutral zu bleiben, nicht nachzudenken und äußere Dinge zu beobachten, aus denen Sie Schlüsse ziehen könnten, denn dann verwischt sich Ihre Wahrnehmung. Auch unsere eigenen Vorlieben und Abneigungen sollten wir beiseite lassen, in unseren Gefühlen ganz still werden und einfach nur spüren. Machen Sie sich vor allem auch immer wieder klar: Alle Wirkungskräfte, auch die von Farben, sind nie gut oder schlecht. Sie wirken einfach und prägen entsprechend. Unsere Reaktion muss nicht identisch mit der Wirkungskraft sein, wenn wir im Moment andere Sehnsüchte haben und andere Dinge brauchen. Die Farbe Rot kann uns zum Beispiel aufbauen, wenn wir antriebslos sind, sie kann uns aber auch überfordern, wenn wir stark unter Druck stehen und glauben, die Dinge nicht mehr unter Kontrolle zu haben.

Alle meine Aussagen über Farben sind nur als Einstimmung und Anregung zu verstehen, die sich dann in Ihrer Praxis relativieren, bestätigen oder auch korrigieren können. Für Sie ist es wichtig, Ihre eigene Wahrnehmung und Interpretationsweise von Wirkungskräften zu finden und sich irgendwann nicht mehr von anderen Aussagen leiten zu lassen, auch nicht von meinen.

FRAGEN UND ANTWORTEN

Hier möchte ich wieder einige häufig gestellte Fragen aus der Praxis zu diesen Zusammenhängen beantworten.

Frage:
Wie viele Farben hat die Aura normalerweise?

Antwort:
Grundsätzlich sind sowohl in der gelebten als auch in der Kernaura immer alle Farben enthalten. Aber entscheidend für eine aussagekräftige Beurteilung der gesamten Wirkungskräfte ist ihre Intensität und die Dominanz der einzelnen Farben. Normalerweise nehmen wir zunächst die Farben wahr, die dominant erscheinen – das sind in der Regel zwei oder drei. Sie bestimmen den Grundcharakter sowohl in der Kernaura als auch in der gelebten Aura. Dann gibt es Farben, die etwas weniger hervorragen, und daneben kann man noch schwächer ausgeprägte wahrnehmen. Diese weniger dominanten Farben ergänzen und »färben« den Grundcharakter. Es braucht viel Übung, diese einzelnen Dominanzschichten getrennt voneinander wahrnehmen zu können und richtig einzuordnen.

Frage:
Kann jemand, der farbenblind ist, die Aura trotzdem sehen?

Antwort:

Wer Farben nicht als Farbe sehen kann, kann durchaus ihre Energien und Wirkungskräfte spüren und verstehen. Diese werden im Gehirn zwar nicht als Farbe aufgebaut, können aber trotzdem wahrgenommen und gedeutet werden. Das Gleiche gilt für die Farbwahrnehmung der Aurafarben.

Frage:

Die meisten Menschen haben eine Lieblingsfarbe oder zumindest Farben, in denen sie sich wohl fühlen. Korrespondieren diese Farben mit der Aura?

Antwort:

Im Prinzip schon, aber die Frage ist, ob sie mit der gelebten oder mit der Kernaura korrespondieren. Nehmen wir an, eine Person wäre von Geburt an in ihrem Kern ein gelber Typ: spontan, heftig, kindlich, phantasievoll, mit viel Lust am kreativen Ausdruck. Ihre Eltern dagegen waren sehr trocken, ordentlich und vorsichtig und lebten vielleicht ein Dunkelbraun, ein mittleres Blau und ein finsteres Rot. Das Kind identifizierte sich mit den Eltern und ihren Energien und begann bald, auch ein dunkles Blau zu leben. Es drückte seine Spontaneität nicht mehr aus, wurde gehemmt und vorsichtig, und seine gelebte Aura nahm ein dunkles Blau an. Einmal blau geworden, bevorzugt die Person wahrscheinlich auch in ihrem Umfeld und in ihrer Kleidung blau, weil ihr diese Farbe vertraut geworden ist, auch wenn sie eigentlich nicht zu ihr bzw. zu ihrem Kern passt. Würde man sie jetzt plötzlich in ein helles Gelb stecken, wäre sie wahrscheinlich irritiert und würde das Gelb sogar ablehnen, weil sie sich davon überfordert fühlte – ganz unabhängig davon, ob es gut für sie wäre. Das Empfinden, sich in einer Farbe wohl zu fühlen, entsteht oft durch die Gewöhnung bzw. auch über Vorbilder. Findet dieser Mensch jedoch im Laufe seines Lebens durch neue Vorbilder, neue Ideen immer mehr zu sich selbst, zu seinem wahren Kern, dann würde er wahrscheinlich irgendwann beginnen, sich in Gelb wohl zu fühlen, und es – endlich – zu seiner Lieblingsfarbe ernennen.

Die Farbe, die wir suchen und mögen, kann also die Farbe sein, die wir im Moment in unserer Aura leben oder die unserem Kern entspricht. Es gibt allerdings noch eine dritte Möglichkeit: Manchmal suchen wir Energien (auch Farben), um uns dahinter zu verstecken, weil wir in unserm Ausdruck nicht stabil genug sind. Sind wir beispielsweise stark rosa und werden durch unsere liebevolle Art viel ausgenützt, dann kann dunkelblau nach außen abschreckend wirken und uns etwas Luft zum Atmen geben, bis wir uns wieder klar zeigen wollen.

Frage:
Haben Farben in verschiedenen Kulturkreisen nicht unterschiedliche Bedeutungen?

Antwort:
Ja, durchaus. Bei uns beispielsweise bedeutet Schwarz Tod, sterben, Trauer. In anderen, beispielsweise in östlichen, Kulturen verbindet man die Farbe Weiß damit – aber nicht, weil man die Farbe anders spürt oder deutet, sondern dem Tod dort eine andere Bedeutung zugemessen wird.

Wir trauern um einen Toten, weil sein Leben zu Ende ist (Schwarz) und er von uns geht. Andere Völker feiern den Tod als einen Neubeginn (Weiß) in einer anderen Dimension oder einem anderen Leben. Die Aussage oder Wirkungskraft der Farbe ist dabei grundsätzlich gleich, aber sie wird entsprechend der anderen Sichtweise auch anders verwendet, man nutzt also ihre Wirkungskräfte anders.

Geistige Energietore

Neben den Farben der Aura gibt es noch andere Möglichkeiten, um unsere paranormale Wahrnehmung zu fördern und die Interpretation der wahrgenommenen Wirkungskräfte zu verbessern. Dazu gehören geistige Energietore, in denen die Wirkungskräfte besonders eindringlich und leicht wahrnehmbar sind. Es sind Energiezentren im Menschen, in denen sich die

Energien und Wirkungskräfte bündeln. Sie können Körperzonen zugeordnet werden und entsprechen im Wesentlichen den aus den esoterischen Lehren überlieferten Chakren, mit denen wir uns im nächsten Kapitel befassen werden.

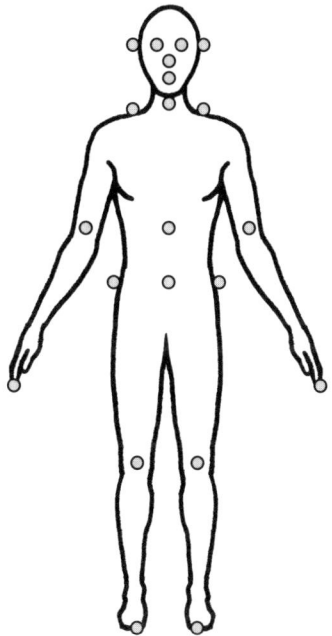

Energietore des Menschen

Die Energietore und ihre geistigen Wirkungskräfte prägen die Erscheinung der entsprechenden Körperbereiche und werden dort gewissermaßen zu einer äußeren Form. Wie sehr diese Form Rückschlüsse auf die dort herrschenden Wirkungskräfte zulässt, kann man erfahren, wenn man sich mit der Handlesekunst und der Psycho-Physiognomie beschäftigt, die Handlinien und Handform bzw. Aussehen und Proportion des Körpers deuten. Solche Energietore sind zunächst die Augen, die Ohren, die Nase, der Mund, außerdem der Kehlkopfbereich, das Herz, der Solarplexus, der Nabelbereich, der Bereich der Genitalien, und auch die Hände, die Ellenbogen, die Schultern, Hüften, Knie und Füße. Wenn wir uns auf sie einstellen, suchen wir nach den geistigen Wirkungskräften, nicht nach der äußeren Form. Wir versuchen nicht etwas zu erschließen aus der Form und dem Ausdruck von Augen, Nase, Mund oder der Struktur und der Beschaffenheit von Füßen oder Händen. Fragen wie: Sind die Augen strahlend oder matt? Ist die Nase spitz oder rund, unauffällig oder hervorstehend? Sind die Lippen schmal oder voll? Sind Hände und Füße hart oder weich, starr oder flexibel? sind für unsere Arbeit nicht von Bedeutung. Obwohl diese äußeren Formen natürlich nicht nur genetisch bedingt sind, sondern im Laufe der Zeit durch die Energien geformt wurden, die in einem Menschen wirken und die er auch gelebt hat.

Die Chiromantie (Handlesekunst) oder die Psycho-Physiognomie (die Lehre von den Körperformen des Menschen) nutzten das Wissen über die zu Form gewordene Wirkungskraft bereits vor Hunderten von Jahren, um Menschen anhand ihrer äußeren Form beschreiben, verstehen und lenken zu können. Diese Art der »Formlehre« zu lernen ist zeitlich sehr aufwendig. Es erfordert, um präzise Aussagen zu ermöglichen, ein großes Detailwissen. Unser Weg der Wahrnehmung geht nicht über die äußere Form, wir nehmen die wirkenden Kräfte direkt wahr, also das, was gewissermaßen hinter der Form steht. Deshalb brauchen wir auch kein Detailwissen, sondern nur Routine in der paranormalen Wahrnehmung.

Die Wirkungskräfte der Hände spüren

Als erstes Energietor, mit dem wir arbeiten wollen, schlage ich die Hände vor, die übrigens nach den Ohren, den Augen und dem Mund meine Lieblingszone für das Erspüren von Menschen sind.

Die Wahrnehmungseinstimmung auf die Hände erfolgt nach der gleichen Methode, wie wir sie schon zu Beginn des praktischen Teiles geübt haben. Suchen Sie sich entweder einen Übungspartner oder auf einem Foto die deutliche Abbildung einer Hand. Falls auf dem Bild die gesamte Person abgebildet ist, decken Sie alles außer der Hand ab oder schneiden Sie die Hand am besten aus, wenn Sie ganz skrupellos sind. Denken Sie daran, bei dieser Übung geht es nicht darum, die Handlinien zu untersuchen oder die äußere Form zu analysieren, sondern wir stimmen uns auf die Hand in ihrer Gesamtheit ein und versuchen, die Wirkungskräfte zu erspüren, die sie ausstrahlt, und diese zu deuten. Was wir deuten, ist also eigentlich nicht die Hand, sondern ihre Wirkungskräfte, die auf unseren Gefühlssee einwirken und ihn vorübergehend prägen.

Gehen Sie die Übung locker und spielerisch an und machen Sie sich keine Gedanken darüber, ob Ihre Aussagen stimmen oder nicht. Versuchen Sie erst gar nicht, es »gut zu machen«! Atmen Sie langsam einige Male tief ein und aus und entspannen Sie sich. Betrachten Sie dann in Ruhe das Bild der Hand oder die Hand selbst. Ignorieren Sie den Rest der Person und versuchen Sie keine Schlüsse aus Äußerlichkeiten zu ziehen. Wie wirken die Energien auf Sie?

Wenn Sie die Übung mit einem Partner machen, beginnen Sie, indem Sie die Hand – ob die rechte oder linke, ist unerheblich – zuerst betrachten und, ohne nachzudenken, eine Zeit lang auf sich wirken lassen. Danach können Sie sie auch betasten und auf diese Weise spüren, Sie können sie auch drehen und von allen Seiten betrachten. Stimmen Sie sich zunächst auf die ganze Hand ein und dann – sobald Sie ein Grundgefühl für sie bekommen haben – nacheinander auf bestimmte Details (Form, Knöchel, Fingernägel, Handbeschaffenheit, Proportion usw.). Erspüren Sie diese genauso wie vorher die gesamte Hand und lassen Sie das, was Sie sehen, als wirkende Kräfte zwischen Herz und Solarplexus auf sich wirken und dann fragen Sie sich:

- Was spüre ich, wenn ich die ganze Hand auf mich wirken lasse?

- Wie liegt die Hand da oder welche Geste macht sie? Wie wirkt das auf mich?

- Wie ist die Form der Fingernägel?

- Was spüre ich, wenn ich die einzelnen Details anschaue? Welche Gefühle tauchen auf?

- Wie ist die Form der Finger? Was spüre ich bei ihnen oder von ihnen?

- Wie ist die Form der Handfläche, der Innenfläche (falls sichtbar)?

Wenn Sie den Eindruck haben, genug gespürt zu haben, teilen Sie Ihrem Übungspartner Ihre Wahrnehmungen mit. Falls Sie mit einer Abbildung geübt haben, schreiben Sie Ihre Eindrücke auf oder sprechen Sie sie auf Tonband, damit Sie sie später mit der abgebildeten Person kontrollieren können. Ohne Kontrolle ist es kaum möglich, richtige und falsche Wahrnehmungen unterscheiden zu lernen, so wie sie sich in Ihnen anfühlten, als sie kamen. Projektion und Phantasie fühlen sich tatsächlich anders an als echte Wahrnehmungen. Sie müssen dem Gefühl zwischen Solarplexus und Herz nachspüren, solange Sie die Eindrücke bekommen, und es sich gut einprägen können. Es ist auch gut, die Überprüfung der Eindrücke vorzunehmen, solange Sie sich noch an die Gefühle erinnern können. Den Unterschied in Ihrem Gefühl zwischen richtig und falsch werden Sie schnell spüren, und merken Sie erst einmal, dass Sie auf der richtigen Fährte sind, wird sich der Informationsfluss mehr und mehr verselbstständigen, frei fließen und einfach richtig anfühlen.

Nach der Grundeinstimmung auf die Gesamtenergie der Hand gehen wir jetzt wieder ähnlich vor wie bei den Namen und suchen nach detaillierteren Aussagen mit Hilfe von gezielten Entweder-Oder-Fragen, die den Informationsfluss leichter in Gang setzen. Stimmen Sie sich wieder auf eine Hand ein, und fragen Sie sich:

- Ist dieser Mensch in seinem Wesen eher gefühls- oder verstandesbetont?

- Lebt er entsprechend dieser Veranlagung?

- Drückt er seine Gefühle aus? Wenn ja, wie tut er das? Wenn nein, warum tut er es nicht?

178

- Wenn er ein Verstandesmensch ist: welcher Art ist sein Intellekt? Ist er eher praktisch-technisch oder geistig-philosophisch geprägt?

Nach diesen grundsätzlichen Entscheidungsfragen stellen wir jetzt noch Fragen nach mehr Details:

- Was wäre seine natürliche Art zu leben? Sein natürlicher Lebensstil?

- Wie war seine Kindheit? Wie hat sie ihn geprägt?

- Welche Art von Partnerschaft braucht er?

- Welcher Beruf kommt für ihn in Frage?

- Welche Vorlieben hat er?

- Wie würde er am liebsten wohnen?

- Wie würde er sich am liebsten fortbewegen? Mit dem Auto (welchem?), Motorrad, Fahrrad, Skateboard, Roller und so fort?

Je mehr Fragen Ihnen einfallen, desto besser, aber sie müssen später überprüfbar sein. Auch sollten die Fragen nicht auf irgendeinen Ist-Zustand im materiellen Umfeld abzielen, beispielsweise: Wie viele Teller stehen bei dieser Person im Schrank? oder: Wie viele Füllungen hat sie in den Zähnen?, sondern es sollten Fragen zu ihrer Persönlichkeit oder zu ihrer gelebten Geschichte sein, weil Wirkungskräfte eher das Wesen einer Person und ihre gelebte Geschichte beschreiben als äußerliche Details.

Wenn Sie spüren, dass Sie genügend Informationen gesammelt haben und die Eindrücke auf dem See Ihrer Gefühle klar erkennbar sind, versuchen Sie jetzt zu unterscheiden, was davon zur gelebten und was zur Kernaura gehören könnte. Das wird am Anfang zugegebenermaßen nicht ganz einfach sein.

Aber versuchen Sie es und nehmen Sie als Hilfsmittel Ihre Farbwahrnehmungsmethode dazu. Welche Farben könnten zu dieser Person passen, welche Farben hat sie gelebt? Was sagt dies aus über ihr Wesen und ihre Geschichte? Hat sie sich von ihrem Kern weit entfernt, was könnte sie tun, um dorthin zurückzufinden?

Fall sich Ihre Aussagen scheinbar widersprechen oder Sie den Unterschied zwischen Kern- und gelebter Aura nicht deutlich oder vielleicht gar nicht spüren können: Machen Sie sich nichts daraus. Das wird sich mit zunehmender Übung ändern. Denn allein, dass Sie es versuchen, wird in Ihrem Unterbewusstsein eine Erweiterung Ihrer Wahrnehmungsfähigkeit anregen. Ihr Unterbewusstsein ist immer bemüht, für Sie zu arbeiten, Sie müssen es nur aktivieren und ihm die Richtung vorgeben. Früher oder später wird sich der Erfolg einstellen, und Ihre Wahrnehmungsfähigkeit wird sich tatsächlich steigern. Denken Sie daran, die Fähigkeit der außersinnlichen Wahrnehmung brauchen Sie nicht zu erlernen. Sie besitzen sie längst, sie ist natürlicher Teil Ihres Bewusstseins. Sie müssen sich lediglich daran erinnern und sie wieder einüben.

Die Wirkungskräfte der anderen Energietore

Die Übung mit der Hand lässt sich in gleicher Form auf alle anderen Energietore übertragen. Sollten sich zu wenige Personen als Übungsobjekte zur Verfügung stellen, können Sie auch folgendermaßen üben: Machen Sie Fotos von Augen, Ohren, Mund, Händen, Füßen und dem Halsbereich oder auch anderen Körperzonen. Versuchen Sie, wie eben, die Wirkungskräfte hinter der äußeren Form zu erspüren. Nachdem Sie schon mit vielen Personen geübt haben und die Überprüfung der Eindrücke Ihnen mehr Sicherheit verliehen hat, können Sie den Übungskreis der Personen in folgender Reihenfolge erweitern:

1. Üben Sie erst an Menschen, die Sie persönlich gut kennen,

2. dann an fast fremden Menschen, die Sie aber hinterher befragen können zur Überprüfung Ihrer Eindrücke,

3. und erst dann an ganz fremden Personen, z. B. über Fotos (aus Zeitschriften, Filmen oder zufälligen Urlaubsbildern), wo die Eindrücke nicht zu kontrollieren sind. Dies macht natürlich nur Sinn, wenn Sie schon etwas Sicherheit beim Üben gewonnen haben.

Weitere Übungen zu Wirkungskräften der Umgebung

Ähnlich wie wir uns auf die Wirkungskräfte von Menschen eingestellt haben, können wir unser Wahrnehmungsfeld auch gezielt für Wirkungskräfte öffnen, die von Objekten, Strukturen, Materialien, Oberflächenbeschaffenheit, Proportionen, Mustern oder Farbkombinationen ausgehen. Unser Ziel ist dabei, langfristig in der Lage zu sein, die Wirkungskräfte der verschiedensten Aspekte unseres Umfeldes wahrzunehmen und zu deuten, damit uns ein bewusster Umgang mit ihnen möglich wird und wir gezielt die wirkenden Kräfte in unser Leben bringen können, die wir suchen und die uns der Erfüllung unserer Lebensabsicht näher bringen.

Auch dafür brauchen wir natürlich Übungsobjekte, und damit Sie reichhaltig üben können, schlage ich folgendes vor:

- Machen Sie Fotos von Häusern, Eingangstüren und Eingangssituationen, Gärten, Fassaden, Wohnungseinrichtungen, Bildern und Zeichnungen, Geschirr, Besteck, Kleidung, Autos usw. Machen Sie auch z. B. Gegenlichtaufnahmen, die nur den Umriss oder das Profil einer Person wiedergeben. Was immer Ihnen Spaß macht und Ihre Neugier weckt, halten Sie es fotografisch fest.

Dann stimmen Sie sich an einem ruhigen Ort nach gewohnter Methode darauf ein, lassen Sie die ausstrahlenden Wirkungskräfte auf sich wirken und beschreiben Sie sie für sich. Schreiben Sie die Eindrücke auf, damit Sie frühere mit späteren Aussagen vergleichen können. Dadurch wird sich Ihnen eine gewisse Kontinuität in Ihrer Wahrnehmung zeigen. Sie wird Ihnen als Bestätigung für Ihre Übungsqualität dienen. Andere Personen nach ihrer Wahrnehmung zu fragen erweist sich nicht unbedingt als hilfreich. Sie können nicht wissen, ob der andere wie Sie selbst in der Lage ist, die Wirkungskraft als solche von seiner eigenen Reaktion auf sie zu unterscheiden. Mit zunehmender Übung werden die Wirkungskräfte aus Ihrem Umfeld für Sie direkt erkennbar, ohne dass Sie sich bewusst auf sie einstimmen müssen. Jetzt wird es erst richtig spannend. Sie werden den Eindruck haben, nicht mehr durch die gleichen Augen zu sehen oder durch die gleichen Ohren zu hören. Sie werden immer und sofort erheblich mehr wahrnehmen als früher und einen entsprechend tieferen und bewussteren Zugang zur Wirklichkeit haben.

FRAGEN UND ANTWORTEN

Frage:

Ich habe beim Üben festgestellt, dass ich ganz viel spüren kann, aber ich kann es nur sehr schwer in Worte fassen. Ist das zu Beginn normal?

Antwort:

Ja, meiner Erfahrung nach spüren die meisten Menschen, wenn sie anfangen zu üben, nur recht vage die Veränderungen in ihrem Gefühlssee. Sie spüren zwar etwas, wissen aber nicht genau, was es ist und was es bedeutet. Doch mit der Zeit gesellen sich zu dem vagen Gespür auch einzelne fassbare Bilder – manche sind symbolisch, wie beispielsweise zwei in sich verschlungene Ringe, die auf zwischenmenschliche Nähe hindeuten können, andere sind real –, oder man hört vielleicht, wie die eigene Stimme im Kopf etwas sagt oder auch eine fremde Stimme. Mit fortgeschrittener Übung nimmt die spontane Übersetzung der wahrgenommenen Veränderungen im Gefühlssee ständig zu und formt klarer sprechende Bilder oder beschreibende Aussagen, die man in sich als Stimme hört. Noch etwas später weiß man einfach, was die im See wahrgenommenen Wirkungskräfte bedeuten.

Hellfühlen wird zu Hellsehen und Hellhören und irgendwann, mit viel Routine bei der Wahrnehmung, zu Hellwissen.

Dazu noch ein Tipp: Wenn Sie beim Üben das Gefühl haben, etwas läge Ihnen auf der Zunge, Sie wüssten es eigentlich, aber die richtigen Worte wollen einfach nicht kommen, dann reden Sie trotzdem einfach drauflos. Kümmern Sie sich nicht darum, ob etwas Sinnvolles herauskommt oder nicht. Wie beim Brainstorming wird sich, wenn Sie einfach drauflosreden, unabhängig davon, ob Sie etwas zu sagen haben, mit der Zeit die in den Gefühlen enthaltene Information im Fluss der Sprache offenbaren. Der Sprachfluss wird zum Kanal für Informationen und Ideen. Sie reden sich frei und innere Hemmungen (Leistungsdruck, Angst, sich zu blamieren) werden weggespült.

Frage:

Wenn ich mich auf Augen oder Hände einer Person einstimme, ist es oft nur ein feiner Grat zwischen dem Gefühl, das ich dabei bekomme und meinen Bewertungen dazu. Wie schafft man es, nicht zu bewerten?

Antwort:

Nicht zu bewerten ist eines der schwierigsten Probleme bei der Wahrnehmungserweiterung. In gewisser Weise haben wir alle dieses Problem auch in unserem Alltag. Mir scheint es wichtig, um dieser Versuchung zu entgehen, sich vor jeder Übung ganz bewusst zu entscheiden: Ich will mich neutral verhalten und nur beobachten, was ist. Es soll mir dabei egal sein, ob das, was ich wahrnehme, gut scheint oder nicht, ob ich es mag oder nicht. Fällt einem dann trotzdem etwas auf, was man eindeutig für negativ hält, sollte man unbedingt sofort nach etwas Positivem suchen, um ein ausgeglichenes Bild zu erhalten.

Positive und negative Eindrücke sollten sich möglichst die Waage halten. Noch besser ist es, besonders bei der Wahrnehmung von Personen, wenn die positiven Eindrücke überwiegen, damit man wirklich konstruktiv mit dem entsprechenden Menschen umgehen kann. Sollte sich Ihnen das Negative förmlich aufdrängen und Sie völlig einnehmen, dann suchen Sie erst recht nach Positivem – so lange, bis Sie es gefunden haben. Alles, was existiert, hat grundsätzlich viele Seiten, aber mindestens zwei, und wir sind es leider häufig gewohnt, das Schlechte und die Fehler zu suchen, weil wir meinen, sie »ausrotten« zu müssen. Doch so betrachten wir Dinge natürlich einseitig und bekommen eine sehr einseitige Weltsicht, die uns nicht mehr ganzheitlich denken und handeln lässt. Positivdenker tappen übrigens in dieselbe Falle, indem sie die Dinge beschönigen. Sie können dann auch nicht mehr realistisch wahrnehmen und ganzheitlich handeln. Wir sollten immer versuchen, wertfrei und ganzheitlich wahrzunehmen und nach allen Seiten hin offen zu sein, um ein möglichst vollständiges Bild zu erhalten. Nur dann hat unsere Wahrnehmung auch Qualität und rutscht nicht in eine belehrende Zeigefingermentalität ab.

Die Wirkung der Chakrenenergien

Bei der Beschreibung der Energietore habe ich darauf hingewiesen, dass sie sich mit geistigen Energiezentren im Menschen decken, die in esoterischen Lehren als Chakren bezeichnet werden und die in Haupt- und Nebenchakren unterschieden werden. Auch die Chakren und ihre Energien bieten uns einen guten Zugang zur Wahrnehmung der menschlichen Wirkungskräfte.

Das System der sieben (Haupt-)Chakren ist uns aus Hinduismus und Buddhismus bekannt. Chakren wirken von der feinstofflichen astralen Ebene des Menschen her und lenken die Energien unseres Gefühlskörpers. Für uns sind sie interessant, weil die Aktivität dieser geistigen Energiezentren Aufschluss darüber gibt, wie ein Mensch die Energien seiner Kernaura umsetzt und sein Wesen zum Ausdruck bringt bzw. in welchem Lebensbereich seine Wesensenergien fließen und wo sie blockiert sind. Würden wir beispielsweise bei unserer Einstimmung auf die Kernaura feststellen, dass jemand in seiner Grundpersönlichkeit ein wilder, hemmungsloser und heftiger Typ ist, aber gleichzeitig beim Einstimmen auf sein erstes Chakra (Wurzelchakra), das auf seine gelebte Motivationskraft und Vitalität hinweist, erkennen, dass die Energien dort wenig aktiv sind, könnten wir daraus sofort schließen, dass wir einen Menschen vor uns haben, der von klein auf unter Druck stand und gebremst wurde, vielleicht von einer zu fürsorglichen Mutter oder einem sehr strengen Vater. Dementsprechend werden wir in seiner gelebten Aura beobachten können, wie er sehr brav, sehr zurückhaltend und vielleicht sogar desorientiert gelebt und sich von seinem Wesen entfernt hat. Wenn es nun diesem Menschen gelänge, die Energien in diesem geistigen Zentrum, das auch Motivationschakra genannt wird, wieder zu »entfachen«, indem er seine Sehnsüchte wieder entdeckt und seinen kraftvollen Gefühlen zunehmend freien Lauf lässt, so könnte er sein Wesen aktivieren und seine gelebte Aura würde sich der Kernaura annähern.

Der Zustand der Chakren bzw. die Aktivität dieser geistigen Energieprinzipien lässt klare Rückschlüsse darüber zu, wie sehr sich ein Mensch von seiner Kernaura entfernt hat und warum und welche energetischen Prinzipien er nicht nutzt oder lebt.

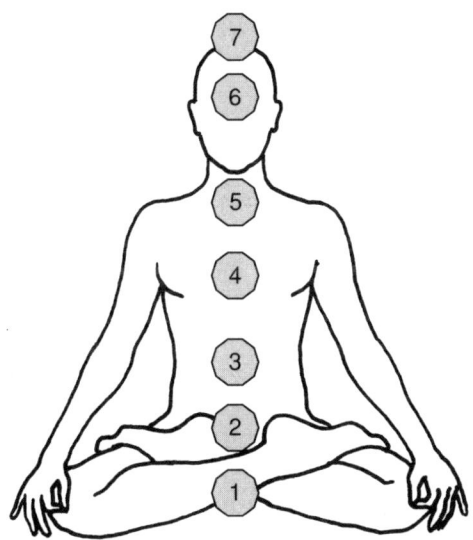

Lage der geistigen Energiezentren (Chakren)

185

Die sieben Energieprinzipien der Chakren

Im Folgenden möchte ich Ihnen die sieben Chakren und die Energieprinzipien, die sie repräsentieren, vorstellen und zeigen, wie es sich für uns auswirkt, wenn Energien dort nicht frei fließen. Nach der Beschreibung finden Sie jeweils zwei Affirmationen, die Sie in Ihren Meditationen verwenden können, um das entsprechende Energieprinzip wieder stärker in sich lebendig werden zu lassen. Die Fragen am Ende sollen Ihnen helfen, die Aktivität eines Chakras bei anderen Personen leichter zu empfinden, aber natürlich können Sie sie auch sich selbst stellen, um mehr Klarheit darüber zu bekommen, wie stark Sie die jeweiligen Energien leben. Die eigenen Energien halbwegs neutral und realistisch wahrzunehmen ist in der Regel viel schwieriger, als fremde Energien wahrzunehmen.

DIE WURZELENERGIE – MOTIVATION UND VITALITÄT

Das Wurzelprinzip, das erste Chakra, beschreibt die Basisenergie für unsere gesamte Lebensführung. Die Wurzelenergie entspricht der Kraft der Motivation, unserer bedingungslosen Lust, etwas zu tun, zu erleben oder zu begreifen. Diese Lust entsteht dann, wenn unsere Ideen und Visionen den mitgebrachten Sehnsüchten der Kernaura entsprechen und wir sie voll Freude ins Leben einbringen. Dieses Energieprinzip lässt uns spüren, welche Visionen und Sehnsüchte wir in uns tragen, und gibt uns die Kraft der Motivation, um diese auch zum Ausdruck bringen zu können.

Wer die Wurzelenergie nicht lebt, empfindet wenig Motivation und inneren Antrieb und braucht in der Regel viel Schlaf, in den er sich geradezu flüchtet. Er ist geistig träge, ohne Ideen und ermüdet schnell. Er ist wenig ausgeglichen, leicht reizbar und regt sich über viele Kleinigkeiten auf. Meistens erscheint ein solcher Mensch im Außen entweder lustlos und träge oder aber nervös und unkonzentriert. Außerdem neigt er zu Intoleranz und Kritiksucht und sucht bei anderen nach Fehlern und Schwächen. Morgens steht er nicht gern auf, weil er vom Tag wirklich nicht viel zu erwarten hat, geht dafür aber abends am liebsten früh ins Bett – froh, dass er den bedeutungslosen oder lästigen Tag hinter sich gebracht hat.

Auf körperlicher Ebene zeigt sich der Mangel an Motivation als Mangel an Vitalität. Der Körper erscheint müde und kraftlos, hat wenig Widerstandskraft, neigt zu häufigem Kranksein und langsamer Regeneration nach einer Krankheit. Wenn die Wurzelenergie nicht aktiv ist, steht ein Körper fast immer unter Spannung. Die Energien fließen nicht gleichmäßig, und es kommt zu Energiestauungen und Unverträglichkeiten unterschiedlichster Art, z. B. Allergien.

Wer die Wurzelenergie stark lebt, in dessen Aura wird man ein kräftiges, triebhaftes Dunkelrot finden. Man kann es ziemlich leicht erspüren, wenn man sich gezielt auf den Wurzelbereich einstellt. Hat ein Mensch Probleme mit der Wurzelenergie, wäre entsprechend dunkelrot auch die Farbe, die ihn unterstützen könnte, wieder zu seiner Kernenergie und einer lustvollen Art, mit dem Leben umzugehen, zurückzufinden, seinen Sehnsüchten nachzugehen und diesen Ausdruck zu verleihen.

Wenn Sie an Ihrer inneren Einstellung arbeiten möchten, die die Lebendigkeit Ihrer Wurzelenergie fördert, sollten Sie täglich folgende Ideen als eine Art Affirmation in sich bewegen, vielleicht in einer meditativen Einstimmung.

Affirmationen

- Ich fühle mich motiviert und habe Energie.

- Ich will leben und Erfahrungen sammeln.

Wenn Sie Ihre Wahrnehmung für die Wurzelenergie einer anderen Person – es funktioniert aber auch bei Ihnen selbst – sensibilisieren möchten, können Sie Ihren Zugang dazu durch die folgenden Fragen erleichtern.

Fragen zur Wurzelenergie

- Ist dieser Mensch vital?

- Kann er genießen?

- Kann er Freude empfinden?

- Steht er morgens leicht auf?

- Lässt er sich leicht unter Druck setzen oder steht er unter Druck?

- Wie geht er mit seinen Sehnsüchten um?

DIE SEXUALENERGIE – INTEGRATION PASSENDER ENERGIEN

Das zweite wesentliche Energieprinzip, das wir benutzen, um unserer Lebensabsicht Ausdruck zu verleihen, ist die Sexualenergie. Man kann sie als eine integrative Energie beschreiben, die uns zeigt, welche anderen Energien zu uns passen und wie wir sie integrieren können, um zu wachsen und uns weiter zu entwickeln. Sie hilft uns, sinnvoll und unserem Stil entsprechend zu leben, indem sie uns ständig auf der Suche sein lässt nach Impulsen und Dingen, die wir brauchen und in unser Leben integrieren können, um unsere Sehnsüchte besser und intensiver zu erfüllen. Die Suche erstreckt sich grundsätzlich auf alles, was in unserer Wirklichkeit existiert, natürlich auch stark auf den zwischenmenschlichen Bereich, wo sie sich als Sehnsucht nach Zärtlichkeit, Romantik und Sexualität zum Ausdruck bringt und uns Nähe und Austausch suchen lässt mit Menschen, die uns wirklich entsprechen und uns auf unserem Weg zu einem sinnvollen und erfüllten Leben unterstützen.

Passende Energien sind in allen Bereichen unseres Lebens zu finden, besonders bei anderen Menschen, aber auch in Tieren, Pflanzen, an Urlaubsorten, in Farben, die uns umgeben, in verschiedenen Musikrichtungen usw. Die Sexualenergie spürt sozusagen diejenigen Aspekte in unserem Leben auf, die unserem Kern und damit unserer Lebensabsicht entsprechen, und treibt uns dazu, mit diesen Kontakt zu suchen und sie möglichst als zu uns passende Wirkungskräfte in unser Leben zu integrieren.

Wer diese Energie lebt, ist ein bisschen wie ein Kind: neugierig, spontan, flexibel und ständig auf der Suche nach neuen Dingen, die ihn faszinieren und zu ihm passen. Er verneint Regeln, Routine und Strukturen und probiert vieles aus. Vielleicht wechselt er häufig den Partner, den Job, das Auto, den Wohnort. Möglicherweise studiert er viele verschiedene Fächer und ist auch sonst ein vielfältiger Mensch. Wer seine integrative Energie lebt, zieht damit andere Menschen magisch an, denn seine Vielfältigkeit macht ihn interessant und ruft bei den anderen als Vorbild die Erinnerung wieder wach, dass sie auch so leben und sich in dieser Vielfalt lebendig spüren möchten.

Wer die Sexualenergie wenig lebt, lebt auch eher langweilig, sucht nichts Neues und bestellt im Restaurant vielleicht immer das gleiche Gericht, um ja keinen Fehler zu machen. Er bleibt womöglich bei dem ersten Partner und sucht keine Alternativen, auch wenn er sich dort nicht mehr wohl fühlt. Er neigt dazu, sich zu isolieren, lässt andere Menschen kaum an sich heran und ist von seiner Sehnsucht, Neues und neue Menschen kennen zu lernen und sich auszutauschen, abgeschnitten. Ein solcher Mensch glaubt sogar, keine neuen Impulse zu brauchen, und pflegt bewusst, was er kennt. Seine Ausstrahlung und Attraktivität für andere Menschen ist entsprechend klein, so dass ihm auch kaum jemand von sich aus helfen wird, sich zu öffnen. Leider entgehen solchen Menschen, deren Sexualenergie nicht aktiv ist, so viele Möglichkeiten, die sie ihre Sehnsüchte wieder spüren und erleben lassen könnten, und mit der Zeit vertrocknen sie, ohne es selbst zu merken. Nach einiger Zeit können sie nicht einmal mehr erkennen, was ihnen wirklich gut tut, und sie lassen sich auf Menschen oder Dinge ein, die Ihnen in Wahrheit Energie rauben.

Die Farben, die bei einer aktiven Sexualenergie in der Aura spürbar sind und die andererseits auch dabei helfen könnten, sie zu aktivieren und unsere natürliche Neugier und Lust zur Integration von Neuem und Passendem zu wecken, sind Hellorange und Hellrot.

Wenn Sie an Ihrer eigenen inneren Einstellung zu diesem Energieprinzip arbeiten möchten, sollten Sie die folgenden Ideen in einer Meditation verinnerlichen.

Affirmationen

- Ich bin neugierig und suche Energien, die mir gut tun.

- Ich will mich austauschen und all das in mich und mein Leben integrieren, was mein Lebensgefühl steigert und mir gut tut.

Fragen zur Sexualenergie

Für eine bewusstere und gezieltere Einstimmung auf dieses Energieprinzip bei anderen Menschen, und natürlich bei sich selbst, stellen Sie sich folgende Fragen:

- Ist dieser Mensch neugierig, beweglich, sucht er Veränderung?

- Ist er spontan und meidet Routine und Strukturen?

- Ist er offen und direkt?

- Hat er Dinge, Menschen und andere Energien um sich herum, die zu ihm passen?

- Lebt er seine Sexualität frei und verspielt – aus Sehnsucht nach Nähe und Verschmelzung?

- Findet er das Leben spannend?

Unabhängig von der jeweiligen Energiequalität, die wir jetzt der Reihe nach erforschen werden, kann es für eine genaue Wahrnehmung sehr hilfreich sein, noch einige Fragen zu stellen, die über die Intensität und die Art des Energieflusses in den einzelnen Chakren deutlicher Aufschluss geben können.

Fragen zur Energiequalität aller Chakren

Stellen Sie die folgenden Fragen als Einstimmung auf die Energieaktivität der verschiedenen Energieprinzipien:

- Fließt die Energie gleichmäßig?

- Schwach oder kräftig?

- War sie früher ähnlich aktiv?

- Was ist der Unterschied zu jetzt?

- Wie hat sich der Energiefluss dort in der Vergangenheit entwickelt?

Wenn Sie beispielsweise spüren, dass die Energie gleichmäßig fließt, weist das unabhängig von der derzeitigen Aktivität auf einen ausgeglichenen Zustand dieses Chakras über einen längeren Zeitraum hinweg hin. Fließt sie dagegen ungleichmäßig, dann lässt das auf immer wiederkehrende Phasen von Problemen und Schwierigkeiten schließen, die man mit etwas Übung sogar noch zeitlich zuordnen kann. Wie stark die Energien fließen, also die Energieintensität, sagt uns etwas über das Maß, in dem dieses Energieprinzip aktiv ist und genutzt wird im täglichen Leben. Die letzten Fragen öffnen unsere Wahrnehmung für Hinweise darüber, wie sich der Lebensweg eines Menschen in der Vergangenheit entwickelt hat, ob er sich im Laufe der Zeit immer mehr von diesem Energieprinzip entfernt hat und es noch tut, oder ob er wieder dabei ist, sich ihm anzunähern und seinen Sehnsüchten mehr Raum in seinem Leben zu geben.

Die Solarplexusenergie – Selbstbewusstsein und Selbstwertgefühl

Das dritte Energieprinzip der sieben Hauptenergien, die Solarplexus- oder Persönlichkeitsenergie, ist ein sehr wichtiges Energieprinzip, das uns hilft, uns im Unterschied zu unserem Umfeld zu spüren, und das uns Selbstbewusstsein verleiht. Es hilft uns zu entscheiden, welche unserer Energien wir nach außen bringen wollen, um unsere Sehnsüchte zu leben, welche Energien wir hineinlassen wollen, weil sie zu uns passen und uns damit ebenfalls helfen, unsere Sehnsüchte zu erfüllen, und gegen welche Einflüsse und Wirkungskräfte von außen wir uns abgrenzen müssen, weil sie uns daran hindern, dies zu tun.

Wer die Solarplexusenergie in seinem Leben verwirklicht, der ist innerlich stabil und im Gleichgewicht, hat ein gutes Selbstbewusstsein, indem er spürt, wer er ist, wie er denkt, fühlt und handelt, und indem er auch weiß, wie er sein möchte. Er steht zu sich selbst und seiner Art und findet sich gut (Selbstwertgefühl). Wenn ein solcher Mensch etwas Ungewöhnliches tut, dann sieht er keinen Anlass, es zu begründen. Die Erwartungen anderer erfüllt er nur, wenn er Lust dazu hat. Schuldgefühle sind ihm fremd. Andere wissen nie so genau, was sie als nächstes von einem solchen Menschen zu erwarten haben, denn er lebt sehr spontan und flexibel. Je nach Situation geht er wahlweise aus sich heraus oder saugt entspannt und passiv alles auf, was ihn interessiert. Das Spektrum seiner Ausdrucksmöglichkeiten ist sehr groß und wird auch ausgiebig genutzt. Er lebt seine Absicht und bewegt sich selbstverständlich in den Energien seiner Kernaura.

Wenn jemand die Solarplexusenergie nicht lebt, entfernt er sich von seinem Wesen und seiner Kernaura. Die gelebte Aura und die Kernaura werden stark voneinander abweichen. Da er sich nicht richtig spürt, neigt er dazu, ein fremdbestimmtes Leben zu führen, und vielleicht erkennt er irgendwann, dass er sich ein Leben lang anderen untergeordnet hat, dass er Erwartungen erfüllt und viele Dinge nur getan hat, um geachtet, geliebt und beachtet zu werden. In der Regel hat ein solcher Mensch größere Schwierigkeiten im Leben, weil er allein nicht mehr weiß, was ihm gut tut, und unpassende Energien als solche nicht bemerkt und sich deshalb auch nicht bewusst gegen sie wehren kann. Er ist leicht manipulierbar, lässt sich Schuldgefühle aufbürden und reagiert oft verunsichert, da er keinen eigenen Standpunkt hat. Er macht sich klein und passt sich an und spürt nicht, wer er ist und welche Wichtigkeit er für andere Menschen haben könnte. Kurz, ihm fehlen Selbstbewusstsein und Selbstwertgefühl.

Die Farbe, die die Solarplexusenergie unterstützt, ist ein helles, strahlendes Gelb. Bei Menschen, die sie bereits leben, ist sie in der Aura klar spürbar. Sich dieser Farbqualität auszusetzen fördert die Bereitschaft, die Wahrnehmung wieder nach innen auf das eigene Selbst zu richten, mehr im Moment zu leben und spontan und direkt den eigenen Impulsen zu folgen, egal was das Umfeld davon halten mag.

Zur Anregung dieses Energieprinzips dienen die folgenden Affirmationen, die Sie täglich verinnerlichen sollten.

Affirmationen

- Ich bin mir meiner selbst bewusst.

- Ich kenne und lebe meine körperlichen und geistigen Energien.

Sie werden schon nach kurzer Zeit spüren, wie viel mehr Sie Ihren eigenen Standpunkt wichtig nehmen und wie Sie bewusster in Ihrem Denken, Fühlen und Tun werden. Sie werden sich mit der Zeit weigern, Dinge zu tun, die Ihnen nicht entsprechen, und stattdessen Ihren Sehnsüchten und Fähigkeiten nachgehen und diese auch vertreten. Das bedeutet, Sie werden Ihrem Selbstbewusstsein und Selbstwertgefühl wieder mehr Raum verschaffen.

Für eine bewusstere Einstimmung auf diese Energiequalität können Sie mit den folgenden Fragen arbeiten.

Fragen zur Solarplexusenergie

- Lebt dieser Mensch intensiv und sinnvoll?

- Welche Energien aus seinem Umfeld wirken auf ihn? Passen sie?

- Ist dieser Mensch einfach er selbst oder versucht er, sich anzupassen und anderen zu gefallen?

- Wie müsste er sich verändern, um selbstbewusster zu werden und sich seiner Kernaura anzunähern?

- Kennt er seine körperlichen und geistigen Energien und lebt er sie aus?

Die Herzenergie – Liebe und Verständnis

Das vierte Energieprinzip der sieben Hauptenergien steht uns am nächsten und ist doch eines von denen, die am schwierigsten zu leben sind. Die Herzenergie regt uns dazu an, eine Brücke zwischen uns und dem Rest der Wirklichkeit zu schlagen. Sie stellt ein Gefühl von Einheit und Vertrauen her. In ihr spüren wir, dass alles, was existiert, nicht nur ein Recht darauf hat, genau so zu sein, wie es ist, sondern dass alles, was in unserem Umfeld auftaucht, sogar in irgendeiner Form ein Teil von uns ist und als Spiegel dient. Das Herzprinzip hilft uns, die Menschen und Dinge liebevoll so zu lassen, wie sie sind, ohne sie zu bewerten oder zu versuchen, sie zu beeinflussen.

Unsere Herzenergie lässt uns Menschen, Tiere und Pflanzen lieben für das, was sie sind, und nicht für das, was sie tun. »Ich liebe dich, *wenn* … Ich liebe dich, *weil* … Wenn du mich liebst, dann solltest du …« Aussagen dieser Art entspringen nicht dem Herzprinzip, sondern sie sind egoistisch und von einer mäßigen Solarplexusenergie und einem mäßigen Selbstbewusstsein geprägt. Wahre Herzenergie entspannt und verleiht einen liebevollen Blick. Bei jemandem, dessen Herzchakra aktiv ist, fühlt man sich wohl, weil man weiß, dass man in seiner Nähe sein darf, wie man will. Er erwartet nichts, setzt niemanden unter Druck, sondern verschenkt seine Liebe einfach. Gleichzeitig lässt ein solcher Mensch auch sich selbst so sein, wie er ist, und steht zu seinen Sehnsüchten und Eigenheiten. In seiner Nähe kommt ein Gefühl von Wärme und Geborgenheit auf.

Wenn die Herzenergie nicht so aktiv ist, neigt man dagegen zur Intoleranz und will andere nicht so sein lassen, wie sie nun mal sind. Man glaubt zu wissen, was gut für sie wäre und versucht, ihnen das aufzuzwingen – natürlich nur zu ihrem Vorteil, wie man denkt. Ein Mensch mit wenig Herzenergie will die Schwächen von anderen erkennen, sie kontrollieren, in sein eigenes Wertesystem pressen, allerdings nicht in schlechter Absicht, sondern weil er vielleicht seine Sehnsucht, für andere etwas tun zu wollen, mit echter Liebe verwechselt. Leider ist gerade in Partnerschaften das Zusammensein häufig nicht von der Liebe der Herzenergie geprägt, sondern von Erwartungen und Forderungen, die aus egoistischen Gründen und Ängsten an den anderen gestellt werden und auf eine mäßige Solarplexusenergie hindeuten.

Die Farbe, die das Herzprinzip unterstützt und auch in der Aura stark vertreten ist, wenn es verwirklicht wird, ist ein leuchtend helles Rosa, das fast weißlich schimmert.

Äußerlich in dieser Farbe zu »baden« bringt unsere Gefühle in Bewegung, lässt die Nächstenliebe wachsen und stärkt so indirekt auch unsere Solarplexusenergie.

Für die geistige Arbeit an der Herzenergie können Sie die folgenden Ideen in sich bewegen.

Affirmationen

- Ich liebe alles, was ist, als das, was es ist.

- Ich liebe und verstehe mich selbst und alles, was ist.

Mit dieser Einstimmung entwickelt sich unsere Toleranz als Fähigkeit des liebevollen Lassens uns selbst und anderen gegenüber. Wir beginnen, uns selbst besser zu begreifen, indem wir erkennen, wie alles, was uns begegnet, ein Spiegel unserer selbst ist. Wir werden innerlich ruhig und ausgeglichen, können uns mehr und mehr über das Sein freuen und es wertfrei so sein lassen, wie es ist.

Zur gezielten Öffnung Ihres Wahrnehmungsfeldes auf dieses Energieprinzip – bei anderen Menschen wie auch bei sich selbst – stimmen Sie sich mit folgenden Fragen ein:

Fragen zur Herzenergie

- Lässt dieser Mensch andere so sein, wie sie sind, oder versucht er, sie zu verändern und nach seinen Vorstellungen zu »verbessern«?

- Kann er anderen liebevoll begegnen, egal, was sie tun oder wie sie sind?

- Erkennt er sich selbst in allem, was ihm begegnet, und begreift, welcher Teil von ihm es angezogen hat?

- Kann er anderen verzeihen?

DIE KEHLKOPFENERGIE – SELBSTERKENNTNIS UND SELBSTAUSDRUCK

Das fünfte Energieprinzip, die Kehlkopfenergie, scheint in der heutigen Zeit aus offensichtlichen Gründen besonders gefährdet zu sein. Die Kehlkopfenergie stellt eine Art Kanal zu unserer Grundpersönlichkeit dar. Sie lässt uns spüren, wer wir sind, und regt uns an, uns auch zum Ausdruck zu bringen.

Wer dieses Prinzip in seinem Leben verwirklicht, der spürt seine Sehnsüchte, Neigungen, Fähigkeiten und Meinungen zu den Dingen und sagt, zeigt und lebt sie auch. Er handelt auf ganz selbstverständliche Weise gemäß dem, was er denkt, fühlt und wünscht. Ein solcher Mensch bahnt sich zielstrebig und unaufhaltsam seinen Weg, unmissverständlich und ausdrucksstark. Sein ganzes Wesen und sein Ausdruck sind in vollkommener Harmonie.

Da er sich selbst den nötigen Raum verschafft, um sich in Worten oder in seinem Handeln auszudrücken, ist er anderen gegenüber äußerst tolerant und gewährt ihnen den gleichen Freiraum. Ein Mensch, bei dem die Kehlkopfenergien aktiv sind, lässt sich niemals manipulieren und spricht auf die Erwartungen anderer Menschen nur dann an, wenn er selbst es auch möchte. Er lebt selbstverständlich und souverän und ist für andere schlecht zu greifen.

Wer dieses Prinzip jedoch nicht lebt, verdrängt die eigenen Wünsche und Sehnsüchte und lässt sich leicht in Richtungen drängen, die nichts mit ihm zu tun haben und ihm nicht gut tun. Die eigene Persönlichkeit, die eigene Perspektive nimmt er kaum wahr, was schlimmstenfalls mit der Zeit so weit gehen kann, dass er vergisst, wer er ist und was er eigentlich vom Leben will. Der Kontakt zum eigenen Kern geht verloren, er kann sich nicht mehr spüren und entwickelt deshalb eine Tendenz, statt für sich selbst für andere, oder auch durch andere zu leben.

Die Farben, die die Kehlkopfenergie unterstützen und die auch in der Aura zu finden sind, wenn sie gelebt und aktiv ist. sind Smaragdgrün und Hellblau.
In diese Farben gehüllt wird es leichter, sich von äußeren Verwicklungen zu lösen und sich auf sich selbst zu besinnen, wieder innerlich frei zu werden, sich zu spüren, zu sich zu stehen und den eigenen Energien und Sehnsüchten Ausdruck zu verleihen.

Für die eigene innere Arbeit mit ihrer Ausdrucksenergie sollten Sie sich in Ruhe auf die folgenden Ideen einstimmen, bis Sie sie klar wieder in sich spüren können.

Affirmationen

- Ich spüre meine Sehnsüchte und Fähigkeiten.

- Ich drücke mich klar und deutlich aus und tue alles, was mir und meinem Lebensweg entspricht.

Mit dieser Einstimmung werden Sie wachsamer für Ihre eigenen Gedanken und Gefühle, Ihre wahren Fähigkeiten und Sehnsüchte. Sie entwickeln wieder die Motivation, den Mut und die Kraft, diese auch zu verwirklichen – gleich, was Ihr Umfeld von Ihnen erwarten mag oder wie es zu Ihnen steht. Sie finden leichter zurück zu Ihrem natürlichen Ausdruck, werden sicherer, entscheidungsstärker und innerlich ausgeglichen.

Die folgenden Fragen werden Ihnen wieder bei der Einstimmung auf dieses Energieprinzip helfen.

Fragen zur Kehlkopfenergie

- Folgt dieser Mensch seinen eigenen Gedanken, Gefühlen und Sichtweisen oder passt er sich eher anderen an?

- Weiß er, was er will, und hat er die Kraft und den Mut, seinen Weg zu gehen, auch wenn ihm von außen Widerstände entgegengesetzt werden?

- Lässt er zu, dass Ängste und Befürchtungen sein Handeln zu seinen Ungunsten beeinflussen oder folgt er entschieden seinen Bedürfnissen?

- Lässt er sich schnell verunsichern und mundtot machen oder bleibt er in Diskussionen oder auch härteren Kontroversen offen, klar und deutlich?

- Folgt er alten, eingespielten Routinen oder entscheidet dieser Mensch immer wieder neu – den aktuellen Umständen und seinen individuellen Bedürfnissen entsprechend? Ist er tolerant und großzügig und lässt anderen Menschen ihren Raum, oder neigt er zum Überreden und ist vielleicht sogar dominant oder manipulativ?

DIE STIRNENERGIE – HARMONIE VON MÄNNLICH UND WEIBLICH

Das sechste Energieprinzip stellt ebenfalls eine wichtige Basis für den ganzheitlichen Ausdruck unserer Kernenergie dar, aber es ist für die meisten schwer zu leben, weil wir in der Regel stark durch unser weibliches oder männliches Rollenverhalten geprägt sind. Die Energie des Stirn- oder Augenbrauenchakras hat sehr viel Einfluss auf unsere Art und Weise, uns im Leben zum Ausdruck zu bringen, aber auch darauf, wie ganzheitlich wir das Leben wahrnehmen können. Sie sorgt für die Ausgewogenheit von männlichen und weiblichen Qualitäten in unserem Bewusstsein, in unserem Körper und in unserem Leben. Diese Qualitäten haben nichts mit unserem Geschlecht zu tun, sondern beschreiben bestimmte Strategien, die Wirklichkeit wahrzunehmen und mit ihr umzugehen.

Unsere *weiblichen* Qualitäten sind weich, fließend, intuitiv, ganzheitlich, gegenwartsbezogen, geschehen lassend, impulsiv und nährend. Die *männlichen* Attribute dagegen sind bestimmend, analytisch, sachlich, logisch, vorwärtsdrängend, planend, zeitbezogen – also vergangenheits-, gegenwarts- und zukunftsbezogen.

Normalerweise sind in jedem Menschen und überhaupt in jeder Form von Bewusstsein auf diesem Planeten beide Seiten vorhanden. Wir haben jederzeit die freie Wahl, je nach Situation, mehr die weiblichen oder mehr die männlichen Qualitäten – oder auch Kombinationen aus beiden – zu nutzen. Lassen wir uns von unserer Stirnenergie nicht klar lenken, geschieht es leicht, dass wir »einseitig« werden und uns zu sehr nur in männlichen oder nur in weiblichen Eigenschaften verlieren, und zwar unabhängig von unserem Geschlecht. Dabei geht natürlich die gesamte Palette der Möglichkeiten der anderen Seite verloren, was eine gewisse Armut im Spektrum unserer Wahrnehmung und unserer Verhaltensweisen bewirkt.

Aus solch einseitigen Tendenzen entwickelt sich z. B. der total verweichlichte Mann oder die verhärtete Frau oder der knallharte Mann oder die überweiche Frau. In der Regel wird unsere Stirnenergie schon einseitig ausgerichtet durch die Rollenbilder unserer Eltern oder anderer Vorbilder aus unserer Kindheit, die wir später im eigenen Leben dann automatisch wiederholen. Eine solch einseitige Ausrichtung unserer männlichen oder weiblichen Lebensstrategien begrenzt unsere Ausdrucks- und Wahrnehmungsmöglichkeiten erheblich und kann uns den Zugang zu bestimmten Lebensgefühlen oder einer bestimmten Lebensqualität völlig verstellen – unabhängig davon, in welches Extrem wir verfallen. Wenn das fließende, intuitive Prinzip beispielsweise gegen das planende, bestimmende in uns kämpft, entstehen große körperliche und geistige Spannungen, die zu Wahrnehmungs- und auch Ausdrucksstörungen führen können, für die wir das moderne Wort Stress gebrauchen. Die Stirnenergie versucht, uns zu einem ausgewogenen Verhältnis von weiblichen und männlichen Qualitäten anzuleiten, damit wir alle unsere Fähigkeiten und Möglichkeiten nutzen können. Wenn wir hart und bestimmend sind, können wir dem natürlichen Fluss der Dinge nicht folgen und wir ignorieren unsere Intuition und Spontaneität. Fließen wir dagegen immer planlos vor uns hin und warten auf die nächste Intuition, wird es uns womöglich nicht gelingen, wichtige Vorhaben und Pläne voranzubringen. Alles hat seine Zeit. Einmal ist es sinnvoll zu denken, zu analysieren und zu planen, ein anderes Mal braucht es Spontaneität und Intuition, um richtig zu handeln.

Ein Mensch, bei dem sich männliche und weibliche Aspekte die Waage halten, strahlt Harmonie und inneren Reichtum aus. Er lebt seine Sehnsüchte und nutzt seine Möglichkeiten ganzheitlich. Er scheint immer zur richtigen Zeit am richtigen Ort zu sein und in jeder Situation die richtige Entscheidung zu treffen, wobei er spontan die Qualität nutzt, die ihm gerade angemessen erscheint. Diese ganzheitliche Art, mit dem Leben umzugehen, erweitert auch die innere Wahrnehmung und die Intuition. Im freien Fluss unserer Stirnenergien werden die Fähigkeiten des dritten Auges verwirklicht, unsere größere Sicht der Dinge, die über die Möglichkeiten unserer physischen Sinne weit hinausgeht.

Die Farben, die das Stirnprinzip unterstützen und die in der Aura eines Menschen wahrnehmbar sind, bei dem dieses Chakra aktiv ist, sind Orange, Gelb, Hellblau und in Maßen auch Rot. In diesen Farben verlieren wir leichter unsere einseitigen Sichtweisen und öffnen uns für die Führung unserer Intuition, die männliche und weibliche Aspekte unseres Bewusstseins ganzheitlich nutzt und aktiviert.

Affirmationen

- Ich bin dynamisch, bestimmend und sachlich.

- Ich bin fließend, gefühlvoll und lasse Dinge einfach geschehen.

- Ich nehme ganzheitlich wahr.

Indem Sie diese Inhalte in sich bewegen und stark werden lassen, geben Sie den weiblichen und männlichen Anteilen gleichermaßen Raum. Sie hören auf, einseitige Rollen zu spielen, und beginnen, sich ganzheitlich auszudrücken und, vor allem, ganzheitlich wahrzunehmen. Ihre Intuition wird klarer werden und Sie sicherer und entscheidungsstärker machen. Sie können mit Ihrem Leben spontan, entsprechend der jeweiligen Notwendigkeit, umgehen – ohne starre Muster und einseitige Vorgehensweisen.

Zur direkteren Einstimmung Ihrer paranormalen Wahrnehmung auf das Stirnprinzip empfehle ich Ihnen – sowohl für fremde Personen als auch für sich selbst – folgende Fragen:

Fragen zur Stirnenergie

- Tendiert dieser Mensch eindeutig zu männlichen oder weiblichen Verhaltensweisen und Qualitäten?

- Warum bevorzugt er eine bestimmte Seite von sich selbst? Ist er damit glücklich?

- Kann er einmal Geplantes spontan verändern?

- Spürt er seine innere Stimme und gibt ihr Raum?

- Plant er sein Leben, oder kann er Dinge auch dem natürlichen Fluss überlassen?

DIE SCHEITELENERGIE – VERTRAUEN UND INTUITION

Die Energien des siebten und letzten Energieprinzips gewinnen in der heutigen Zeit wieder an Bedeutung. Viele Menschen sind orientierungslos geworden in unserer technischen Welt und suchen verstärkt nach etwas, das ihnen Halt und Geborgenheit gibt, nach einer inneren Führung, die sie zu einem erfüllten Leben anleiten kann. Sie suchen nach etwas, das sie, wie früher die Religionen, wieder ihren Ursprung und ihren Urgrund spüren lässt. Die Energie des Scheitel- oder Kronenchakras stellt die Verbindung zu unserem geistigen Ursprung dar. Sie ist am ehesten als eine Art religiöses Prinzip zu verstehen, das uns Vertrauen verleiht in unsere Sehnsüchte und Fähigkeiten, unsere Lebensabsicht und in die Führung unserer Seele. Diese Verbindung zu unserem Urgrund lässt uns vertrauen, dass grundsätzlich alles in Ordnung ist, dass wir sinnvoll leben und dass letztendlich alles seinen Grund hat und gut werden wird, wie schlimm auch unsere Situation gerade erscheinen mag.

Wer das Scheitelprinzip lebt, vielleicht, weil er sein Urvertrauen in eine größere Führung in seiner Kindheit durch entsprechende Vorbilder nie verloren hat, fällt durch Ruhe und Ausgeglichenheit auf. Er lässt sich nicht in Hektik bringen, sieht die Dinge von allen Seiten und nie ausschließlich negativ und wird auch nie in schwierigen Situationen den Mut verlieren oder in eine Depression abrutschen. Allein schon die Gegenwart eines solchen Menschen wirkt heilsam auf andere und lässt oft Dinge nicht mehr so schwierig erscheinen, weil seine Ausstrahlung von Sicherheit und Vertrauen ansteckend wirkt.

Wer jedoch die Scheitelenergie nicht lebt, ist grundsätzlich schnell verunsichert und von Zweifeln geplagt. Er sucht deshalb als Ersatz äußere Sicherheit: bei Menschen, hinter denen er sich verstecken kann; in seinem Beruf; indem er viel Geld anhäuft, eine Lebensversicherung abschließt oder eine Alarmanlage installieren lässt und vielleicht häufig Ärzte aufsucht für Vorsorgeuntersuchungen. Aber nichts erscheint ihm sicher genug, und so empfindet dieser Mensch eine grundsätzliche Angst vor Verlusten und Fehlschlägen. Er fühlt sich machtlos und als mögliches Opfer unterschiedlichster Dinge, weil er die Verbindung zu seinem Ursprung und seinem höheren Selbst nicht mehr spürt.

Die Farbe, die die Scheitelenergie unterstützt und die in der Aura von Menschen wahrnehmbar ist, die dieses Prinzip verwirklicht haben, ist ein helles, leuchtendes Violett mit einem rosafarbenen Schimmer. Sich mit dieser Farbe zu umgeben, in ihr zu »baden«, lässt einen Menschen wieder innerlich ruhig werden und Vertrauen aufbauen, dass alles gut wird. Der Kontakt nach innen nimmt zu, die Kanäle der Intuition öffnen sich.

Um wieder leichter Zugang zu Ihrer Scheitelenergie zu bekommen, möchte ich Ihnen die folgenden Ideen zur Verinnerlichung vorschlagen, am bestens abends vor dem Einschlafen.

Affirmationen

- Ich habe Vertrauen in meine innere Führung.

- Ich bin offen für Impulse aus dem göttlichen Sein.

- Meine Intuition ist das Sprachrohr meiner Seele

Diese Ideen öffnen unsere innere Wahrnehmung für Energien aus unserem höheren Selbst und wir beginnen wieder Vertrauen und Sicherheit zu spüren – in uns selbst. Unsere Intuition wächst und führt uns automatisch zu den richtigen Entscheidungen. Wir ahnen unsere Lebensaufgabe und fühlen uns dorthin geführt.

Fragen zur Scheitelenergie

- Hat dieser Mensch ein grundsätzliches Vertrauen, dass alles gut wird?

- Braucht er äußere Sicherheiten oder vertraut er dem natürlichen Fluss der Dinge?

- Gibt er seiner Intuition Raum, hört er auf sie?

- Achtet er darauf, ob sein Leben sich sinnvoll entwickelt, und sucht nach seiner Lebensabsicht?

- Fühlt er sich angenommen und geliebt – von Menschen und vom Sein an sich?

Diese Ausführungen zu den sieben geistigen Energieprinzipien, mit denen wir unsere Lebensabsicht zum Ausdruck bringen möchten, sollen Ihnen helfen, leichter in die verschiedenen Aspekte der Aura einzusteigen, um die dort wahrgenommenen Energien deuten und in einen größeren Zusammenhang stellen zu können. Manches ist für Sie vielleicht nur Theorie, und nicht einmal in allen Aspekten nachvollziehbar, aber Sie werden sehen, wenn Sie kontinuierlich weiterüben, werden meine Aussagen für Sie eine tiefere Bedeutung gewinnen, die Sie in sich selbst fühlen können.

CHAKRAMEDITATION – AKTIVIERUNG DER GEISTIGEN PRINZIPIEN

In der folgenden Meditation, die Sie regelmäßig üben sollten, werde ich Sie durch die verschiedenen Energieprinzipen führen, damit Sie ihre Eigenschaften in sich spüren können. Einerseits werden diese Eigenschaften dadurch in Ihnen aktiviert, und andererseits wird Ihr Wahrnehmungsfeld (unterbewusster See Ihrer Gefühle) sensibilisiert, was mit der Zeit die genaue Wahrnehmung dieser Energien bezogen auf ihre Aktivität, Intensität und ihren Rhythmus vereinfachen wird.

(Beginnen Sie mit der Einstimmung von Seite 163.)
Die Ebenen Deines Unterbewusstseins liegen frei zugänglich vor dir.
In dieser Klarheit kannst du deine geistigen Energien konzentrieren und ausrichten.
Deine Gedanken, Gefühle und inneren Bilder entwickeln eine schöpferische Kraft, die dich und dein Leben verändern können.
Jetzt, in diesem Zustand tiefer Entspannung, kannst du dir deiner geistigen Energien bewusst werden, um sie auf körperlicher und geistiger Ebene zu aktivieren und zu nutzen.
Denke jetzt an dein Wurzelchakra. Es gibt dir Motivation und Vitalität.
(1 x wiederholen)
Sage leise in Gedanken zu dir selbst, fühle und empfinde:

Ich habe Motivation und Energie. Ich will leben und Erfahrungen sammeln.

(2 x wiederholen)

Entspanne dich und lasse dich treiben.

Jetzt denke an dein Sexualchakra. Es zieht für dich die Energien an, die zu dir passen.

(1 x wiederholen)

Sage leise in Gedanken zu dir selbst, fühle und empfinde:

Ich bin neugierig und suche Energien, die mir gut tun. Ich will mich austauschen und all das in mich und mein Leben integrieren, was mein Lebensgefühl steigert und mir gut tut.

(2 x wiederholen)

Jetzt entspanne dich und lasse dich treiben.

Denke jetzt an dein Solarplexuschakra. Es zeigt dir deine Persönlichkeit und wie du sie in deinem Leben einbringen kannst.

(1 x wiederholen)

Sage leise in Gedanken zu dir selbst, fühle und empfinde:

Ich bin mir meiner selbst bewusst. Ich kenne und lebe meine körperlichen und geistigen Energien.

(2 x wiederholen)

Ruhe dich nun aus und lasse dich treiben.

Jetzt denke an dein Herzchakra. Es lässt dich die Einheit fühlen, mit allem, was ist.

(1 x wiederholen)

Sage leise in Gedanken zu dir selbst, fühle und empfinde:

Ich liebe alles, was ist – als das, was es ist. Ich liebe und verstehe mich selbst und alles, was ist.

(2 x wiederholen)

Ruhe dich nun aus und lasse dich treiben.

Jetzt denke an dein Kehlkopfchakra. Es hilft dir, dich selbst zu fühlen und zum Ausdruck zu bringen.

(1 x wiederholen)

Sage leise in Gedanken zu dir selbst, fühle und empfinde:

Ich drücke mich klar und deutlich aus und tue alles, was mir und meinem Lebensweg entspricht.
(2 x wiederholen)
Ruhe dich aus und lasse dich treiben.

Jetzt denke an dein Stirnchakra. Es hilft dir, deine männlichen und weiblichen Energien gleichermaßen in deine Wirklichkeit einfließen zu lassen und sie ganzheitlich wahrzunehmen.
(1 x wiederholen)

Sage leise in Gedanken zu dir selbst, fühle und empfinde:
Ich bin dynamisch, bestimmend und sachlich. Ich bin fließend, gefühlvoll und lasse die Dinge einfach geschehen. Ich nehme ganzheitlich wahr.
(2 x wiederholen)
Ruhe dich nun aus und lasse dich treiben.

Jetzt denke an dein Scheitelchakra. Es hilft dir, Kontakt zu halten mit deiner Seelenebene.
(1 x wiederholen)

Sage leise in Gedanken zu dir selbst, fühle und empfinde:
Ich habe Vertrauen in meine innere Führung und bin offen für Impulse aus dem göttlichen Sein. Meine Intuition ist das Sprachrohr meiner Seele.
(2 x wiederholen)

Benutzen Sie bitte die Schlussworte aus den anderen Meditationen.

Die Praxis des Chakraspürens

Nachdem Sie die Energieprinzipien der Chakren kennen und durch die Meditation Ihre Energien vielleicht schon ein bisschen spüren konnten, dürfen Sie jetzt in die Praxis gehen und versuchen, die Energien bei anderen Menschen zu spüren und zu deuten. Suchen Sie sich eine Versuchsperson (später auch ein Foto) und denken Sie bei Ihrer Einstimmung daran, dass es darum geht, anderen mit Ihrer Wahrnehmung zu helfen und nicht, sie auseinander zu nehmen. Helfen Sie ihnen, ihre Anlagen, ihre

Fähigkeiten und Möglichkeiten und ihre Sehnsüchte zu entdecken und zu verwirklichen. Problematische Aspekte und Schwierigkeiten sind nur wichtig, wenn sie dem entgegenstehen, und dann müssen sie auch erwähnt werden. Es geht um die Entfaltung der Kernaura und nicht um die Vernichtung der gelebten Aura! Formulieren Sie Ihre Wahrnehmungen daher immer so, dass der andere daraus etwas Positives, Hilfreiches ziehen kann. Sprechen Sie so, wie Sie es mit einem guten, lieben Freund täten.

Dazu ein Beispiel: Wenn Sie das Sexualchakra einer Person betrachten und Ihnen fällt auf, dass die Energien dort recht unterdrückt sind, dann sagen Sie nicht: »Du scheinst ja ein ziemlich verklemmter Typ zu sein. So macht das Leben doch keinen Spaß, da kannst Du ja gleich ins Kloster gehen!« Selbst wenn Sie mit Ihrer Einschätzung richtig lägen, würden Sie den anderen auf diese Weise nur verunsichern, und er könnte hinterher seine Sexualität auch nicht besser leben. Vielleicht hätte er zusätzlich noch ein schlechtes Gewissen. Stattdessen könnten Sie Ihre Wahrnehmung etwa so ausdrücken: »Ich spüre, dass du in deiner Kernaura eigentlich ein ziemlich neugieriger und sogar gieriger Mensch bist. Deine natürliche Art zu leben wäre, ein »Stürmer und Dränger« zu sein – und vermutlich könntest du stürmen und drängen bis ins hohe Alter. Du bist so ein Typ, der mit neunzig noch eine Harley Davidson kauft und dann die Mädchen am Strand aufreißt. Aber mir fällt auf, dass sich dein Sexualchakra noch ein wenig im Schlafzustand befindet, das könnte deutlich mehr entzündet sein. Möglicherweise sind dir deine Qualitäten gar nicht ganz bewusst und du hältst deshalb vorsichtshalber zu anderen Menschen immer erst einmal Distanz. Doch damit verhinderst du, dass dein Sexualprinzip so lebendig ist, wie es sein könnte ...«

Geben Sie also Ihre Wahrnehmungen immer auf eine konstruktive und liebevolle Art und Weise weiter. Das unterstützt nicht nur den anderen, es hilft auf die Dauer auch Ihnen selbst, sich liebevoller zu betrachten und Ihren tatsächlichen oder vermeintlichen Schwächen toleranter gegenüberzustehen.

Wenn Sie dann mit dem Üben beginnen, setzen Sie sich Ihrem Übungsobjekt direkt gegenüber, stimmen Sie sich ruhig auf die übliche Weise ein und lassen Sie dann jedes einzelne Energiezentrum für einige Minuten auf sich wirken. Richten Sie dazu Ihren Blick auf den entsprechenden Körperbereich, schauen Sie dann wieder weg in die Ferne, dann schauen Sie wieder hin und so fort. Denken Sie nicht, achten Sie auf Ihre Gefühle. Nachdem Sie sich auf ein Chakra eingestimmt haben und seine Energien spüren können, beginnen Sie, gezielte Fragen zu stellen. Zum Einstieg eignen sich die vorher schon aufgeführten Fragen zur Art der Aktivität der dort fließenden Energien.

- Fließt die Energie gleichmäßig?

- Schwach oder kräftig?

- War sie früher ähnlich aktiv?

- Was ist der Unterschied zu jetzt?

- Wie hat sich der Energiefluss dort in der Vergangenheit entwickelt?

Wenn Sie beispielsweise spüren, dass die Energie gleichmäßig fließt, weist das – unabhängig von der derzeitigen Aktivität – auf einen ausgeglichenen Zustand dieses Chakras über einen längeren Zeitraum hinweg hin. Fließt sie dagegen ungleichmäßig, lässt das auf immer wiederkehrende Phasen von Problemen und Schwierigkeiten schließen, die Sie vielleicht noch zusätzlich irgendwie der Geschichte der Person zuordnen könnten, beispielsweise: »Es muss etwas Angst Erregendes geschehen sein im Alter von etwa fünf Jahren, vielleicht ein Verlust oder eine äußere Bedrohung.«

Wie stark die Energie fließt, wie groß also die Energieintensität ist, sagt etwas über das Maß aus, in dem das jeweilige Energieprinzip aktiv ist und im täglichen Leben genutzt wird. Die anderen Fragen öffnen Ihre Wahrnehmung dafür, wie sich der Lebensweg einer Person in der Vergangenheit entwickelt hat, ob sie sich im Laufe der Zeit immer mehr von einem Energieprinzip entfernt hat oder ob sie dabei ist, sich ihm anzunähern und ihren Sehnsüchten mehr Raum zu verschaffen.

Nach der Grundeinstimmung auf die Chakraaktivität können Sie die Eindrücke durch gezielte Fragen zu den einzelnen Energieprinzipien ergänzen. Die Fragen finden Sie auf den vorhergehenden Seiten bei der Beschreibung der sieben Prinzipien.

Gehen Sie nach der gewohnten Methode vor: Bringen Sie den Fluss der Information durch Entscheidungsfragen in Gang und stellen Sie später weitere Detailfragen. Reden Sie auch dann, wenn Sie vielleicht befürchten, nichts zu sagen zu haben. Wenn zu einem Energiezentrum ausreichend Informationen geflossen sind, die für Sie eine in sich schlüssige Deutung zulassen, gehen Sie, ohne Überprüfung mit dem Übungspartner, gleich zum nächsten Zentrum weiter. Jegliche Diskussion an dieser Stelle würde den Informationsfluss nur stören.

Wenn Sie konsequent üben, werden Sie schon bald sehr klare Eindrücke über die gelebte Aktivität der sieben Chakren haben und können daraus dann deutliche Schlüsse ziehen, inwieweit ein Mensch die verschiedenen Energieprinzipien nutzt, um seinen Wesenskern und seine Lebensabsicht zu leben.

Ein energetisches Gesamtbild erhalten

In dieser Übungsphase können Sie beginnen, alle Informationsquellen über die in einer Person wirksamen Energien zu einem Gesamtbild zusammenzufügen. Von der Gesundheitsaura und der Vitalitätsaura leiten Sie Aussagen über den körperlichen Zustand ab. Die mitgebrachten Wesensenergien oder den Kern einer Person erspüren Sie als Ausstrahlung der beständigen Kernaura. Setzen Sie diese Wahrnehmung in ein Verhältnis zu der wechselnden Energie der gelebten Aura. Sie können die Farbenergien der beiden Auraschichten als Deutungshilfe hinzuziehen und auch die Einstimmung auf die geistigen Energietore benutzen, wo die Wirkungskräfte am deutlichsten wahrnehmbar sind.

So erhalten Sie ein aussagekräftiges energetisches Gesamtbild eines Menschen. Es sagt Ihnen viel über sein Wesen, das er in dieses Leben mitgebracht hat, über seine Lebensabsicht, seinen natürlichen Lebensstil, d. h. die ihm entsprechende Art und Weise durchs Leben zu gehen, und über seine Lebensziele, die er erreicht haben will, bevor er stirbt. Sie können seine Persönlichkeit, seine Eigenheiten und Fähigkeiten ebenso beschreiben wie seine innersten Wünsche, Bedürfnisse und Möglichkeiten in diesem Leben. Sie spüren aber auch, was er von all dem gelebt hat oder noch lebt und ob und wie weit er sich von seiner ursprünglichen Absicht für dieses Leben entfernt hat. Sie können sogar Aussagen darüber machen, was er tun könnte, um sich wieder zu finden und mit seinem Potential in Kontakt zu kommen. Auch die Einflüsse von Menschen, die jemand im Laufe seines Leben getroffen hat und die vielleicht noch jetzt für ihn eine Bedeutung haben – Partner, Lehrer, Eltern, Kinder, Freunde usw. –, können anhand der Spuren, die sie in der Aura hinterlassen haben, erkannt und verstanden werden.

Berufliche Möglichkeiten, die passende Wohnqualität oder auch geeignete Partner können aus den wahrgenommenen Wirkungskräften abgeleitet werden. Mit viel Übung ist sogar erkennbar, welche Zukunftsmuster ein Mensch bis jetzt geschaffen hat und ob er diese versuchen sollte zu verändern oder zu stärken.

Als Letztes können Sie dann noch überprüfen, ob die Wirkungskräfte seines Namens, die seine gelebte Aura stark geprägt haben, ihm helfen, die Energie seines Wesen zu entfalten, oder ob es günstiger wäre, andere Namensenergien zur Hilfe zu nehmen.

Sinn einer solchen grundsätzlichen Betrachtung eines Menschen – daran möchte ich nochmals stark erinnern – sollte immer sein, dass man ihn ganzheitlich verstehen möchte, um ihm helfen zu können, zu seinem Wesensausdruck zurückzufinden. Wenn Sie intensiv üben, wird auch der Punkt kommen, wo Sie dazu fähig sein werden. Als wünschenswerten Nebeneffekt werden Sie feststellen, dass die beständige Einstimmung auf äußere Wirkungskräfte Sie selbst mehr und mehr in Kontakt bringen wird mit Ihren tiefen Gefühlen, mit Ihrer Wesensenergie und dem Energiepotential Ihrer Chakren.

Kommen wir wieder zurück zu Ihrem Gegenüber, dem Sie vielleicht hilfreich zur Seite stehen und Rat geben wollen, wie er seinen Wesenskern wieder spüren und leben kann. Wenn Sie ihm beschreiben können, wie er gelebt hat und wie dagegen seine eigentliche Lebensabsicht und sein Wesenskern aussehen, wird er dies zwar hören und vielleicht auch nachvollziehen können, aber geändert hat sich dadurch noch nichts. Wenn der Kontakt zum eigenen Wesen abgebrochen ist und man über Jahre oder Jahrzehnte eine Rolle gespielt oder ängstlich nach äußeren Sicherheiten gesucht hat, kann man sein Wesen nicht einfach auf Knopfdruck wieder spüren. Aber was man nicht spürt, kann man auch nicht leben. Die meisten Menschen brauchen dazu eine äußere Inspiration, neue Vorbilder. Die Vorbilder unserer frühen Geschichte, im Mutterleib beginnend, haben meist unser Gefühl und unsere Wahrnehmung von unserem Wesen zu fremden Rollen und Werten abgelenkt. Neue Vorbilder, die zu unserem Wesen passen, und mit denen wir uns in Resonanz befinden, können uns helfen. Kreative Menschen erinnern uns wieder an unsere Kreativität, die wir vielleicht, durch sachliche und kleinliche Vorbilder angeregt, verdrängt haben. Unbeschwerte und fröhliche Menschen können unsere Leichtigkeit wieder ans Licht bringen, die durch eine düstere Geschichte scheinbar verloren gegangen ist.

Raten Sie Ihrem Gegenüber, neue Vorbilder in seinem Leben zu suchen, die seinem, von Ihnen beschriebenen, Wesenskern entsprechen und ihn nach dem Resonanzprinzip wieder ans Licht holen. Es müssen Vorbilder sein, die ihn berühren – die ihn vielleicht ärgern und aufregen, weil sie das tun, was auch er gerne tun würde, wozu er sich aber nicht traut und was ihm auch nicht bewusst ist, oder die ihn völlig begeistern, weil sie offensichtlich schon so leben, wie er es nicht kann, aber möchte. Raten Sie ihm, auch ständig nach den eigenen Sehnsüchten zu fragen, die sich immer dann melden, wenn man sie anschaut. Er muss alte Routinen brechen und wieder sehen, dass alles, was ist, auch ganz anders sein könnte.

Sinnvolle Fragen nach den Sehnsüchten könnten beispielsweise folgende sein:

- Was brauche ich, um mich gut zu fühlen?

- Was würde mir so richtig Spaß machen?

- Welches sind die Qualitäten, Menschen, Dinge, Situationen, die ich mir in meinem Leben wünsche?

- Welche Gefühle sollen mich in meinem Leben begleiten?

- Wie will ich mich fühlen, morgens, wenn ich aufwache, abends, wenn ich einschlafe?

Diese Fragen helfen, im Alltag für die passenden Energien und Wirkungskräfte wachsamer zu werden, die richtigen Vorbilder anzuziehen und zu erkennen und Anregung und Inspiration zu finden, immer und überall, wenn man die Augen offen hält.

Verbinden Sie die Analyse der Wirkungskräfte einer Person mit einer solchen Beratung, werden Sie sehen, wie viel mehr Spaß es macht und wie viel mehr Motivation zum Üben Sie haben werden. Helfen zu können ist ein wunderschönes Gefühl.

Fragen und Antworten

An dieser Stelle möchte ich wieder Fragen beantworten, die in meinen Seminaren zu diesen Themenaspekten gerne gestellt werden.

Frage:
Zum einen gibt es die Farben der Kernaura und nun werden auch den einzelnen Chakren bestimmte Farben zugeordnet. Gibt es zwischen beiden einen Zusammenhang?

Antwort:
Nicht direkt, denn die Farben der Kernaura spiegeln einerseits wider, welchen Lebensstil man mitgebracht hat, und andererseits, welche Lebensziele man verwirklichen möchte, wenngleich diese sich nicht exakt, sondern eher als Grund-

tendenz ablesen lassen. Die Farben in den Chakren sagen dagegen aus, wie jemand seine Sehnsüchte zu erfüllen sucht und wie er dabei mit der Wirklichkeit umgeht. Das sind zwei verschiedene Ebenen, die man jedoch getrennt wahrnehmen kann, wenn man sich gezielt darauf einstellt. Die Farben der Chakren prägen aber stark die gelebte Aura, weil wir die Energien der Chakren dazu benutzen, uns zum Ausdruck zu bringen:

Frage:

Sind die Chakraenergien bei verschiedenen Menschen schon bei der Geburt sehr unterschiedlich?

Antwort:

Nein, die Chakren sind bei allen Menschen bei der Geburt weitgehend gleich. Aber das Umfeld übt natürlich vom ersten Moment des neuen Lebens an einen Einfluss aus, also bereits im Mutterleib. Deshalb können einzelne Chakren oder sogar alle schon in den ersten Lebensjahren ihre ursprüngliche Energie entscheidend verändern, vor allem dann, wenn das Umfeld die Anlagen, die das Kind mitgebracht hat, kaum oder gar nicht unterstützt und seine Kernenergien unterdrückt.

Frage:

Wenn die gelebte von der Kernaura abweicht und bestimmte Farben notwendig wären, um jene Chakren zu aktivieren, die dazu beitragen könnten, dass sich beide einander wieder annähern, könnte man diese Farben auch über das Umfeld einbringen, durch Kleidung, Steine, Nahrungsmittel, Schmuck usw.?

Antwort:

Ja, man kann durchaus die Farbenergie der verschiedensten äußeren Dinge dazu benutzen, fehlende Wirkungskräfte zu reaktivieren: dunkles Blau für mehr Ruhe und Abstand; Rosa, um Gefühle anzuregen; Gelb für mehr Spontaneität und so fort. Man kann die Farben auch visuell auf sich wirken lassen, z. B. eine Brille mit farbig getönten Gläsern tragen, oder man kann auch vermehrt Nahrungsmittel in der entsprechenden Farbe zu sich nehmen. Die Farbenergien wirken in sichtbaren und unsichtbaren Bereichen auf uns und hemmen oder unterstützen unseren Ausdruck. Aber wirkliche Änderung kann nur in uns selbst erfolgen durch eine veränderte Art zu denken, zu fühlen und zu handeln.

Frage:

Ist es nicht indiskret, in andere Menschen so gründlich hineinzuschauen? Warum sollte ich das überhaupt wollen?

Antwort:

Aus meiner Sicht ist die Antwort ganz einfach: Wenn mir an Menschen etwas liegt, wenn mir andere Menschen wirklich wichtig sind, dann sollte in mir von selbst die Motivation entstehen, sie zu verstehen. Und verstehen kann ich sie unmöglich nur über meine sinnliche Wahrnehmung. Sie ist nicht nur oberflächlich, sondern auch abhängig von meiner persönlichen Geschichte. Daher spiegelt sie immer auch das wider, was ich bisher erlebt habe und entsprechend auch in meinem Umfeld suche. Diese Art der Wahrnehmung ist für ein tieferes Verständnis nicht brauchbar. Genauso gilt natürlich, dass ich, wenn ich einen Menschen wirklich verstehen will, über seine gegenwärtige Erscheinung hinausblicken und ihn in seiner Geschichte und in seinen Möglichkeiten begreifen muss. Nur wenn ich versuche, seine Kernenergie zu spüren, seine gelebte Aura und auch die Energie der Chakren, die er benutzt, um seine Kernaura zum Ausdruck zu bringen, bin ich in der Lage, ihn wirklich zu begreifen – warum er ist, wie er ist und wie er sein könnte.

Frage:

Macht es einen Unterschied, ob man versucht, eine Person auf einem Foto wahrzunehmen oder ob sie tatsächlich physisch anwesend ist oder ob man sich sogar auf jemanden einstimmt, der weder persönlich noch auf einem Foto da ist, sondern von dem man nur den Namen, das Alter und vielleicht noch ein paar weitere persönliche Daten hat?

Antwort:

Im Prinzip macht es keinen Unterschied. Denn die Wirkungskräfte, die von einer Person ausgehen, wirken unabhängig von Raum und Zeit.

Der einzige Nachteil beim Erspüren über ein Foto ist der, dass die wirkende Energie der Person darauf so ist, wie sie zu dem Zeitpunkt war, als das Bild aufgenommen wurde. Wenn ich das Foto als Leitenergie benutze, um diese Person in der Gegenwart zu finden, dann kann ich sie auch so erspüren, wie sie jetzt ist. Aber das ist ein zusätzlicher Wahrnehmungsschritt, den man üben muss. Es geht über das reine Wahrnehmen der Wirkungsenergien auf Fotos weit hinaus.

3. TEIL

Unsere Wirklichkeit selbst gestalten

Bisher haben wir uns ausschließlich mit der *Wahrnehmung* von Wirkungskräften beschäftigt, mit wirkenden Energien, die von allen Dingen in unserer Wirklichkeit ausstrahlen und als gemeinsames Kraftfeld unsere Wirklichkeit bewirken, so wie wir sie erleben.

Wir haben gelernt, sie auf unser Wahrnehmungsfeld wirken zu lassen und die Veränderungen durch sie in unserem Gefühlssee wahrzunehmen und zu deuten. Mit diesem »Werkzeug« können wir aber nicht nur unsere Welt bewusster wahrnehmen, wir können die wahrgenommenen Energien auch in Beziehung setzen zu unseren Sehnsüchten und Zielen und damit bewusst und sicher entscheiden:

- welche Energien wir in unserem Umfeld weiter lassen wollen, weil sie uns entsprechen und gut tun,

- welche Energien, die noch nicht da sind und uns gut tun würden, wir suchen sollen,

- welche Energien wir meiden wollen, weil sie nicht zu dem gehören, was wir in unserem Leben suchen.

Die meisten Menschen besitzen diese bewusste Wahlmöglichkeit nicht. Sie stehen im Zentrum von Wirkungskräften, die sie in der Vergangenheit erzeugt oder in ihr Leben eingeladen haben und die ihr Leben bestimmen. Da sie sich ihrer nicht bewusst sind, haben sie nur die Möglichkeit, mit ihnen irgendwie zurechtzukommen. Energien, die wir aus der Vergangenheit mitbringen, setzen sich automatisch fort in der Gegenwart und weiter in der Zukunft, außer wir distanzieren uns bewusst von ihnen und suchen andere. Aber normalerweise reagieren wir auf sie, ohne zu wissen, dass wir es tun. Das macht es sehr schwer, automatische Verhaltensweisen von früher zu durchschauen und fallen zu lassen und sich in der Gegenwart spontan und frei den inneren Impulsen unseres Wesens entsprechend zu verhalten, und noch schwerer, unsere Zukunft frei nach unserer Lebensabsicht zu gestalten.

In diesem Kapitel möchte ich Ihnen zeigen, dass Wirkungskräfte nicht nur wahrnehmbar sind, sondern auch steuerbar und erzeugbar, und wie wir mit ihnen unsere Zukunft frei und bewusst gestalten können. Für die meisten Menschen erscheint die Zukunft zwar beliebig gestaltbar, aber in der Praxis erweist sich diese Annahme doch als sehr theoretisch, weil die meisten auf sich wiederholende Wirkungskräfte in ihnen selbst und in ihrem Umfeld ständig automatisch so reagieren, wie sie schon immer reagiert haben. Sie folgen Wahrnehmungs- und Verhaltensgewohnheiten. Damit prägen sie ihre Zukunft unbewusst entsprechend der Vergangenheit – aber nicht ihren Wünschen und Sehnsüchten gemäß.

Die Wirklichkeit, die wir erleben, erzeugen wir und ziehen wir an durch die geistigen Energien, die wir in uns tragen und pflegen, und durch die Wirkungskräfte, denen wir uns aussetzen und die uns prägen.

Sobald wir in der Lage sind, Wirkungskräfte klar wahrzunehmen und uns damit bewusst für oder gegen sie zu entscheiden, können wir unsere eigenen geistigen Energien und wirkenden Kräfte – besonders unsere Gedanken, Gefühle und inneren Bilder – lenken und unser unbewusstes und automatisches Reagieren Vergangenheit werden lassen. Darüber hinaus können wir damit auch in der Außenwelt Wirkungskräfte bewusst so lange suchen, erzeugen oder auch auflösen, bis sie unseren Kernenergien und Zielen entsprechen. Auch unser unbewusstes Reagieren auf das Außen und unsere Rolle als Spielball der Vergangenheit ist damit vorbei.

Mit Phantasie und Vorstellungskraft
unser Leben verändern

Bewusstsein kann als Dimension von Schöpfungsideen aufgefasst werden, die Schöpfungsenergien anziehen, ausrichten und zur Manifestation bringen. Erinnern Sie sich an meine Ausführungen am Anfang dieses Buches über das Wesen von Bewusstsein und Wirklichkeit.

Wenn wir als Bewusstsein unsere Wahrnehmung auf Schöpfungsideen und auf deren Manifestation als äußere Form und die durch diese Form ausstrahlenden Wirkungskräfte richten, nehmen wir diese Wirkungskräfte und damit auch ihre Schöpfungsideen in uns auf. Dadurch verändert sich nicht nur unser Bewusstsein, indem die Wirkungskräfte nun in uns wirken, sondern auch unsere Wirklichkeit, weil wir diese Wirkungskräfte auch wieder abstrahlen und damit die vorhandene Wirklichkeit prägen.

Bewusstsein hat also nicht nur die Fähigkeit, Wirklichkeit wahrzunehmen, sondern auch, Wirklichkeit zu gestalten und zu schaffen:

- Wir können bestimmte Aspekte der Wirklichkeit erhalten oder verstärken, indem wir unsere Aufmerksamkeit auf sie richten und damit ihre Schöpfungsideen und Wirkungskräfte in unser Bewusstsein aufnehmen und ihnen so Energie geben.

- Wir können neue Aspekte der Wirklichkeit erschaffen, indem wir uns auf neue Schöpfungsideen und ihre Wirkungskräfte konzentrieren, die wir manifestiert haben möchten in unserem Leben, und ihnen in unserem Bewusstsein Energie geben.

- Wir können Aspekte der Wirklichkeit auflösen, indem wir sie einfach ausblenden aus unserer Wahrnehmung und damit ihren Schöpfungsideen in unserem Bewusstsein keine Energie mehr geben.

Eine Schöpfungsidee materialisiert sich, wenn sie einen klaren Inhalt hat und viel Schöpfungsenergie in sie hineinfließt. Indem unser Bewusstsein seine Wahrnehmung klar ausrichtet, lenkt es Schöpfungsenergie. Die Voraussetzung dafür ist, dass wir unsere Fähigkeit der außersinnlichen Wahrnehmung schärfen und Wirkungskräfte und dahinter verborgene Schöpfungsideen klar erkennen können. Dabei spielen der See unserer Gefühle und unsere Kontrolle über ihn eine große Bedeutung, wie wir bei den praktischen Übungen erfahren haben. Aber darüber hinaus sind unsere Gefühle selbst starke Schöpfungsenergien und die Basis für das bewusste Gestalten von Wirklichkeit. Auf dem See der Gefühle nehmen wir nicht nur die Spuren wahr, die Wirkungskräfte dort erzeugen, sondern wir können dort auch selbst Wirkungskräfte erzeugen, indem wir bestimmte Schöpfungsideen in uns pflegen. Alles, was wir dazu brauchen, sind unsere Phantasie und die Kraft unserer Vorstellung, die unsere Gefühle aktivieren und in neue Bahnen bringen können.

In unserer Phantasie können wir über Ideen Wirkungskräfte in Gang setzen und uns mit ihnen verbinden – selbst wenn sie weder im Umfeld zu finden sind, noch in unserer gelebten Aura bis jetzt einen Platz hatten. Die Wirklichkeit über unsere Phantasien und über unsere gerichtete Wahrnehmung zu prägen, ist ebenfalls eine Grundfähigkeit des Bewusstseins und nichts, was wir erst lernen müssen. Im Gegenteil, wir tun es die ganze Zeit, aber unbewusst. Ständig richten wir unsere Wahrnehmung auf die gleichen Dinge, bewegen in unserer Phantasie immer wieder die gleichen Inhalte und schaffen damit unser gewohntes Leben. Doch es fällt uns nicht auf. Unsere Gefühle, Gedanken und Phantasien gestalten ständig unser Leben, aber es wird uns nicht bewusst, weil es uns so vertraut ist. Deshalb lassen wir den Dingen oft ihren Lauf. Wir bemerken sie einfach nicht. Wären die Inhalte unserer Gedanken, Gefühle und Phantasien passend und würden sie uns unserer Lebensabsicht näher bringen, wäre das ja gut. Aber in der Regel stammen die meisten Wirkungskräfte, die wir in uns pflegen, nicht aus unserem Kern, sondern aus unserer Geschichte und schaffen damit eine Wirklichkeit, die uns meist nicht so sehr gut tut. *Wirkungskräfte in uns und in unserem Umfeld wahrnehmen zu können und sie dann auch bewusst in uns erzeugen zu können, gleich, wie unsere bisherige Geschichte und das daraus entstandene Umfeld waren, ist der eigentliche Schlüssel zur Freiheit.*

Wirkungskräfte, die wir gewohnt sind, pflegen wir weiter und nehmen sie auch automatisch immer wieder im Umfeld wahr. Damit stabilisieren wir sie und ihre daraus entstehende Wirklichkeit. Eine solche Wirkungskraft könnte beispielsweise Enge sein, weil es in unserem Elternhaus zu eng war – auf mentaler, emotionaler und/oder körperlicher Ebene. Wir pflegen diese vertraute Enge und lassen sie zu unserer Schöpfungsidee werden, und damit schaffen wir sie in unserem Leben immer wieder aufs Neue. Wir ziehen enge Wohnsituationen oder Nachbarschaften an. Wir treffen Menschen, die sich beklagen, ihre Partnerschaft sei ihnen zu eng und strukturiert. Wir müssen sparen und können uns keinen freien Umgang mit dem Leben leisten. Und wir selbst bleiben ebenfalls »eng«: Wir fühlen uns eng und begrenzt und ziehen Enge an und strahlen Enge aus. Durch unsere einseitige Wahrnehmung lassen wir gar keine anderen Energien und Wirkungskräfte mehr in unser Leben.

Es gibt eine Vielzahl solcher Wirkungskräfte, die uns wesensfremd und ungünstig für uns sind, die wir aber aus Gewohnheit pflegen. Solange wir dies tun, ist in unserem Bewusstsein und unserem Leben kein Raum für Neues. Sobald wir die Wirkungskräfte bewusst in uns und in unserem Leben wahrnehmen, können wir uns auch bewusst für oder gegen sie entscheiden und beliebig neue Wirkungskräfte erzeugen durch unsere Phantasie und Vorstellungskraft, die unsere Gefühle in eine neue Richtung bringen. Beginnen wir sie dann genau so zu pflegen wie die jetzt vielleicht unerwünschten alten, werden sie bald auf unseren Körper, unsere Gedanken und darüber hinaus auch auf unser Umfeld wirken und Entsprechendes anziehen. Anstatt uns auf Enge zu konzentrieren, suchen wir jetzt Weite und Großzügigkeit und beginnen, Entsprechendes anzuziehen. Wir ziehen eine andere Wohnqualität an, Menschen, die freizügig miteinander umgehen, und plötzlich fließen auch die Finanzen besser. Weil Phantasie bei der Gestaltung und Intensivierung von Wirkungskräften eine so wichtige Rolle spielt, möchte ich Ihnen jetzt eine meditative Phantasieübung vorschlagen, in der es darum geht, sich für bestimmte Stimmungen und Wirkungskräfte zu entscheiden und sie dann in phantasievollen Bildern stark werden zu lassen.

Diese Übung spielt sich aber nicht nur im Reich der »unwirklichen« Phantasie ab, sondern auch in Ihrem Bewusstsein und ist damit sehr wirklich. Sie erzeugt kraftvolle Wirkungskräfte, die auf Sie wirken und die Sie nutzen können, um sich selbst und Ihr Leben zu verändern. Denken Sie an den Zusammenhang: unser Bewusstsein trägt Schöpfungsideen, diese richten kosmische Schöpfungskraft aus und erzeugen Manifestationen, geistige und physische. Diese strahlen wieder Wirkungskräfte aus und schaffen eine entsprechende Wirklichkeit im Umfeld und in uns. Wir entscheiden, welche Schöpfungsideen in unserem Bewusstsein Platz haben sollen, und das sollten wir auch bewusst tun.

MEDITATIVE PHANTASIEN ZUR ERZEUGUNG VON WIRKUNGSKRÄFTEN I

(Bitte beginnen Sie mit der Einstimmung von Seite 163.)

Die Energie im Raum hat die Kraft, deine Gedanken, deine Gefühle, deine inneren Bilder Wirklichkeit werden zu lassen, wenn du dies möchtest.

Dann sage leise in Gedanken zu dir selbst, und empfinde, wenn du magst:

Ich kann mein Bewusstsein und meine Wahrnehmung über die Grenzen meines Körpers hinaus ausdehnen und die Kräfte wahrnehmen, welche die Wirklichkeit bewirken.

Ich kann die wirkenden Kräfte in meinem Umfeld spüren, in der Gegenwart, in der Vergangenheit und in der Zukunft.

Und ich kann im Körper meiner Gefühle die Wirkungskräfte erzeugen, die mich verändern sollen, meinen Körper, meine Stimmung. Auch auf mein Umfeld sollen sie wirken und auf die Art, wie ich das Leben wahrnehme.

Ich kann sie durch meine Phantasie stark werden lassen und durch die Energien, die ich durch meinen Körper fließen lasse – bewusst und im Einklang mit den Wirkungskräften, die ich mir wünsche.

Atme langsam tief ein und aus.

Und jetzt entscheide dich ganz ruhig für die Wirkungskräfte, die du in deiner Freizeit haben möchtest. Welche Stimmung möchtest du erleben in deiner freien Zeit? Entscheide dich jetzt für diese Stimmung. Beschreibe leise in Gedanken diese Stimmung mit Worten, und versuche gleichzeitig, sie zu empfinden.

Jetzt passe deinen Gesichtsausdruck dieser Stimmung an.

Fühle, wie diese Stimmung dein Gesicht ergreift, ganz bewusst: die Augen, die Wangen, den Mund. Lass diese Stimmung über dein Gesicht fließen. Spüre sie, fühle sie im Gesicht.

Jetzt übernimm die Stimmung in deinen Oberkörper, aber behalte sie auch in deinem Gesicht.

Bewege deinen Oberkörper passend zu dieser Stimmung.

Spüre diese Stimmung in Bauch und Becken, im Gesicht, im Oberkörper, in den Lungen.

Dann spüre diese Stimmung auch in deinen Beinen. In den Beinen, im Bauch, im Rücken, im Oberkörper, im Gesicht, in den Augen, im Mund, spüre diese Stimmung überall.

Und jetzt tue in deiner Phantasie das, was zu dieser Stimmung passt. Tue es direkt, hemmungslos, ausdrucksstark in deiner Phantasie und spüre deinen Körper dabei – besonders dein Gesicht.

Spüre diese Stimmung durch und durch, handele in deiner Phantasie.

Lasse dich treiben in dieser Stimmung in deiner Phantasie.

Und jetzt lasse deinen Körper der Gefühle, der die gleiche Gestalt hat wie der physische Körper, aus deinem Körper austreten und nimm ihn vor dir wahr.

Dies ist der Körper deiner Freizeitstimmung. Betrachte ihn. Und dann, wenn du ihn so betrachtest und spürst, sage ihm, er soll warten, bis du ihn rufst – eine Art energetisches Kostüm, eine wirkende Kraft, die du rufen kannst – jederzeit, wann du willst.

Jetzt atme langsam tief ein und aus.

Und jetzt entscheide dich für die Stimmung, in der du zusammen mit einem guten Freund sein möchtest.

Welche Stimmung möchtest du haben? Entscheide dich jetzt.

Dann stelle dir vor, dieser Mensch ist jetzt bei dir. Spüre ihn und spüre die Stimmung in deinem Gesicht.

Dann spüre diese Stimmung im Oberkörper.

Dein Freund, deine Freundin ist immer noch da.

Bewege deinen Oberkörper in deiner Phantasie, passend zu dieser Stimmung.

Lass dieses Körpergefühl vom Gesicht über den Oberkörper in den Bauch und ins Becken sinken. Spüre dieses Gefühl. Bewege dich entsprechend in deiner Phantasie.

Und dann in deiner Phantasie, aus dieser Stimmung heraus, werde aktiv mit diesem guten Freund.

Stelle dir vor, das zu tun, was zu dieser Stimmung passt und spüre, wie dein Gesicht es ausstrahlt.

Empfinde und handle in deiner Phantasie mit diesem Freund.

Spüre, was du empfindest, tief in deinem Inneren. Spüre es im Körper, spüre es in deinen Gefühlen.

Und jetzt lass diesen Körper der Gefühle austreten, so dass er vor dir steht, und betrachte ihn. Wie sieht er aus in dieser Stimmung?

Dann sprich zu ihm und sage, er soll dort warten, bis du ihn rufst, um ihn wieder in dich aufzunehmen.

Und dann atme langsam tief ein und aus.

Jetzt entscheide dich für ein richtig gutes Körpergefühl, das du haben möchtest.

Dein Gesicht, wie soll es sich anfühlen, wenn du dich wohl fühlst?

Spüre dein Gesicht, wie es sich wohl fühlt.

Wie fühlen sich deine Arme, deine Schultern an, wenn du dich wohl fühlst? Fühle sie, bewege sie.

Dein Oberkörper. Dein Unterleib, dein Rücken, wie fühlen sie sich an, wenn du dich wohl fühlst? Spüre und empfinde.

Jetzt deine Hüften, deine Beine: Wie fühlen sie sich an, wenn du dich wohl fühlst?

Und jetzt bewege dich in deiner Phantasie in diesem Gefühl. Bewege dich in diesem Körper. Bleibe in diesem Gefühl. Fühle dich wohl in der Bewegung. Gehe, springe, bewege dich in deiner Phantasie, so wie du möchtest in diesem Körper. Fühle seine Vitalität, seine Beweglichkeit, seine Kraft.

Und dann schicke diesen Körper hinaus, über die Grenzen des physischen Körpers hinaus. Lasse ihn vor dir stehen und betrachte ihn. Dies ist der Körper, in dem du dich wohl fühlst.

Sage zu ihm, dass er dort warten soll, bis du ihn rufst und wieder in dich aufnimmst.

Jetzt atme langsam tief ein und aus.

Und dann entscheide dich für die Stimmung, mit der du einschlafen möchtest.

Dann spüre diese Stimmung in deinem Gesicht, in deinen Wangen, im Mund, in den Augen, in der Stirn: die Stimmung, mit der du einschlafen möchtest.

Dann lasse diese Stimmung hinaustreten, aus dir hinaus und lege sie unter dein Kopfkissen.

Und sage zu dieser Stimmung unter dem Kopfkissen, dass du sie haben möchtest, wann immer du dich schlafen legst und dass sie auf dich wirken soll und auf dein Leben.

Jetzt atme langsam tief ein und aus.

Du weißt jetzt, wie die Stimmung in deiner Freizeit, die Stimmung mit einem Freund, dein Körpergefühl und deine Einschlafstimmung sich anfühlen und welche Kräfte wirken sollen.

Du kannst sie suchen und sie als Wirkungskräfte in dich hineinziehen, wann immer du möchtest.

Atme langsam tief ein und aus.

Und jetzt entscheide dich für das Gefühl, das du allen Menschen wünschst, die Stimmung, die du allen Menschen wünschst.

Empfinde diese Stimmung in deinem Herzen, in deinem Gesicht, in deinem Bauch.

Spüre diese Stimmung überall in dir. Und dann schicke sie hinaus. Spüre diese wirkenden Kräfte, die nun andere Menschen erreichen.

Jetzt atme tief ein und aus.

Atme tief ein und aus und öffne dann ganz langsam und in deiner Zeit die Augen.

Nach dieser Meditation lassen Sie Ihre Gefühle, die Empfindungen in Ihrem Körper und Ihre Gedanken noch eine Weile ruhig in sich nachwirken.

Gefühle frei wählen

Sie haben in dieser Phantasieübung sicher gespürt, wie relativ einfach es ist, Stimmungen und damit auch Wirkungskräfte beliebig zu wählen und zu verinnerlichen, nicht nur im Bewusstsein, sondern spürbar im Körper. Sie können jetzt die gefühlten Energien symbolisch mit Zeichen, Gesten oder auch Gegenständen verknüpfen wie beispielsweise mit dem Kopfkissen in der Meditation. Halten Sie etwas in der Hand oder schauen Sie auf etwas, wenn Sie die Stimmungen erzeugen. Später wird Ihnen das helfen, leichter wieder in die Gefühle hineinzugleiten und ihre Energien zu spüren. In alten magischen Traditionen nannte man solche geistigen Wirkungskräfte, die man ausschickte, um Dinge im Leben zu verändern oder auch um Botschaften zu übermitteln, gebündelte Energien, die sich zu Gedankenformen und Gefühlskörpern formen und durch Raum und Zeit wandern können. Man kann sich diese Energiekonzentration vorstellen wie Geistwesen, die man erschafft und mit einem Inhalt – gewissermaßen einem Auftrag – beseelt. Sie bewegen sich dann durch Raum und Zeit und prägen die Wirklichkeit entsprechend der Energie, die sie tragen. Wenn man sie regelmäßig nährt, wird nicht nur der Inhalt, also die Art und Weise der Wirkungskraft klarer, sondern auch Ihre Intensität immer stärker. Einmal aufgebaut, bleiben sie sehr lange oder vielleicht sogar für immer erhalten. Deshalb ist es ungeheuer wichtig, mit unseren Bewusstseinskräften sorgfältig und achtsam umzugehen.

Mit einmal geschaffenen Gedankenformen oder Gefühlskörpern kann man sich immer wieder verbinden und die geschaffenen Wirkungskräfte wieder leicht in sich lebendig machen. Sie sind wie Werkzeuge, mit denen wir unsere Wirklichkeit bearbeiten können. Denken Sie daran, dass auch nicht absichtlich geschaffene Gedankenformen und Gefühle so stark wirken, und dass das, was einmal entstanden ist, auch später weiter wirksam bleibt, außer wir schaffen konzentriertere neue Formen.

Manchmal ist es schwierig, intensive Energien aufzubauen, weil man die gewünschten Energien und Wirkungskräfte zwar kennt, jedoch nie selbst intensiv erfahren hat. Als Hilfe suchen Sie sich inspirierende Vorbilder und bewegen Sie sich körperlich so, als ob die gewünschte Energie schon wirksam wäre. Lassen Sie sich von Menschen anregen, die Sie kennen oder die Sie im Film oder Fernsehen gesehen haben.

Durch die Verbindung von Bewegung, Körpergefühl und Phantasie erreichen Sie gleichzeitig zwei Dinge: Sie intensivieren die neuen Wirkungskräfte durch heftige Gefühle und Sie speichern sie durch Energie in Ihrem Körperbewusstsein ab, das alles wahrnimmt, was in Ihrem Bewusstsein vor sich geht und es auf den Körper überträgt. Das macht die Wirkungskräfte später viel leichter abrufbar. Aus dem gleichen Grund sollten Sie in der Meditation die Gefühle im Gesicht und im restlichen Körper spüren. Damit sind sie im gesamten Körper gespeichert und können so auf die Dauer die gewünschte Veränderung viel leichter herbeiführen.

Ein paar Beispiele zur Verdeutlichung:

- Fühlen Sie sich bedrückt und wünschen sich Gefühle von Sicherheit und Selbstvertrauen, dann gehen Sie ein paar

Schritte mit aufrechten Schultern, erhobenem Kopf und offenem Blick.

- Wenn Sie sich energielos fühlen und kraftvoll werden wollen, atmen Sie kräftig einige Male ein und aus, ballen dann die Fäuste und spannen alle Muskeln an, und so gehen Sie einige Schritte.

- Wollen Sie sich fröhlicher fühlen, grinsen Sie von Ohr zu Ohr, wirbeln Sie mit den Armen in der Luft und atmen Sie schnell ein und aus.

Sie müssen phantasiereich werden und andere Menschen in den unterschiedlichsten Situationen beobachten.

Geistige Energien werden in Ihnen umso stärker, je deutlicher Sie sie auch im Körper fühlen können. Die Erzeugung neuer Wirkungskräfte verändert zuerst Ihr Bewusstsein, dann Ihren Körper und dann *die äußere Wirklichkeit*. Wie schnell und gründlich diese Änderungen erreicht werden, hängt davon ab, wie klar die neuen Wirkungskräfte ausgerichtet sind und wie ausschließlich Ihre Wahrnehmung bei ihnen bleibt, denn dem, was Sie wahrnehmen – sinnlich und außersinnlich – geben sie Energie.

Inhalt und Intensität der Wirkungskräfte

Alle wirkenden Kräfte bestehen grundsätzlich aus zwei Aspekten: aus ihrem *Inhalt*, also ihrer Information, und aus ihrer *Intensität*, der Energiemenge, die sie aufgenommen haben. In der vorangegangenen Meditation haben Sie zunächst einen geistigen Inhalt erzeugt, also Wirkungskräfte ausgewählt, und diese dann mit möglichst großer Intensität erfüllt, indem Sie in Ihrer Phantasie ganz in die dazugehörigen Gefühle eingetaucht sind und sie so lebendig wie möglich haben werden lassen.

Wenn Sie feststellen, dass Ihr Leben bis jetzt stark von alten Wirkungskräften und Ideen geprägt war, die Ihnen nicht gut tun und die Sie austauschen möchten, dann ist der einfachste

Weg dorthin, einen neuen Inhalt in Ihrem Bewusstsein zu schaffen, diesen mit viel Gefühl und Phantasie lebendig werden zu lassen und mit großer Intensität zu versorgen. Damit blenden Sie anderes aus. Indem Sie alte Ideen und Wirkungskräfte einfach ignorieren, verliert der alte Inhalt seine Intensität, und mit der Energie wird ihm auch die Wirksamkeit entzogen. Ein Gefühl kann nicht einfach abgeschaltet werden, aber es kann durch ein stärkeres Gefühl ersetzt werden. Ein Gedanke kann ebenfalls durch einen stärkeren ersetzt werden.

Wann immer verschiedene Inhalte da sind, wirkt jener mit der größten Intensität – ungeachtet der enthaltenen Information. So können auch Wirkungskräfte aus der Vergangenheit, die wir beispielsweise durch unsere Erziehung übernommen haben, energetisch aufgelöst und durch neue ersetzt werden. Trotzdem bleiben sie ein Teil unseres Bewusstseins, nur eben nicht mehr wirksam. Was immer wir erfahren haben, ist ein Teil von uns geworden. So entfaltet und entwickelt sich Bewusstsein, aber es prägt uns nur dann, wenn der Inhalt der Erfahrung weiter mit Energie versorgt wird.

Kümmern Sie sich daher nicht um alte Inhalte, Verhaltens- oder Sichtweisen, sondern versuchen Sie vielmehr, neue Wirkungskräfte zu bilden und sie mit Energie zu nähren, damit sie immer stärker und – irgendwann – wirksam werden. Die Intensität wandert dann von den alten zu den neuen Wirkungskräften. Sollten die alten Wirkungskräfte allerdings noch stark im Körper verankert sein und sich wegen ihrer Intensität nur schwer auflösen lassen, kann es manchmal sinnvoll sein, über Körpertherapien die angestauten Energien auf Körperebene wieder in Fluss zu bringen. Sie lassen sich damit leichter erkennen, und man kann sich ganz bewusst von ihnen lösen.

Vergessen Sie nicht: Sie können Wirkungskräfte, die Sie einmal erzeugt haben, jederzeit durch andere stärkere Energien ersetzen, aber die alten werden immer ein Teil von Ihnen bleiben. Das ist Teil Ihres Entwicklungs- und Reifeprozesses.

Wirklich frei in Ihrer Lebenserfahrung sind Sie dann, wenn Sie Wirkungskräfte bewusst wahrnehmen und über Ihre Phantasie gezielt mit Intensität versorgen können, und das braucht Übung. In der folgenden weiterführenden Phantasieübung lernen Sie, neue Wirkungskräfte mit viel Intensität für Ihr Leben aufzubauen.

MEDITATIVE PHANTASIEN ZUR ERZEUGUNG VON WIRKUNGSKRÄFTEN II

(Bitte beginnen Sie mit der Einstimmung von Seite 163.)

Die Energie im Raum hat die Kraft, deine Gedanken, deine Gefühle, deine inneren Bilder Wirklichkeit werden zu lassen, wenn du dies möchtest.

Jetzt sage ganz leise in Gedanken zu dir selbst, wenn du möchtest:

Mein Bewusstsein und das Feld meiner Wahrnehmung kann sich über die Grenzen meines Körpers hinaus ausdehnen und Wirkungskräfte spüren von Menschen, Pflanzen, Tieren, Dingen.

Und in diesem Feld ausgedehnten Bewusstseins kann ich auch Wirkungskräfte erzeugen, unabhängig vom Außen, unabhängig von der Zeit. Mit diesen Wirkungskräften kann ich meinen Körper verändern, meine Stimmung, mein Umfeld und die Erfahrungen, die ich in meinem Leben mache.

Atme langsam tief ein und aus.

Und jetzt entscheide dich für die Stimmung, die Gefühle, die du haben möchtest in deiner Partnerschaft – der Partnerschaft, die du hast oder haben möchtest.

Stelle dir in deiner Phantasie vor, welche Dinge du mit deinem Partner zusammen tust, was du mit ihm zusammen fühlst – körperlich, seelisch und geistig.

Gehe ganz in diese Phantasie hinein und spüre diese Gefühle im Gesicht und dann im ganzen Körper.

Und jetzt lasse diese Energie, den Körper deiner Gefühle, in dieser Gestalt aus deinem Körper hinaustreten und beobachte dich.

Wie siehst du aus in dieser Stimmung?

Und jetzt lass diesen Körper der Gefühle, diese Gedankenform, dort stehen, so dass du sie jederzeit wieder rufen und in sie hineinschlüpfen, sie integrieren kannst, um dich und dein Leben zu gestalten.

Dann atme langsam tief ein und aus.

Und jetzt entscheide dich für die Stimmung, die Gefühle, die du haben möchtest, wenn du deiner beruflichen Tätigkeit nachgehst.

Während du arbeitest, wie willst du dich fühlen? Wenn du von der Arbeit nach Hause kommst, am Ende eines Tages, wie willst du dich fühlen? Bevor sie morgens beginnt, diese Tätigkeit, wie willst du dich fühlen?

Und jetzt entwickle Phantasien über einzelne Aspekte dieser Tätigkeit.

Spüre die Energien überall in deinem Körper, besonders in deinem Gesicht.

Tauche ganz in die Phantasien ein und spüre.

Dann lasse diese Gefühle, diese Stimmung als Gefühlskörper über die Grenzen deines Körpers hinaustreten und betrachte ihn von außen:

Wie sieht er aus – wie siehst du aus in dieser Stimmung, die du in deiner beruflichen Tätigkeit haben möchtest?

Dann lasse diesen Körper der Gefühle dort stehen, bereit, jederzeit wieder integriert zu werden, wenn du deine Arbeit mit den Wirkungskräften füllen möchtest, die du jetzt ausstrahlst.

Und dann atme tief ein und aus.

Und jetzt entscheide dich für die Stimmung und die Gefühle, die du haben möchtest, wenn du morgens aufwachst und an den Tag denkst.

Welche Kräfte sollen auf dich wirken? Welche Kräfte möchtest du suchen? Was möchtest du während des Tages ausstrahlen?

Und jetzt entwickle Phantasien darüber, wie ein ganzer Tag sein könnte, an dem du dich so richtig gut fühlst – ein normaler Tag, ein freier Tag, ein Urlaubstag. Suche und verbinde Aspekte und Stimmungen, die du grundsätzlich haben möchtest.

Gehe ganz in deiner Phantasie auf und fühle diese Stimmung in deinem Gesicht, in deinem gesamten Körper.

Jetzt empfinde diesen Körper deiner morgendlichen Stimmung noch einmal in deiner Phantasie – im Alltag, in der Freizeit, im Urlaub.

Jetzt projiziere diesen Körper deiner morgendlichen Stimmung aus deinem physischen Körper hinaus und stelle ihn neben dein Bett. Betrachte ihn. Wie sieht er aus?

Dort neben deinem Bett wartet er, um mitgenommen zu werden, jeden Tag. Mit seiner Hilfe gestaltest du den Tag frei nach deinen Vorstellungen und ziehst die entsprechenden Wirkungskräfte an.

Jetzt atme langsam tief ein und aus.

Und dann noch einmal, in Gedanken, sage leise zu dir selbst und fühle:

Die Stimmung, die Gefühle, die wirkenden Kräfte in mir, die ich suche, mit denen ich mich identifiziere, strahle ich aus.

Sie gestalten meine Persönlichkeit und meine Stimmungen. Sie wirken in meinem Körper und bestimmen seine Kraft, seine Gesundheit, sein Aussehen, seine Art, sich zu bewegen.

Diese Wirkungskräfte strahlen hinaus in die Welt und ziehen dort entsprechende Kräfte an – Menschen, Tiere, Pflanzen, Umstände, Dinge, Qualitäten.

Ich möchte mich ganz bewusst mit diesen Kräften umgeben und sie wahrnehmen in meinem Umfeld: die Kräfte, die wirken, und vor allem, wie sie auf mich wirken.

Und jetzt atme langsam tief ein und aus.

Und dann entscheide dich für eine wirkende Kraft oder mehrere, die du anderen Menschen wünschst.

Empfinde diese Kraft, diese Stimmung, dieses Gefühl auf deinem Gesicht, in deiner Phantasie und dann schicke sie allen Menschen oder auch ganz bestimmten, denen du sie wünschst.

Spüre, wie diese Energie durch dich und hinaus aus dir fließt, hin zu anderen Menschen, damit sie auch dort wirkt.

Jetzt atme langsam tief ein und aus.
Nimm diese Stimmung und auch die morgendliche Stimmung mit in den Tag und beobachte, wo du sie im Außen wiederfindest.
Und dann öffne ganz langsam die Augen.

Nach dieser Meditation lassen Sie Ihre Gefühle, Ihre Gedanken und körperlichen Empfindungen noch eine Weile ruhig auf sich wirken.

In diesen Phantasieübungen – die Sie in ähnlicher Form natürlich beliebig mit eigenen Ideen füllen können – bilden Sie Gedankenformen und Gefühlskörper von großer Intensität. Je mehr Sie üben, desto größer wird ihr Energiegehalt sein. Sie warten gewissermaßen auf Sie und können zu jeder Zeit verinnerlicht werden. So einfach sich diese Übungen vielleicht für Sie darstellen mögen, sie sind aber kraftvolle Werkzeuge, die tiefe Veränderungen in Ihrem Alltag bewirken werden.

FRAGEN UND ANTWORTEN

Frage:

Ich habe eine Frage zu der ersten Phantasieübung. Wir sollten bei der Wahl der Wirkungskräfte unter anderem entscheiden, in welcher Stimmung wir mit einem guten Freund sein möchten. Aber ich kann doch nicht mit allen guten Freunden gleich umgehen und mich dabei gleich fühlen. Menschen sind doch unterschiedlich und meine Gefühle zu Ihnen auch.

Antwort:

Sie sollten, gleich, mit wem Sie zusammen sind, am besten immer Sie selbst sein! Doch das, was Sie sind, kann natürlich verschiedene Facetten besitzen. Bei einem Menschen müssen Sie vielleicht Ihre stürmische Seite zeigen, damit er begreift, bei dem anderen reicht es, wenn Sie ihm ganz sanft Dinge andeuten, und er versteht sofort. Der eine Mensch regt diese, der andere jene Seite in Ihnen an, aber immer sollten es echte Teile von Ihnen sein, die Sie leben möchten – und die nicht aus Ihrer Geschichte stammen.

Wenn Sie dann in Ihrer Phantasieübung Ihren Gedankenkörper aufbauen, wäre es gut, diese verschiedenen Aspekte gleichwertig nebeneinander zu stellen, damit Ihnen so Ihre verschiedenen Facetten bewusst werden und Sie sie jederzeit einsetzen können, wann immer Sie sie benötigen. Stellen Sie sich auch nicht einen bestimmten Menschen vor, den Sie kennen, sondern eher einen Typ Mensch, der Ihnen ein Freund sein soll.

Frage:

Wenn mir jemand in einem Gespräch bestimmte Wirkungskräfte, beispielsweise Gefühle, aufstülpen will, die ich nicht haben möchte, was kann ich tun, um sie abzuwehren?

Antwort:

Wichtig ist, sich nicht dagegen zu wehren. Indem Sie das tun, lassen Sie sich bereits auf die unerwünschten Wirkungskräfte ein und übernehmen sie. Erinnern Sie sich stattdessen daran, in welcher Stimmung Sie sein wollen und was Ihnen wirklich gut tut. Lassen Sie diese erwünschten Wirkungskräfte stark und lebendig werden, lenken Sie den Großteil Ihrer Aufmerksamkeit darauf. Damit haben die fremden Energien keine Chance. Wenn Sie trotzdem den Eindruck haben, sich in diesem Moment nicht klar genug auf Ihre eigenen Wirkungskräfte besinnen zu können, müssen Sie äußerstenfalls vorübergehend einfach weggehen oder das Gespräch zumindest beenden.

Frage:

Nun übe ich seit einiger Zeit, Gefühle zu pflegen, die ich gern haben möchte. Doch im Alltag gerate ich immer wieder unter Zeit- und Leistungsdruck – und meine neuen Gefühle sind dahin. Wie kann ich dieser Gefahr ein für allemal entgehen?

Antwort:

Der erste Schritt ist immer, die eigene Einstellung zu kontrollieren, zum Beispiel, indem Sie sich mitten in einer stressvollen Situation ruhig hinsetzen und sich fragen: Ist es das wirklich wert, diesem Druck nachzugeben? Muss das so sein? Bringt mir das irgendetwas? Vielleicht fällt schon durch diesen inneren Abstand der belastende Druck ab.

Dieser erste Schritt ist unerlässlich, denn wenn wir nur äußerlich etwas verändern, innerlich jedoch die alten Einstellungen beibehalten, werden wir auf Dauer nichts erreichen. Der Druck wird uns immer wieder einholen. Innere Ruhe ist eine Lebenseinstellung und zunächst einmal unabhängig von äußeren Bedingungen. Man muss sich für Lust und Lebensqualität entscheiden. Sobald wir uns auf äußeren Druck einlassen, wird eine innere Spannung erzeugt, die verhindert, dass wir für unsere eigenen Ideen und Gefühle die nötige Intensität aufbringen. So bekommen die von außen wirkenden Kräfte mehr Macht als die inneren, und die Energie kippt zu unseren Ungunsten um.

Ein zweiter Schritt kann sein, dass wir auch unsere äußeren Umstände ändern müssen, um günstige – statt hemmende – Energien um uns zu versammeln. Es ist natürlich immer einfacher, neue Wirkungskräfte aufzubauen, wenn wir dabei auch von außen unterstützt werden – durch den richtigen Job, das passende Umfeld, hilfreiche Farben, Möbel usw.

Alte Wirkungskräfte auflösen und neue erzeugen

Erinnern Sie sich an die drei verschiedenen Möglichkeiten unseres Bewusstseins, mit der Wirklichkeit umzugehen (Seite 221)? Die dritte Variante lautete: Bewusstsein kann die Aspekte der Wirklichkeit auflösen, indem es bestimmte Wirkungskräfte aus seiner Wahrnehmung ausblendet und ihnen damit keine Energie mehr gibt.

Diese dritte Art, Wirklichkeit zu formen, ist ebenso entscheidend wie die beiden anderen – denn wenn wir zu viel Energie in alten, überlebten Wirkungskräften gebunden haben, fällt es uns schwer, für die Erschaffung und die Manifestation von neuen genügend Intensität aufzubringen. Außerdem üben die alten Kräfte natürlich weiterhin einen starken Einfluss aus, der uns möglicherweise in einer Wirklichkeit festhält, die wir nicht mehr haben möchten.

Vor allem in Zeiten, in denen wir neue Sehnsüchte entdecken, die an die Oberfläche kommen und gelebt werden wollen, ist es notwendig, alte Wirkungskräfte ausklingen zu lassen, um die darin gebundene Energie freizubekommen. Alte Wirkungskräfte können beispielsweise von Fotos ausgehen, die unsere neuen Sehnsüchte nicht unterstützen. Jedes Foto enthält ein Energiepotential, das unser Umfeld mitbestimmt, und Fotos wirken sehr stark auf uns. Selbst wenn eine Fotografie umgedreht auf dem Boden liegt, kann man ihre Energie noch spüren. Das gleiche gilt für alte Liebesbriefe und sonstige Schriftstücke oder gar Drohbriefe, die Energien aus der Vergangenheit lebendig halten. Jeder Gegenstand hat eine Geschichte, die durch ihn wirkt, und deshalb sollte man immer wieder klären, ob man diese Wirkung überhaupt (noch) haben möchte.

Ist man in eine alte Wirkungskraft verwickelt, die etwa von einem Brief ausgeht – beispielsweise die Erinnerung an einen ehemaligen Freund –, dann spielt es zunächst keine Rolle, ob diese Verwicklung positiv oder negativ ist. Denn alles, was wir noch aus der Vergangenheit mit uns herumtragen, bindet einen Teil unserer Energie, die uns dann für die Gestaltung unserer Zukunft fehlt und uns weiter in der Vergangenheit festhält.

Energiekanäle zur Vergangenheit

Wo immer unser Bewusstsein jemals war, hinterlässt es Spuren, und das, was wir dort erlebt haben, hinterlässt gleichzeitig auch Spuren in uns. Es entsteht eine Verbindung in Form eines Wirkungskanals, durch den Wirkungskräfte von allen Seiten in alle Richtungen fließen. In der jahrhundertealten Tradition der Huna-Magie nennt man diese Wirkungskanäle »Akafäden« und in der Yoga-Tradition »astrale Röhren«. Diese Energiekanäle verbinden uns durch Raum und Zeit hindurch mit allem, was uns je begegnet ist und was wir erlebt haben, und besonders mit den Dingen, die uns stark beeinflusst haben. Das gilt vor allem für intensive Begegnungen und Beziehungen mit Menschen.

Über diese Wirkungskanäle bleiben wir in Verbindung mit Orten, Tieren oder Menschen und sie mit uns, solange die Kanäle bestehen. Die Energiekanäle zu den Menschen, die uns bewegt und die wir vielleicht sogar geliebt haben, sind besonders stark entwickelt. Eine solche Verbindung kann für uns günstig sein, wenn dieser Mensch uns wohlgesinnt war und ist. In diesem Fall schadet es auch nicht, diesen Wirkungskanal aufrechtzuerhalten, indem wir uns geistig noch mit dieser Person beschäftigen. Aber trotzdem sollte man sich bewusst sein, dass uns dieser Faden an die Person bindet und die Energien, die uns mit dieser Person verbunden haben, immer noch weiter durch diesen Kanal fließen lässt und die alte Beziehung irgendwie am Leben erhält.

Deshalb – wenn uns an einer freien Gestaltung unserer Zukunft liegt – sollten wir uns ganz bewusst fragen: Ist mir diese Verbindung aufgrund ihrer positiven Qualität wichtiger als eine freie und davon unabhängige Zukunft? Wenn ja, kann ich diese Verbindung pflegen, indem ich beispielsweise an diese Person denke, meine Gefühle für sie wieder lebendig werden lasse oder sie intensiviere, indem ich alte Fotos anschaue oder Orte aufsuche, an denen wir gemeinsam gewesen sind.

Hat man viele solcher angenehmen Menschen in seiner Geschichte getroffen, kann es allerdings sein, dass das Ausmaß an Freiheit, das man dafür bereit ist aufzugeben, irgendwann so groß ist, dass eine freie Gestaltung der Zukunft nicht mehr möglich ist, man immer nur die Geschichte fortsetzt und sich auf einer Einbahnstraße bewegt. Wirklich Neues kann nicht mehr in unser Leben treten, denn Teile von uns sind ständig in energetischem Austausch mit diesen alten Wirkungskräften, und je intimer die Begegnung damals war, je mehr wir gefühlsmäßig verwickelt waren und sind, desto mehr sind die alten Wirkungskräfte noch aktiv und prägen unser Leben im Jetzt. Eine solche Prägung ist jedoch nur dann sinnvoll, wenn sie uns auch in unseren heutigen Sehnsüchten und Zielen unterstützt. Erinnern Sie sich: Wir ziehen das in unser Leben hinein, was wir an Wirkungskräften ausstrahlen, deshalb sollten wir immer ein großes Maß an Offenheit für Neues in uns tragen, sonst kann im Außen nichts Neues kommen.

Energiekanäle schließen

Entscheidet man sich dafür, einen Wirkungskanal nicht mehr zu pflegen, bedeutet das noch nicht, dass man den Kanal einfach schließen, die Verbindung zu dieser Person ganz abschneiden und ihren Einfluss auf sich völlig löschen kann. Jede Erfahrung in unserem Bewusstsein bleibt für immer bei uns, solange wir leben und auch danach. Doch wenn wir eine Verbindung zur Vergangenheit nicht mehr nähren, verlieren die entsprechenden Wirkungskräfte ihre Intensität und damit nimmt ihr Einfluss auf uns deutlich ab. Es sind hauptsächlich Erinnerungen, Gefühle oder auch Wirkungskräfte alter Gegenstände, die uns mit Personen aus der Vergangenheit noch verbinden. Der einfachste Weg, solche Verbindungen langsam zu lösen, besteht darin, die entsprechende Person aus unserem Denken und Fühlen, aus unseren Tagebüchern und Fotoalben auszublenden und uns von allem Äußerlichen zu lösen, was sie wieder in uns gegenwärtig werden lässt. Vielleicht erscheint das nicht einfach, sogar hart, unromantisch und gefühllos. Aber es ist eine innere Entscheidung, die wir treffen und an die wir uns einfach halten sollten, wenn wir eine neue freie Zukunft suchen. Wir entziehen den alten Wirkungskanälen auf diese Weise ihre Energie, ihre Aufmerksamkeit und ihre Bedeutung. Als Folge wird die Bindung an die betreffende Person immer geringer, und wir werden in unseren Gefühlen wieder frei. Dieser Prozess kann bis zu sieben Jahre dauern – bei einer intensiven Bindung. In diesen sieben Jahren wird man sich immer wieder bewusst entscheiden müssen: Ich will diese Person nicht mehr in meinem Denken haben, nicht in meinem Fühlen, nicht in meinem Kleiderschrank, nicht in meinem Fotoalbum – einfach nirgendwo. Mit diesem Entschluss sollten wir dann auch bewusst die Aufmerksamkeit auf jene Personen und Energien lenken, die wir uns in unserem Leben wünschen und die wir vorläufig behalten möchten. Ob die Person am anderen Ende des Wirkungskanals auch bereit ist, ihren Kanal zu schließen oder nicht, ist dabei übrigens ohne Bedeutung. Die Entscheidung liegt auf unserer Seite. Niemand kann einen Wirkungskanal gegen unseren Willen einseitig aufrechterhalten und uns seinen Einfluss und seine Nähe aufzwingen.

Energien als Gefühlsträger benutzen

Um frei für eine wirklich neue Zukunft zu werden, müssen wir alles loslassen, was einmal war – Positives wie Negatives. Schöne Erinnerungen halten uns genauso auf wie Groll oder Ärger über Vergangenes. Wir müssen entscheiden, was wir wollen, und entsprechend unsere geistigen Energien, Gefühle, Gedanken, Vorstellungen, Erwartungen und natürlich unsere Handlungen ausrichten.

Um starke Energien zu formen, sollten wir in der Gegenwart leben. Dazu kann es eben auch gehören, sich von Relikten aus der Vergangenheit zu trennen. Je mehr sie unsere Stimmung beeinflussen, desto wichtiger ist es, uns von ihnen zu distanzieren – um unserer Freiheit willen. Andererseits ist es auch möglich, bestimmte Erinnerungsstücke als Gefühlsträger zu benutzen, um leichter ein entsprechendes Gefühl hervorrufen zu können. Dazu müssen wir lernen, das Gefühl an sich von dem Ereignis, das es geschaffen hat, zu trennen. Sonst begrenzen wir wieder die Möglichkeit, neue Wirkungskräfte zu schaffen, indem wir in alten Ereignissen festhängen.

Wir sollen Erinnerungen in ihrem gefühlsmäßigen Inhalt pflegen, uns aber nicht auf die damit einhergehende Geschichte konzentrieren. Gelingt uns das, können wir Gefühle aus der Erinnerung herauslösen und sie frei und gezielt nutzen, um neue, ganz andere, aber den Gefühlen entsprechende Umstände und Ereignisse anzuziehen. Erinnerungen werden dann zum Träger für Gefühle und damit für Wirkungskräfte, mit denen wir die Gegenwart neu prägen können.

Lassen Sie uns das an einem Beispiel veranschaulichen. Angenommen, ich habe im Urlaub eine interessante Frau getroffen und mit ihr eine Nacht verbracht, die mich tief berührt hat. Ich habe vielleicht zum ersten Mal erlebt, was es heißt, eins zu sein mit mir selbst und gleichzeitig mit einem anderen Menschen. Diese tiefgreifende Erfahrung hat mich für immer verändert. Wieder zu Hause kann ich diese neue Gefühlsqualität in meine bestehende Beziehung einbringen und sie auch dort leben. Ich habe mich gefühlsmäßig geöffnet und strahle Wirkungskräfte aus, die es vielleicht auch meiner Partnerin ermöglichen zu erfahren, was es heißt, sich gefühlsmäßig für jemanden ganz zu öffnen und eins zu werden. Diese Verinnerlichung und Übertragung der Wirkungskräfte ist jedoch nur möglich, wenn ich die Energie des Erlebnisses, nicht aber die dazugehörige Person, in mein Leben integriere. Nur dann bin ich frei und kann, indem ich ab und zu an dieses Erlebnis denke, die damalige Energie wieder in mir lebendig werden lassen und sie nach Belieben auf andere Situationen und Beziehungen übertragen.

Hätte ich stattdessen meine nächtliche Erfahrung und die entsprechende Energie mit dem Hotel, dem Ort oder dem Menschen verknüpft, dann hätte ich die Trennung vielleicht als einen schrecklichen Verlust erlebt und die neue Erinnerung hätte mich immer wieder dorthin gezogen, wo es geschehen ist – oder zumindest zu dieser Person hin. Das eigentliche Wesen der Erfahrung hätte ich verpasst und wäre abhängig geworden von den Randenergien meiner Gefühle. Das erfordert, zwischen dem äußeren Ereignis und der dahinter wirkenden Kraft, die meinen Gefühlskörper verändert, unterscheiden zu lernen. Tun wir dies nicht, erkennen wir die in Dingen oder Ereignissen auf unsere Gefühle wirkenden Energien nicht als eingeständige Wirkungskräfte und erzeugen mehr Abhängigkeit als Freiheit.

Wahrscheinlich finden Sie, dass das sehr unpersönlich, vielleicht sogar lieblos klingt. Wo bleibt denn da die Romantik? mögen Sie sich fragen. Die Antwort darauf ist einfach. Sie bleibt in der Gegenwart! Wer nämlich mit seiner Romantik in der Vergangenheit »festhängt«, dem wird es schwer fallen, in der Gegenwart neue romantische Gefühle zu entwickeln, denn sie sind immer von dem gefärbt, was einmal war, und sie werden begrenzt von dem Wunsch, das Alte möge sich wiederholen. Da sich das Leben jedoch niemals wiederholt, berauben wir uns durch diesen Wunsch der vielen Möglichkeiten, die sich im Hier und Jetzt bieten.

Wer daher Romantik unabhängig von den Umständen oder bestimmten Personen empfinden kann, der wird in der Gegenwart völlig neue, noch nie erlebte Wirkungskräfte – in Form von intensiven Begegnungen oder Situationen – anziehen, die ungeahnte romantische Dimensionen eröffnen. Das gilt ebenso für die verschiedensten anderen Gefühle und Wirkungskräfte. Solange wir sie nicht an bestimmte Aspekte unserer Geschichte binden, stehen sie uns jederzeit zur Verfügung und erschließen uns eine immense Vielfalt von Möglichkeiten.

GEFÜHLSENERGIEN BEFREIEN

Um Gefühle und Erinnerungen aus der Vergangenheit von der Bindung an bestimmte Menschen und Situationen befreien zu können, müssen Sie zunächst die bewusste und klare Entscheidung treffen, beides voneinander trennen zu wollen. Wenn Sie schöne Erinnerungen und damit verbundene angenehme Gefühle haben, dann versuchen Sie, sich ganz auf die Gefühle einzulassen und die Erinnerungen an die äußeren Umstände entspannt wegtreiben zu lassen, so wie Sie auch die Gedanken in der Meditation vorüberziehen lassen, die Sie nicht möchten. Sagen Sie sich, dass die Umstände nicht wichtig sind, wohl aber die Gefühle und die Kräfte, die damals auf Sie wirkten. Entziehen Sie den äußeren Details einfach Ihre Aufmerksamkeit und verschieben Sie Ihren inneren Fokus ausschließlich auf das entstandene Gefühl. Dann übertragen Sie das Gefühl auf andere mögliche Situationen, die sich in der Zukunft ereignen könnten. Stärken Sie es mit neuen Bildern und Phantasien und schaffen Sie neue Visionen mit ihm. Mit etwas Übung können Sie so Ihre Gefühle aus der Vergangenheit und den damaligen Umständen befreien und sie in der Gegenwart leben und nutzen, um Ihre Zukunft mit diesen Wirkungskräften entsprechend zu gestalten.

In Gefühlen baden

Frei fließende, von unserer Vergangenheit befreite Gefühle sind unser wichtigstes Werkzeug für die Entwicklung unserer außersinnlichen Wahrnehmung und für die bewusste und freie Gestaltung unseres Lebens. Nicht nur das Wahrnehmen der Wirkungskräfte geschieht über den See der Gefühle, sondern auch das Erschaffen von Wirklichkeit über die Wirkungskräfte, die wir in unseren Gefühlen tragen und ausstrahlen.

Nur wenn wir in unseren Gefühlen in der Gegenwart frei sind und nicht mehr reagieren auf die Impulse von außen, auf Erinnerungen der Vergangenheit oder auf Ängste vor der Zukunft können wir die Ziele, die in unserer Kernaura verwurzelt sind und die wir in unserem Leben verwirklichen wollen, mit der notwendigen Intensität versorgen, die sie zur Verwirklichung brauchen. Wir haben in unserem Bewusstsein die Freiheit zu entscheiden, wann und welche Wirkungskräfte wir pflegen und manifestieren wollen, um zum Schöpfer unseres Schicksals zu werden. Dazu sollten wir in unseren Gefühlen regelrecht baden, sie in unseren Phantasien und Visionen stark machen und in uns spürbar werden lassen, damit die angestrebten Wirkungskräfte in unseren Gefühlssee und in unser Wesen integriert werden und von dort aus unser Leben prägen können. Dies geschieht immer im Jetzt, unabhängig von unserer Geschichte –, ja kann nur im Jetzt geschehen.

Gefühle verleihen den Wirkungskräften zur Gestaltung unseres Lebens mehr Intensität und Dynamik als unsere Gedanken. Aus diesem Grund sollten wir mehr fühlen als denken und was wir fühlen, sollten wir frei und unabhängig entscheiden können, wie auch immer unsere gegenwärtigen Umstände sind oder unsere Vergangenheit war. In uns liegt die Kraft für die Entscheidung, obwohl viele Menschen glauben, dass ihre Gefühle von Einflüssen abhängig seien, aber das Gegenteil ist der Fall. Nach dem Prinzip der Resonanz erschaffen wir durch unsere Gefühle unsere äußere Wirklichkeit. Wir ziehen an, was uns entspricht. Unser Körper spiegelt unsere Gefühle genauso wider wie unser Umfeld. Der Verursacher unserer Lebensqualität sind wir selbst durch die Gefühle und Wirkungskräfte, denen wir unsere Aufmerksamkeit schenken. Wie innen so außen, ein einfaches Resonanzprinzip.

Die Stimme des Gewissens hören

Kennen wir uns selbst wirklich? Nur wenn wir wissen, wer wir sind, was zu unserem Schicksal gehört und welche Lebensabsichten erfüllt werden wollen, können wir uns für die passenden Wirkungskräfte entscheiden, die wir anziehen und integrieren möchten. Unsere außersinnliche Wahrnehmung hilft uns dabei. Mit ihr ist es möglich, über den See der Gefühle unser eigenes Wesen zu spüren. In der folgenden Meditation gilt es, die Wirkungskräfte, die wir in unserem Wesen, in unserer Lebensabsicht, mitgebracht haben, als innere Stimme wieder zu hören, sie ganz langsam wieder mit Gefühl zu füllen – um auf dieser Grundlage unsere Gegenwart neu und frei gestalten zu können. Manifestationen der Vergangenheit werden langsam ausgeblendet und eine neue Realität wird aus den Wirkungskräften unseres Wesens geschaffen. Diese innere Stimme ist die Stimme des Gewissens, aber nicht im Sinne von Moral oder Religion. Die Stimme des Gewissens ist die Stimme unseres Wesens, unserer Kernaura, die uns sagen will, welches die wesentlichen Wirkungskräfte für uns sind und wie wir unsere Gefühle in diese Richtung fließen lassen können.

Setzen oder legen Sie sich bequem hin, atmen Sie einige Male langsam tief ein und aus und nach gewohnter Methode entspannen Sie sich für die Meditation, die Ihnen helfen wird, Ihre innere Stimme zu hören, Ihr Gewissen, das Ihnen Aufschluss über Ihr inneres Wesen gibt und Ihnen sagt, was für Sie richtig und gut ist und wohin Ihr Weg gehen soll.

MEDITATION – DIE INNERE STIMME HÖREN

(Bitte beginnen Sie wie üblich mit der Einstimmung von Seite 163.)

Diese Energie hüllt uns alle ein und sie hat die Kraft, unsere Gedanken, unsere Gefühle und inneren Bilder Wirklichkeit werden zu lassen, wenn wir dies möchten.

Jetzt sage ganz leise in Gedanken zu dir selbst, und fühle, wenn du möchtest:

Mein Bewusstsein, das Feld meiner Wahrnehmung kann sich weit über die Grenzen meines Körpers hinaus ausdehnen und die wirkenden Kräfte dieser Wirklichkeit wahrnehmen.

In diesem Feld meines ausgedehnten Bewusstseins kann ich auch die Wirkungskräfte spüren, die in meinem Wesen verankert sind, die ich mitgebracht habe in dieses Leben, um sie zum Ausdruck zu bringen und zu manifestieren – als Lebenserfahrung in allen Bereichen.

Ich kann die Wirkungskräfte meines Wesens spüren, und ich kann die Wirkungskräfte hinter der äußeren Form wahrnehmen, hinter Farben, Strukturen, Proportionen, Rhythmen, Formen, Materialien, Klängen und Düften.

Jetzt dehne dein Wahrnehmungsfeld aus, lasse es groß werden, immer größer.

Und dann, tief in deinem Innern, formuliere die Bitte und die Sehnsucht, die Wirkungskräfte deines Wesens als innere Stimme, als Stimme des Gewissens, hören und spüren zu wollen.

Spüre tief in dich hinein und fühle den Wunsch: Ich will dich hören, dich, die Stimme meines Wesens. Ich möchte dich finden, das Wissen um mein Wesen, die Stimme meines Gewissens.

Wer bin ich in diesem Leben?

Was will ich und wohin will ich? Auf welche Weise will ich dorthin?

Und jetzt sei ganz still und lausche.

Die Stimme deines Gewissens spricht zu dir, hör ihr zu: Wie bin ich?

(Einige Momente Pause lassen)

Höre, wie die Stimme deines Gewissens erzählt: Wie bin ich?

(Pause)

Und dann frage die Stimme deines Gewissens: Was möchte ich erleben in diesem Leben?

Welche Inhalte sollen mein Leben erfüllen?

(Pause)

Und dann frage deine Stimme: Wie will ich durch dieses Leben gehen?

Welche Gefühle sollen mich begleiten, welche Stimmungen?

Und jetzt beobachte, ob diese Stimme für dich die Gestalt eines Symbols annimmt, das zu dir spricht.

Nimm diese Stimme in dein Herz auf.

Spüre, wie sie sich niederlässt im Bereich Deines Herzens, wo sie jederzeit erreichbar ist.

Und dann sage dieser Stimme, dass du dir wünschst, sie möge zu dir sprechen, wenn du sie rufst und wann immer es notwendig ist; dass sie dich lehrt, dich führt, dich in Kontakt bringt mit den Wirkungskräften im Außen, die dir helfen, klarer zu sehen und zu spüren: Menschen, die in dein Leben treten; Umstände; Inhalte, die du liest oder hörst.

Bitte sie, dass sie dich immer begleitet und dich spüren lässt, wann immer du Dinge tust, denkst und vor allem fühlst, die nicht zu deinem Wesen passen, die unwesentlich sind.

Such diese Stimme täglich, auch wenn es nur kurz ist, vielleicht beim Aufwachen und beim Einschlafen. Rede mit ihr, spüre sie, höre sie. Und nimm sie wahr in deiner Umwelt, in deinen Beziehungen und Kontakten, in welcher Gestalt auch immer sie dir begegnen mag.

Jetzt atme langsam tief ein und aus.

Und dann frage diese Stimme, was wichtig ist für dich, heute, genau jetzt, für diesen Tag.

Dann atme langsam tief ein und aus.

Tief ein und aus.

Und nun öffne langsam die Augen.

Lassen Sie jetzt noch einige Zeit alle Eindrücke, Empfindungen, Informationen in sich nachwirken, nehmen Sie sie tief in sich und Ihr Körpergefühl auf.

Magie als die Kunst, wirkende Kräfte zu erzeugen

Mit der Zeit werden Sie erkennen, welche Wirkungskräfte Ihrem innersten Wesen entsprechen, und je deutlicher dies wird, desto klarer können Sie sie auch im Außen suchen. Indem Sie sich zukünftig nur noch bestimmten äußeren Wirkungskräften gezielt aussetzen, werden Sie sie wieder intensiver spüren lernen und auch die Fähigkeit gewinnen, sie mittels Ihrer Phantasie und Vorstellungskraft in sich selbst zu erzeugen, unabhängig von den gegenwärtigen Umständen.

Sollten Sie beispielsweise in Ihrem Kern ein kindlich verspielter Mensch sein, sich aber in Ihrer Geschichte von dieser Qualität weit entfernt haben, könnten Sie mit Hilfe Ihrer Vorstellungskraft dieser Energie in Ihrem Leben wieder Raum geben. In der Praxis erweist sich das vielleicht nicht als ganz einfach, da Sie aus Ihrer Vergangenheit kaum Vorbilder haben – sonst wären Sie nicht so geworden. Sie brauchen neue äußere Vorbilder, die Sie bewusst suchen müssen. Beschäftigen Sie sich mit Kindern, um diese spezielle Wirkungskraft, die Sie in sich erzeugen wollen, auch in der äußeren Realität zu erleben. Spielen Sie mit Kindern und versuchen Sie, ihre Spielfreude, Spontaneität und Direktheit wieder in sich zu erwecken oder beobachten Sie sie beim Spielen und empfinden Sie es nach. Wenn Sie diese Erfahrungen in Ihren Phantasien und Visionen weiter vertiefen und auch später immer wieder Freundschaft und Kontakt zu Kindern pflegen, nähern Sie sich Ihrem Ziel sozusagen von zwei Seiten gleichzeitig – von »innen« und von »außen«. Das ist der beste und kürzeste Weg, gewünschte Wirkungskräfte mit der größtmöglichen Intensität zu füllen.

Wirkungskräfte, die wir einmal in der Außenwelt erlebt haben, können wir später jederzeit wieder über unsere Erinnerungen lebendig werden lassen. Falls wir solche Erinnerungen nicht haben, müssen wir eben Orte aufsuchen und Gelegenheiten nutzen, wo diese Wirkungskräfte vorhanden sind und gelebt werden, damit wir sie später erinnern können.

Gefühle, die wir uns wünschen, sind immer schon – wenn auch ungelebt – in uns vorhanden, und zwar in unserer Lebensabsicht und unserer entsprechenden Grundpersönlichkeit. Sonst hätten wir keine Sehnsucht nach ihnen. Wir brauchen sie nur wieder in uns zu reaktivieren und zu intensivieren und dann werden sie wieder zu einem natürlichen, selbstverständlichen und genussvollen Bestandteil unseres Lebens.

Was wir wahrnehmen können und wahrgenommen haben, vermögen wir auch aus der Erinnerung in uns zu erzeugen und gezielt durch äußere dazu passende Wirkungskräfte zu steigern. In den alten okkulten Lehren bezeichnete man diesen Prozess als Magie. Um seine Intensität zu erhöhen, bediente sich ein Magier zusätzlicher Hilfsmittel wie Musik, mystischer Tänze, Düfte oder verschiedener Rituale, die alle den Sinn hatten, seine Konzentration zu stärken und ihn zu öffnen für bestimmte Wirkungskräfte. Wenn die Wirkungskräfte in ihm stark genug waren, konnte er sie aus seinem Bewusstsein austreten lassen, um im Außen die gewünschte Veränderung zu bewirken. Magie ist eine komplizierte und vom jeweiligen Kulturkreis abhängige Methode. Aber auch in der Magie muss man eine Wirkungskraft kennen, bevor man sie wirklich in sich erzeugen und kraftvoll werden lassen kann. Die Fähigkeit der Wahrnehmung äußerer Wirkungskräfte unterstützt auch unsere Fähigkeit, sie in uns selbst zu erzeugen, zu intensivieren und auszurichten. Wenn wir uns für Wirkungskräfte klar entscheiden und sie bewusst in uns pflegen, dann strahlen sie von uns aus und wir werden wie ein Magnet entsprechende Dinge, Menschen und Energien in unser Leben ziehen. Je intensiver die Wirkungskräfte aufgebaut werden und je weniger wir unsere Wahrnehmung auf andere Dinge richten, desto weniger Zeit vergeht bis zu ihrer Manifestation. Die benötigte Zeit, um geistige Kräfte – innere Bilder, Gedanken und besonders Gefühle – wahr werden zu lassen, ist umgekehrt proportional zur Intensität unserer Wirkungskräfte, das heißt, je klarer und intensiver wir uns mit den gewählten Wirkungskräften beschäftigen, desto schneller ändert sich unser Leben.

Mit Wirkungskräften spielen

Die Fähigkeit, Wirkungskräfte beliebig wahrnehmen und deshalb auch in uns erzeugen zu können, unabhängig vom gegenwärtigen Umfeld und unabhängig von unserer Geschichte, ist der einzige Schlüssel zu wirklicher Freiheit in unserem Leben. In der nächsten Meditationsübung geht es um die Entwicklung dieser inneren Freiheit. Wir üben, in einem Zustand ausgedehnten Bewusstseins verschiedenste Wirkungskräfte intensiv zu empfinden, bis Sie diese später nach Belieben an- und ausschalten können.

Je besser Sie lernen, mit Wirkungskräften zu spielen, desto leichter werden Sie sie mit der Zeit verändern und nach Belieben hin und her tauschen können – und damit wird die Wahrscheinlichkeit, dass Sie eine bestimmte Wirkungskraft gepackt hält und Ihr Leben prägt, ohne dass Sie dies wünschen, immer kleiner. Häufige Wirkungskräfte, von denen sich die Menschen leicht packen lassen, sind Angst, Zweifel, Enttäuschung, Frustration, Wut oder Resignation, aber auch materielle Energien und Abhängigkeiten wie die von Geld und Besitz oder Partnerschaft. Nachdem Sie in der Lage sind, Ihre Wirkungskräfte klar und eindeutig aufzubauen und in Ihrer Phantasie zu intensivieren, werden Sie frei von dem lähmenden Einfluss solcher Energien. Sie werden mit der Zeit auch unabhängig, bestimmte äußere Wirkungskräfte finden zu müssen, um Ihre geistige Haltung und Ausrichtung zu unterstützen. Es wird auch nicht mehr so notwendig sein, Altes und Vergangenes aus Ihrem Leben zu entfernen und Neues hineinzubringen, um innerlich frei zu werden. Ein Meister seiner geistigen Wirkungskräfte braucht all das nicht, doch bis dahin ist es ein langer Weg.

MEDITATION – SPIEL DER WIRKUNGSKRÄFTE

(Bitte beginnen Sie mit der Einstimmung von Seite 163.)
Diese Energie hat die Kraft, deine Gedanken, deine inneren Bilder und deine Gefühle Wirklichkeit werden zu lassen, wenn du dies möchtest.

Jetzt sage ganz leise in Gedanken zu dir selbst und fühle, wenn du möchtest:

Ich kann mein Bewusstsein und das Feld meiner Wahrnehmung ausdehnen, weit über die Grenzen meines Körpers hinaus durch Raum und durch Zeit.

Ich kann Wirkungskräfte im Außen suchen und sie verstehen, und genauso kann ich in diesem Feld meiner ausgedehnten Wahrnehmung und meines erweiterten Bewusstseins Wirkungskräfte in mir erzeugen, sie intensiv und stark werden lassen und über sie meine Stimmung, meinen Körper, mein Umfeld und meine Lebenserfahrung gestalten.

Ich kann mich, mein Sein und mein Leben verstehen und lenken, indem ich meine inneren Wirkungskräfte wahrnehme und ausrichte – und ebenso die Wirkungskräfte, die mein Leben von außen bestimmen.

Jetzt atme langsam tief ein und aus.

Und dann lasse dein Bewusstsein und das Feld deiner Wahrnehmung größer werden. Mache es so groß wie einen Ballon.

Jetzt, in diesem Feld ausgedehnter Wahrnehmung und erweiterten Bewusstseins, gestalte in dir selbst Wirkungskräfte und lerne, leicht und verspielt damit umzugehen.

Zunächst spüre und erzeuge in dir die Wirkungskraft »leicht, weit und großzügig«.

Stelle dir Szenen vor, phantasiere, entwickle Bilder, die von Leichtigkeit, Weite und Großzügigkeit geprägt sind.

Leichte, weite, großzügige Bilder und Szenen.

Dehne dich aus, hinein in diese Weite.

Spüre, wie du dich durch den Raum bewegst.

Spüre, wie der Raum durch dich hindurchfließt.

Dehne dich aus, ganz weit.

Halte diesen Zustand der Weite und Ausdehnung. Beobachte, empfinde ihn. Dann ziehe dich wieder zurück.

Gehe durch den Raum zurück und lasse die Weite ein wenig schrumpfen.

Ziehe dich zurück, zurück in das normale Maß deiner Ausdehnung.

Und jetzt empfinde, wie dich eine liebende Energie berührt und dir ein Gefühl von Weite vermittelt und gleichzeitig von »Aufgehobensein«.

Eine liebende Energie berührt dich und gibt dir das Gefühl, ganz weit, aber auch aufgehoben und angenommen zu sein.

Die Energie lässt dich frei, macht dich weit und berührt dich liebevoll.

Jetzt denke an eine Pflanze. Betrachte sie in der gleichen Stimmung:

Gib ihr Freiheit, gib ihr Weite.

Gib dieser Pflanze diese Energie, diese Qualität, liebevoll angenommen zu sein.

Und jetzt spüre in dieser Pflanze die Lust am Sein.

Jetzt spüre in dieser Stimmung den Austausch dieser Pflanze mit anderen Pflanzen.

Spüre, wie die Wirkungskräfte hin- und herfließen.

Jetzt, in dieser Stimmung denke an eine Person, eine Person, die du unterstützen möchtest.

Lasse zu dieser Person die Energie der Weite, des liebevollen Angenommenseins und der Freiheit fließen.

Weite, Liebe, Freiheit.

Und spüre, spüre, wie diese Wirkungskräfte Angst und Enge auflösen und wie neue Ideen einkehren, wie das Prinzip der Wandlung sich zu zeigen beginnt.

Und jetzt denke an eine andere Person, die du kennst.

Denke an diese Person und dann spüre, wie ihr Körper durchströmt wird von ihrem Wesen, wie Lebenskraft und Wesenskraft durch diesen Körper fließen, ihn formen, ihn nutzen, aber nichts mit ihm zu tun haben.

Spüre, wie der Körper geformt wird von den Wesenskräften dieser Person – jede Kleinigkeit des Körpers.

Und dann löse dich, löse dich von diesen Wirkungskräften.

Ziehe dein Bewusstsein zurück, hinein in deinen Körper.

Und dann spüre deine rechte Hand.

Spüre dein Wesen, das sich in dieser rechten Hand zeigt und dort Form annimmt.

Löse dich von dieser Hand.

Und dann, tief im Kern deines Bewusstseins drücke, wenn du möchtest, die Absicht aus:

Ich öffne mich für den Fluss der Wirkungskräfte in mir, die aus meinem Wesen entspringen.

Begreife sie, wecke sie und nutze sie.

Ich bin. Ich bin ein Wesen, das wirkt.

Jetzt, ganz langsam, atme tief ein und aus.

Tief ein und aus.

Und dann komm zurück in deinen normalen Zustand der Wachheit.

Lassen Sie die Meditation wieder in sich wirken und versuchen Sie, die verschiedenen Wirkungskräfte nochmals zu empfinden.

Übungsmöglichkeiten im Alltag

Sie brauchen nicht immer einen Zustand der Meditation, um Wirkungskräfte zu spüren oder zu verinnerlichen. Auch im Alltag können Sie jederzeit und überall üben, sich der Wirkungskräfte um Sie herum und in Ihrem Inneren bewusst zu werden. Stimmen Sie sich dazu auf bestimmte Wirkungskräfte mit einfachen Fragen ein, öffnen Sie Ihr Wahrnehmungsfeld bewusst und beobachten Sie dann, was auf Ihre Gefühle wirkt und wie sie sich dabei verändern.

Stellen Sie sich dazu Fragen wie:

- Wie wirkt dieses oder jenes auf mich?

- Was verändert sich durch diese Wirkungskräfte in mir?

- Passen die Energien im Außen zu meinen inneren Energien – oder nicht?

Es müssen keine wichtigen Dinge sein, die Sie erspüren und in ihrer Wirkung verstehen wollen. Jedes Übungsobjekt ist geeignet, es kann das Geschirr in Ihrem Küchenschrank sein, Ihr

Partner neben Ihnen im Bett, alles, was Sie in Ihrem Kleiderschrank finden, Ihr Auto, das U-Bahngewimmel, das Fernseh-
programm, Farben, Formen. Architektur, Möbel, Pflanzen, Ge-
räusche, Speisen, Getränke, Schmuck, Musik usw. Seien Sie einfach hemmungslos neugierig und nutzen Sie alles, was Ihnen in
Ihrem Umfeld begegnet und dabei helfen kann, Wirkungskräfte
immer klarer und eindeutiger wahrzunehmen.

FRAGEN UND ANTWORTEN

Frage:
*Wie kann ich die innere Stimme am besten hören – auch
wenn ich gerade keine Zeit für die Meditation habe?*

Antwort:
Am einfachsten ist die Stimme zu hören, wenn Sie in Ihren
Gefühlen ganz still sind und sich nahe an der Schlafgrenze
bewegen – sich also in tiefer Entspannung befinden, wie
beim Einschlafen oder kurz nach dem Aufwachen. Tagsüber
lenken uns häufig Gedanken und Ideen ab, die sich im Trubel
des Alltags aufdrängen und uns kaum hören lassen, was unsere innere Stimme uns sagt. Auf unsere Fragen werden wir
dann auch kaum eine brauchbare Antwort bekommen, da
unser See der Gefühle nicht still und glatt, sondern unruhig
und aufgewühlt ist.

Frage:
*Kann man sich von Wirkungskräften abgrenzen oder sich vor
ihnen schützen?*

Antwort:
Grundsätzlich schon, wenn man eine starke eigene Kraft aufbaut. Aber das Abgrenzen kostet Energie, was wiederum die
Intensität der eigenen Wirkungskräfte verringert. Es ist viel
günstiger, dafür zu sorgen, dass man nur von solchen wirkenden Kräften umgeben ist, die einen in dem unterstützen, was
man will – und solche zu beseitigen, die dem entsprechen,

was man nicht will. Statt ein schönes Buch zu lesen inmitten eines hektischen McDonald-Lokales, wäre es sicher entspannender und Energie schonender unter einem Schatten spendenden Baum im Park. Natürlich kann ich die Hektik um mich herum ausblenden und konzentriert lesen. Aber es kostet mich Energie, und das muss nicht sein, wenn es so leicht zu verändern ist.

WACH UND UNABHÄNGIG BLEIBEN

Sie werden bemerkt haben, dass es in diesem Buch nicht darum geht, irgendwelche phantastischen übersinnlichen Phänomene zu entwickeln. Ziel ist es vielmehr, unsere Art der Wahrnehmung grundsätzlich zu verändern, um die Wirklichkeit aus einer neuen Perspektive betrachten zu können – und schließlich zu erkennen, dass das, was wir Realität nennen, in einer tieferen Weise erfahrbar und beobachtbar ist, als man dies normalerweise vermutet oder praktiziert.

Indem Sie Kräfte, welche die Wirklichkeit bestimmen, bewusster wahrnehmen, können Sie auch freier und bewusster mit ihnen umgehen. Ein Nebeneffekt dieses Prozesses wird sein, dass Sie Ihre Ängste verlieren. Denn Angst entsteht aus dem Gefühl der Machtlosigkeit und taucht immer dann auf, wenn wir nicht wissen, warum Dinge geschehen. Das wiederum hat häufig zur Folge, dass wir uns als Opfer der Umstände empfinden.

Je mehr wir aber beobachten, desto mehr spüren wir, welche Energien auf uns wirken, und desto mehr erkennen wir auch, welche Wirkungskräfte wir selbst erschaffen – durch unsere Gedanken und Gefühle sowie durch das, worauf wir unsere Aufmerksamkeit richten. In dem Maße, wie uns einerseits auffällt, welche Kräfte wir in uns erzeugen, und andererseits, welche Kräfte auf uns wirken, wächst unser Gefühl, selbst die Kontrolle über unser Leben sowie echte Entscheidungsfreiheit zu haben. Wir können entscheiden:

- welchen wirkenden Kräften wollen wir uns aussetzen und

- welche wirkenden Kräfte wollen wir in uns lebendig
werden lassen.

Diese Entscheidungsfreiheit lässt unsere Angst kleiner und
unseren Umgang mit dem Leben bewusster werden. Gleichzeitig werden wir toleranter, verständnisvoller und liebevoller
uns selbst und anderen gegenüber. Wir gewinnen an Freiheit
und Souveränität.

Wie am Anfang des Buches (Seite 55) beschrieben, befinden wir
uns derzeit mitten in einem Dimensionssprung und darum ist es
wichtiger denn je, unser Bewusstsein klar und selbstbewusst
auszurichten. Manipulative und meinungsbildende Faktoren
sind zu solchen Zeiten besonders groß. Auf der psychologi-
schen Ebene wird von vielen Seiten Druck auf uns ausgeübt –
über Autoritätspersonen in Politik und Wirtschaft und ebenso
auf dem technischen Sektor. Viele technische Neuerungen sind
darauf ausgerichtet, den Menschen ihren Freiraum zu nehmen
und sie in eine Richtung zu drängen, in die sie eigentlich gar
nicht wollen. Werbung und Medien tun das Ihrige, um uns ein-
zuflüstern, dass wir Dinge brauchen, die uns oft eher schaden
als nutzen.

Der einzig gangbare Weg, um sich diesem Druck zu entziehen und solche Bestrebungen zu neutralisieren, ist aus meiner
Sicht, selbstständig und wach zu bleiben. Wach sein heißt, sich
nicht auf seine Sinneswahrnehmung zu verlassen, denn auf dieser Ebene werden die manipulativen Illusionen erzeugt. Wachheit bedeutet, hinter den äußeren Schein zu blicken und die
wahre Motivation von Menschen und Strömungen wahrzunehmen: Was will die Wirtschaft, was will die Politik, was wollen
Technik und Wissenschaft?

Indem wir wach sind und hinter die oft trügerische Fassade
der Dinge blicken, werden wir unabhängig und frei. Unsere Bereitschaft, uns manipulieren zu lassen, sinkt – im Gegensatz zu
Menschen, die ihren Sinnesorganen vertrauen, sich in einer täglichen Routine verlieren und zulassen, dass Ihre Gefühle durch
Zeit- und Leistungsdruck beiseite geschoben werden.

Wir sollten daher anstreben, echte Freigeister zu werden und unsere Fähigkeiten anderen zur Verfügung zu stellen. Wir sollten als Vorbild dienen und Dinge in Frage stellen, andere mit unserer Wahrheit, mit unserer erweiterten Sicht der Wirklichkeit konfrontieren und – hoffentlich – zu inspirieren.

Entscheiden, was man wahrnehmen will

Der Weg der erweiterten Wahrnehmung hält viele spannende Entdeckungen bereit und verändert grundlegend unsere Art zu leben und unser Weltbild. Sie sollten aber unbedingt klären, welche Rolle die erweiterte Wahrnehmung in Ihrem Leben spielen soll – das heißt, welche Art und welches Maß an Informationen Sie wirklich haben möchten. Es ist nicht unbedingt nützlich und würde uns auch auf die Dauer überfordern, ständig einer Flut von Informationen und Eindrücken ausgesetzt zu sein, denen wir uns nicht mehr entziehen können. Daher sollten wir lernen, unsere Wahrnehmung gezielt ausrichten und auch begrenzen zu können.

Damit meine ich natürlich nicht, dass wir unsere Wahrnehmungsfähigkeit nicht weiter wachsen lassen sollen, aber wir sollten es kontrolliert tun. Die Ausdehnung des Bewusstseins und die Öffnung unserer Wahrnehmungsfelder bietet uns in immer größerem Maße die *Möglichkeit*, beliebige Informationen zu erhalten, sofern wir das wünschen. Wir sollten uns so oft wie möglich – am besten morgens und abends und das über Jahre hinweg – daran erinnern, dass Wahrnehmung nicht an der Grenze unseres Körpers endet, sondern dass wir weitaus mehr wahrnehmen können, als dies mit unseren Sinnen möglich ist, und ebenso sollten wir uns daran erinnern, dass das, was wir wahrnehmen, auch auf uns wirkt.

In der folgenden Meditation zur Steuerung unserer Wahrnehmungskräfte lernen wir beispielsweise zu entscheiden, was und wie viel wir von der Zukunft sehen möchten. In die Zukunft zu schauen ist nur für diejenigen sinnvoll, die eindeutig davon überzeugt sind, dass es kein unabwendbares zukünftiges Schicksal gibt, sondern dass man über die bewusste Wahl der inneren Wirkungskräfte selbst entscheidet, in welche Richtung sich die Dinge entwickeln werden. Aber selbst dann ist es keinesfalls selbstverständlich, dass man wirklich alles wissen will. Eine starke Wahrnehmung und größeres Wissen sollen uns nicht belasten, sondern unseren Umgang mit uns und dem Leben vereinfachen. Hier gilt es, uns klar dafür zu entscheiden, was uns interessiert und was nicht. Die Meditationsübung verfolgt noch einen weiteren Zweck: Indem wir unsere Wünsche bezüglich unserer Wahrnehmungsfähigkeit klären, bekommen wir auch neue Ideen, die uns motivieren können. Für eine gezielte Erweiterung der Wahrnehmungsfähigkeit ist es gut, eine starke Motivation zu haben. Motivation entsteht durch erstrebenswerte Visionen und deutliche Ziele. Wir müssen uns darüber im Klaren sein, was wir mit dieser erweiterten Wahrnehmung überhaupt anfangen möchten – wie könnte sie sich auf uns selbst und auf unsere Art und Weise, mit dem Leben umzugehen, auswirken?

MEDITATION – WAHRNEHMUNG
GEZIELT AUSRICHTEN

(Beginnen Sie bitte mit der Einstimmung von Seite 163.)
Atme langsam tief ein und aus und dann sage leise in Gedanken zu dir selbst und empfinde, wenn du möchtest: Ich möchte meine Wahrnehmung erweitern über die Grenzen meines Körpers hinaus.
Ich möchte die Wirkungskräfte spüren und begreifen, die diese Wirklichkeit bestimmen.
Ich möchte spüren, was in mir nach außen wirkt und welche äußeren Kräfte auf mich wirken.
Atme langsam tief ein und aus.
Und jetzt, für dich selbst, entscheide und fühle: Wie soll sich meine erweiterte Wahrnehmung in meinem Leben auswirken?
Was will ich spüren? Was will ich sehen? Was will ich hören und begreifen?
Was will ich von den Menschen verstehen? Ist es ihre Vergangenheit, die mich interessiert? Ist es die Motivation

hinter den Dingen, die sie tun? Ihre Sehnsüchte? Ihre Möglichkeiten? Ihre Gedanken? Ihr körperlicher Zustand? Ihre vergangenen Leben? Oder sind es die Farben ihrer Aura?

Dann frage dich: Wie will ich meine eigenen Wirkungskräfte spüren, jene Kräfte, die ich ausstrahle, die mein Leben beeinflussen und mein Schicksal?

Auf welche Weise will ich diese Kräfte spüren?

Wie stark will ich mir ihrer bewusst sein?

Dann frage dich in Bezug auf deinen Körper: Wie will ich spüren, was er braucht – was er essen möchte und wie viel? Was er trinken möchte? Welches Umfeld er sucht? Und welche Behandlung er sich wünscht?

Auf welche Weise möchte ich all dies spüren?

Atme langsam tief ein und aus.

Jetzt frage dich: Was möchte ich wissen und spüren über die Welt?

Wie viel möchte ich spüren von dem, was in ihr vorgeht – in der Politik, in der Wirtschaft oder in der Wissenschaft?

Was möchte ich spüren von dieser Welt?

Dann frage dich: Wie stark möchte ich meine eigene Zukunft spüren?

Die nahe und die ferne Zukunft?

Auf welche Weise und wann, bei welchem Anlass möchte ich sie spüren?

Und dann frage dich: Wie möchte ich die Zukunft der Welt spüren?

Was will ich dabei wissen und wann will ich es wissen?

Atme langsam tief ein und aus.

Und jetzt frage dich: Welchen bewussten Kontakt möchte ich haben mit geistigen Freunden und Helfern?

Atme langsam tief ein und aus.

Und dann frage dich: Wie soll meine erweiterte Wahrnehmungsfähigkeit mein Leben beeinflussen?

Was soll sich damit verändern? Was soll sich dadurch entwickeln?

Und dann frage dich: Welche Art der Wahrnehmung möchte ich üben? Und was möchte ich überhaupt wahrnehmen, weil es mir gefällt und mich interessiert?

Atme langsam tief ein und aus.

Und dann sage noch einmal leise in Gedanken zu dir selbst, wenn du möchtest: Ich möchte meine Wahrnehmung erweitern, mehr und mehr, und die erweiterte Wahrnehmung nutzen für eine leichte, gezielte, phantasievolle Gestaltung meines Lebens.

Ich möchte darauf achten, meinen Gefühlen Raum zu geben.

Ich möchte meinen Gefühlen Raum geben, um die Wirklichkeit wahrzunehmen und sie frei zu gestalten.

Atme weiter tief ein und aus.

Öffne nun langsam die Augen.

Lassen Sie Ihre Antworten in sich wirken und bleiben Sie ruhig. Fragen Sie sich: Was würde sich in mir und meinem Leben verändern, wenn das, was ich in der Meditation wahrgenommen, gefühlt und entschieden habe, wahr wird?

Intensiv und lebendig leben

Je mehr sich unsere Wahrnehmung erweitert und wir die feineren Aspekte der Wirklichkeit erfassen, desto mehr wird dies auf verschiedenen Ebenen unseres Lebens neue Prozesse in Gang setzen. Intensität wird beispielsweise zu einer Qualität, die uns immer wichtiger wird, während unser Bedürfnis nach Sicherheit eher abnimmt. Wir beginnen, unser Leben so zu gestalten, dass es möglichst intensiv und lebendig ist, eventuelle Risiken werden uns dabei relativ gleichgültig. Je mehr wir auf unsere innere Stimme hören und ihr folgen, desto mehr Vertrauen entwickeln wir und desto mehr verlieren wir unsere Angst. Wir werden frecher und spontaner; unser Respekt gegenüber autoritären Strukturen oder Personen lässt nach, und irgendwann ist der Zeitpunkt gekommen, an dem wir nur noch Achtung vor dem Sein haben.

In dieser Entwicklung wird ein größeres Ordnungssystem erkennbar. Wir erkennen, durch welche Kräfte was und wer beeinflusst wird. Wir können aus einer gewissen Distanz, ohne gefühlsmäßige Verwicklung, zuschauen und wertfrei beobachten, wie und warum Dinge passieren. Ein innerer Prozess kommt in Gang, in dessen Verlauf wir uns innerlich und äußerlich zunehmend freier fühlen und es auch sein werden.

Wer einen Geschmack davon bekommen hat, was es heißt, sich aus alten und neuen Verwicklungen zu befreien und seine Wahrnehmungsfähigkeit zu erweitern, der wird nicht mehr in die üblichen Wahrnehmungs- und Verhaltensmuster zurückfallen wollen und auch nicht können. Wer einmal frei war, der kann nicht wieder abhängig und ignorant werden. Wer einmal angefangen hat, diesen Weg zu gehen, der wird weiter vorwärtsschreiten. Vieles wird dabei zurückgelassen, zum Beispiel die gewohnten Sicherheiten. Aber dafür wird Neues kommen, das den eigenen Sehnsüchten entspricht und uns zu unserem natürlichen Lebensstil und Lebensziel führen wird.

Wenn wir nicht mehr verwickelt sind und frei wahrnehmen können, dann sind wir auch in der Lage, äußere Wirkungskräfte bewusst zu wählen und sie in uns zu erzeugen und gezielt einzusetzen. Wir fragen dann nicht mehr: »Was *wird* die Zukunft bringen?«, sondern »Was *soll* die Zukunft bringen?«.

Clubmitglieder treffen

In unserem Bestreben, unseren Gefühlen und unserer Wahrnehmung wieder Raum zu geben, sind wir Mitglieder eines »Clubs« geworden: Menschen, die sich aus der Bewusst(seins)-losigkeit herauslösen und eine größere Wahrnehmungsebene einnehmen möchten und die im Leben wieder Platz schaffen wollen für viel Gefühl und Menschlichkeit. Diese Absicht, diese geistige Haltung wird sich stärker und stärker in unserer Aura verankern und dort auch wahrnehmbar sein wie ein Clubabzeichen. Dort erstrahlt unsere Absicht, Freiheit und Liebe leben und schenken zu wollen – uns selbst und anderen. Aus diesem

Grund werden wir auch immer mehr Menschen anziehen, die uns dabei helfen werden, diese Absicht umzusetzen. Auch sie sind gewissermaßen vom Club, einem geistigen Club von Lehrern, Helfern und Freunden.

Und nicht nur in unserer physischen Wirklichkeit gibt es diese Clubmitglieder. Auf anderen Wirklichkeitebenen existieren geistige Wesen ohne Körper, die ebenfalls diese Ideen in sich tragen und fördern, und auch solche ziehen wir an.

Geistige Freunde und Helfer

Inzwischen sind Sie mit der Vorstellung vertraut, dass es verschiedene Wirklichkeitsebenen gibt, verschiedene Dimensionen, die ineinandergreifen. Solange wir nur in der sinnlich wahrnehmbaren Wirklichkeit leben, glauben wir zwar, uns ausschließlich in dieser räumlich-zeitlichen Dimension zu leben, aber tatsächlich reist unser Bewusstsein ständig durch andere Dimensionen und macht dort Erfahrungen, die uns verändern. In jeder Nacht unternehmen wir bewusst mit unserem Ich solche Reisen, aber wir erinnern uns nach dem Aufwachen nur selten daran. Wir tauschen uns nächtlich mit geistigen Wesen, Lehrern, Freunden und Helfern auf anderen Ebenen aus, die uns bei der Entfaltung unseres Bewusstseins und beim Weiterkommen auf unserem Lebensweg helfen. Hat sich unsere Fähigkeit der außersinnlichen Wahrnehmung weiter entwickelt, werden wir uns auch mehr und mehr erinnern und sogar allmählich unser Wahrnehmungsfeld bewusst in diese anderen Dimensionen hineingreifen lassen können, die wir normalerweise im Wachzustand ausblenden. Der Kontakt mit geistigen Freunden und Helfern findet ständig unabhängig von unserer Erinnerung statt und hat auch immer stattgefunden. Nur wir spüren bewusst nichts davon, weil unsere Wahrnehmungskanäle noch nicht geöffnet waren.

Viele dieser geistigen Wesen haben es sich zur Aufgabe gemacht, anderen, die einen kleineren Überblick haben als sie selbst und noch völlig verstrickt sind in Gefühlen und Wertvorstellungen, aus diesen Verstrickungen herauszuhelfen und sie in die Freiheit zu führen. Sie nehmen uns auf unserem Entwicklungsweg als mögliche Mitarbeiter für ihre Aufgabe wahr und versuchen, über Träume, über den Kanal des dritten Auges und über unsere Intuition oder auch gezielt über äußere Wirkungskräfte unterschiedlichster Art unsere Entfaltung weiter voranzutreiben und uns bereit zu machen, auch andere Menschen zu inspirieren. In unserer gesteigerten Wahrnehmung öffnen wir uns immer mehr für solche bewussten Kontakte zu geistigen Lehrern und Helfern.

In einer Art »überdimensionaler« Hierarchie stehen diese selbst mit übergeordneten Lehrern und Helfern in Verbindung, denen wiederum Lehrer und Helfer übergeordnet sind und so fort. In jeder Dimension gibt es also eine große Anzahl von Wesen, die es sich zur Aufgabe gemacht haben, anderen hilfreich zur Seite zu stehen und deren Entwicklung und Entfaltung zu fördern.

Sind wir einmal mit unseren geistigen Freunden in Kontakt, so können sich in unserem Leben und im Austausch mit anderen Menschen merkwürdige, ja fast magische Dinge zutragen. Vielleicht kommen bestimmte Personen in unser Umfeld, die vorher überhaupt nicht auftauchen konnten, Menschen, die beispielsweise Rat, Hilfe oder Impulse in unterschiedlichster Form suchen und von uns auch erhalten. Vielleicht, ohne dass wir uns intensiver mit ihnen befassen, lassen wir beiläufig eine Bemerkung fallen, die sie tief berührt. Scheinbar zufällig hat diese kleine Bemerkung Großes in ihnen bewirkt, aber natürlich war dies kein wirklicher Zufall, sondern wir selbst waren inspiriert durch den Kontakt mit anderen Dimensionen und Wesen, die jetzt versuchen, nicht nur unsere Entwicklung voranzutreiben, sondern auch andere Menschen daran teilhaben zu lassen.

Je weiter Sie diesen Wahrnehmungsweg gehen, desto deutlicher wird in Ihrer Aura zu lesen sein: »Ich bin auf dem Weg in die Freiheit«. Deshalb werden Sie von Menschen gesucht, die ebenfalls frei sein wollen.

Die folgende Meditation wird Ihnen helfen, Ihre Zukunft bewusst zu gestalten, im Einklang und mit Unterstützung der Wesen und Energien, die es sich zur Aufgabe gemacht haben, den

Menschen hilfreich zur Seite zu stehen, und die – falls Sie dies möchten – zu einer Zusammenarbeit bereit sind.

MEDITATION – GEMEINSAM IN DIE FREIHEIT GEHEN

(Beginnen Sie bitte mit der Einstimmung von Seite 163.)

Dann sage leise in Gedanken zu dir selbst und fühle, wenn du möchtest: Ich erweitere meine Wahrnehmung über die Grenzen meines Körpers hinaus und nehme die feinen Wirkungskräfte wahr, die diese Wirklichkeit bestimmen.

Ich spüre, was zu mir passt, zu mir gehört und mir Energie gibt.

Ich spüre, was zu anderen Menschen passt, zu ihnen gehört und ihnen Energie gibt.

Ich möchte meine erweiterte Wahrnehmung benutzen, um meine ursprüngliche Absicht für dieses Leben zu erfüllen. Und ich möchte sie anderen Menschen in meinem Umfeld zur Verfügung stellen und auch ihnen helfen auf ihrem Weg zu sich selbst.

Atme langsam tief ein und aus.

Und jetzt öffne dich für die Wirkungskräfte aus deiner Zukunft.

Wohin ziehen dich diese Kräfte?

Was wird sich im nächsten Jahr wandeln in diesen Energien, wenn du ihnen Raum lässt?

Welche Menschen werden dir dabei behilflich sein? Und in welcher Form?

Was wird die nächste Phase deiner Entwicklung sein? Die nächste Entfaltungsphase?

In dieser Entwicklungsphase, welche Wirkung wirst du da auf andere Menschen haben?

Welche geistigen Freunde, Helfer, Lehrer stehen dir zur Seite?

Welchen Einfluss haben sie auf dich?

Wobei sind sie dir behilflich?

Was geben sie dir?

Jetzt höre hin, welche Absicht und Botschaft sie dir geben wollen. Jetzt, in diesem Moment, denn sie haben auf dich gewartet.

Sie sind in dir, in deinem Herzen. Spüre sie und höre sie.

Spüre sie in deinem Herzen, du bist ein Teil von ihnen.

Jetzt bitte diese Wesen für die Welt, für die Menschen. Bitte sie darum, dich an die richtige Stelle zu führen, um deine Aufgaben so gut zu lösen, wie es deiner Absicht entspricht.

Bitte sie, dir zu helfen, all deine Möglichkeiten zu entfalten und zu nutzen für diesen Auftrag.

Wir sind zusammengekommen mit diesen Wesen, weil wir alle das Sein und das Leben lieben und in seiner Entfaltung unterstützen wollen.

Wir sind ein Teil dieser Absicht. Wir sind hier aus Freude am Sein.

Lass diese Wesen und ihre Energie in deinen Körper fließen, in jede Zelle, während du langsam ein- und ausatmest.

Jetzt bitte diese Energie um Heilung in allen Bereichen deiner Existenz.

Und dann schicke diese Heilung weiter an alle Menschen, die du kennst, die dir vertraut sind.

Lass diese Heilung ihren Weg finden.

Und jetzt lass zu, dass du den Magnetismus bekommst, der die Menschen anzieht in deiner Nähe, denen du helfen kannst auf ihrem Weg.

Lasse zu, dass sich dieser Magnetismus formt in deinem Wesen, in deinem Körper und ebenso die Kraft zur Heilung – jetzt.

Und jetzt lasse dich segnen für diesen Weg von diesen geistigen Wesen.

Atme langsam tief ein und aus.

Tief ein und aus und bleibe noch etwas still.

Diese Energie bleibt in dir lebendig. Du kannst dich jederzeit an sie erinnern und sie aktivieren, wenn du sie suchst auf deinem Weg.

Atme langsam tief ein und aus und komme zurück in diesen Raum.

Jetzt lassen Sie alle Ihre Eindrücke, Empfindungen und die empfangene Inspiration noch eine Weile in sich wirken. Welchen Einfluss hat all dieses auf Ihre Sicht über Sie selbst, über Ihr Leben?

Die Melodie der Seele

Benutzen Sie Ihre zunehmende Wahrnehmungsfähigkeit dazu herauszufinden, welche Wirkungskräfte in Ihrer Seele klingen. Das ist die wichtigste Aufgabe in Ihrem Leben. Wer und wie sind Sie und was wollen Sie in diesem Leben? Warum sind Sie in dieses Leben getreten, was sagt Ihnen Ihre innere Stimme? Welches ist Ihre ureigene innere Melodie? Sie zu entdecken und zu entfalten und in der Folge möglichst nur noch passende Wirkungskräfte in der Außenwelt anzuziehen, damit das Leben zu gestalten und nur darin zu leben, ist wohl das befriedigendste und befreiendste Unterfangen unseres Lebens.

Mit diesem Ziel sollten Sie sich regelmäßig beschäftigen – abends beim Einschlafen, morgens beim Aufwachen und auch immer wieder zwischendurch, wenn Sie gerade ein paar Minuten Muße haben und einfach nur still die Fragen in sich bewegen können: Mit welcher Stimmung will ich dieses Leben meistern? Welche Gefühle sollen mich begleiten? Wo finde ich diese?

In dem Moment, wo wir in der Lage sind, nach unserer inneren Melodie zu leben und all unsere Wahrnehmung, alle unsere Wirkungskräfte daraufhin auszurichten, werden wir auch entsprechende Umstände und passende Menschen anziehen, die uns dabei unterstützen, intensiv, glücklich, gesund und vor allem sinnvoll zu leben.

Ganz neue Dinge werden passieren, die wir uns vor einiger Zeit noch nicht einmal hätten vorstellen können und die natürlich auch nicht möglich gewesen wären, da wir von unserer Geschichte bestimmt wurden und nicht von der wahren Melodie unserer Seele, von der wir vielleicht nicht einmal wussten, dass es sie überhaupt gibt.

Die Liebe zum Sein

In der Regel wird das Finden und Pflegen unserer inneren Melodie von der Außenwelt nicht gefördert. Das Geschick dieser Welt wird vielmehr von Kräften gesteuert, die alles andere als Wahrheit, Liebe und Freiheit im Sinn haben. Umso mehr sollten wir selbst uns von der Liebe zum Sein tragen lassen. Lassen wir uns selbst und andere so sein, wie wir/sie sind. Das ist das Urgeheimnis aller Geheimnisse. Das ist Liebe.

Mit dieser inneren Haltung können wir Hierarchien und Machtstrukturen dieser Welt sein lassen und uns gleichzeitig auf unsere eigene innere Melodie besinnen. Äußerer Druck kann uns nicht mehr schrecken und Ängste verlieren die Macht über uns. Wenn wir in der Lage sind, bei uns zu bleiben und unser Lebensziel, unsere ureigene Absicht, nicht aus den Augen zu verlieren, dann wird sich auch unsere Zukunft demgemäß entfalten – unabhängig von den gegenwärtigen äußeren Umständen.

In der abschließenden Meditation werden Sie Ihre innere Melodie – Ihre individuellen Wirkungskräfte – erleben und sie in Ihre Zukunft schicken können, damit sie dort für Sie wirken.

MEDITATION – WIRKUNGSKRÄFTE IN DIE ZUKUNFT SCHICKEN

(Beginnen Sie mit der Einstimmung von Seite 163.)
Atme langsam tief ein und aus und sage dann leise in Gedanken zu dir selbst und empfinde, wenn du möchtest: Meine Wahrnehmung, mein Bewusstsein dehnt sich aus, über die Grenzen meines Körpers hinaus, durch den Raum und durch die Zeit – auch in andere Dimensionen des Seins.

In diesem ausgedehnten Zustand kann ich die wirkenden Kräfte wahrnehmen, die meine Wirklichkeit und jede Wirklichkeit gestalten.
Und indem ich sie wahrnehme, kann ich sie lenken.
Atme langsam tief ein und aus.
Und jetzt stelle dir vor, du wirst größer. Du dehnst deine Wahrnehmung und dein Bewusstsein über diesen Raum hinaus aus, wirst immer größer.
Du dehnst dich aus, weit in den Raum hinein.
Und jetzt beginnst du dich zu öffnen für andere Dimensionen der Zeit.
In dieser Ausdehnung frage dich: Was wird die nahe Zukunft bringen für die Menschen und die Welt?
Was gibt es zu tun für dich in dieser Zukunft und welche Rolle spielen die Hüter und Wächter des schöpferischen Prinzips für dich und in deinem Leben?
Und jetzt bitte die Wächter des Seins um die Zukunft der Welt, die du für sie wünschst.
Und jetzt frage dich: Welche Stimmung ist es, die mich das nächste Jahr begleiten soll – die gut für mich selbst ist und gut für die Welt?
Und jetzt atme langsam tief ein und aus.
Behalte diese Stimmung in deinem Bewusstsein und öffne langsam die Augen.

Bleiben Sie noch etwas ruhig und lassen Sie alles in sich wirken, nehmen Sie es in Ihrem Bewusstsein auf und in Ihrem Körpergefühl.

Fragen und Antworten

Frage:
Je mehr sich meine Wahrnehmung steigert, desto mehr erfasse ich, was andere Menschen bewegt. Doch wenn ich dann Andeutungen mache und beginne, von meiner Wahrnehmung zu erzählen, kommt oft gar keine Reaktion oder sogar eine negative. Wie soll ich damit umgehen?

Antwort:

Wenn sich unsere Wahrnehmung langsam steigert, wächst oft der Drang, anderen Menschen etwas darüber mitzuteilen. Aber oft ist das überhaupt nicht erwünscht. Damit umzugehen ist zunächst nicht ganz einfach, weil das Bedürfnis, die wahrgenommenen Informationen – die man ja für wichtig hält – unbedingt weitergeben zu müssen, fast unerträglich stark sein mag. Trotzdem muss man mit der Zeit lernen, anderen nur dann etwas zu sagen, wenn sie es auch wirklich möchten. Wir sollten lernen, den Freiraum des anderen immer mehr zu achten und zu wahren.

Frage:

Sich von Energien – beispielsweise Umständen oder Menschen – zu distanzieren, die man nicht mehr will und solche in sein Leben zu ziehen, die einem mehr entsprechen, das ist eine schöne Sache. Aber ist es nicht auch eine Flucht?

Antwort:

Von etwas wegzugehen, das uns Schwierigkeiten bereitet, ohne die Erkenntnis, warum wir es überhaupt angezogen haben, ist Flucht. Aber wegzugehen, nachdem man verstanden hat, was man damit zu tun und mit welchen Wirkungskräften man es angezogen hat, bringt einen voran – in eine neue Richtung, hin zu neuen passenden Energien.

Andererseits kann es aber auch vorkommen, dass allein die Erkenntnis, warum uns diese bestimmte Energie begegnet, eine solch ausreichende Veränderung in uns bewirkt, dass wir gar nicht mehr weggehen müssen.

Unabhängig von dem Erkenntnisprozess, den wir verfolgen, sollten wir, wenn uns etwas stört, uns fragen, ob es im Toleranzbereich liegt. Wenn ja, können wir es einfach ausblenden und ihm keine Energie mehr geben, da wir es ohnehin nicht ändern wollen. Ist es jedoch nicht tolerierbar, dann müssen wir die Ursache des Problems erkennen und es dann verändern beziehungsweise lösen. Lässt es sich nicht ändern, gibt es keinen anderen Weg als wegzugehen, sonst wird es zu einem ständigen Energiefresser.

Ausklang

Begleitworte für Ihren Übungsweg

Viel Theorie, wenig Übung, so werden Sie vielleicht denken, nachdem Sie sich nun gründlich mit allem auseinandergesetzt haben, was ich Ihnen erklärt und als Übung vorgeschlagen habe. Das stimmt, aber es hat seine Gründe!

Erinnern Sie sich: Paranormale Wahrnehmungsfähigkeiten sind natürliche Fähigkeiten unseres Bewusstseins, die wir lediglich erinnern müssen, aber nicht neu erlernen. Wie erinnere ich mich am einfachsten? Indem man mir davon erzählt!

Ich weiß aus meiner Erfahrung mit meinen vielen Seminarteilnehmern, dass nur das Hören über Bewusstsein, Wirkungskräfte und Wahrnehmung bereits den Erinnerungsprozess und damit die innere Bereitschaft für diese größere Dimension der Wahrnehmung aktiviert und in Gang setzt. Noch viel mehr ist dies der Fall, wenn Sie über viele Tage hinweg immer wieder davon hören, wie dies beim Lesen dieses Buches ja geschieht – besonders, wenn Sie jeden Abend ein bis zwei Seiten direkt vor dem Einschlafen lesen. Sie werden sich erinnern und die Erinnerung mit in den Traum nehmen. Ihr Bewusstsein wird sich öffnen. Was Sie gelesen haben, wird sich in Ihren Träumen verteilen und Sie werden es erfahren.

Natürlich ist es auch wichtig zu üben, aber zunächst muss die innere Bereitschaft geweckt werden, das Bewusstsein für diese Wahrnehmungsweise überhaupt wieder öffnen zu wollen. Das wird wie von selbst beim Lesen dieses Buches geschehen, vor allem, wenn Sie öfter und abends darin lesen.

Alle meditativen Übungen im Buch verfolgen den gleichen Zweck. In tiefer Entspannung öffnen sie den See Ihrer Gefühle, lassen ihn still und aufnahmebereit werden, und Sie spüren mit

Ihren Gefühlen auf eine Weise, wie Sie das sonst selten oder nie tun.

Am besten lesen Sie die Texte oft und verbinden sie schon beim Lesen mit Ihren Gefühlen, damit Sie den Inhalt auch in tiefer Entspannung noch erinnern und vor allem spüren können.

Wie schon erwähnt, kann es aber auch hilfreich sein, den Text vorher auf Tonband zu sprechen und während Ihrer Meditation abzuspielen, damit Sie tief entspannt einfach zuhören können, ohne nachdenken oder sich aktiv erinnern zu müssen. Sprechen Sie beim Aufnehmen des Textes langsam und lassen Sie genügend Zeit zwischen den einzelnen Inhaltspassagen, damit Sie während der Meditation auch genügend Zeit haben, etwas zu empfinden.

Schön ist es auch, wenn Sie mit einem Freund oder Partner üben und sich die Meditation abwechselnd vorlesen können, während Sie in tiefer Entspannung bleiben und sich einfach auf das Gesagte einstimmen können.

Die Intensität und der Übungserfolg bei den vorgeschlagenen Meditationen wird schwanken. Das ist normal und sollte kein Anlass für Panik oder Ärger sein. Sie sind in Ihren Gefühlen selten ständig ausgeglichen, und Sie wissen ja: Der See unserer Gefühle muss still sein, um klar Wirkungskräfte wahrnehmen oder kraftvoll erzeugen und ausschicken zu können.

Alle Übungen, auch die Meditationsübungen, sollten Sie nur machen, wenn Sie wirklich Lust dazu haben und motiviert sind. Sie arbeiten mit dem See Ihrer Gefühle, und der lässt sich ungern drangsalieren.

Haben Sie Spaß beim Üben, machen Sie sich lustig über Fehler und nehmen Sie die ganze Angelegenheit nicht zu ernst! Leistungsdenken, Disziplin und Zeitstruktur sind überhaupt nicht förderlich für den Übungserfolg – und ohnehin für unsere allgemeine Lebensqualität nicht zuträglich.

Bitte nehmen Sie sich nochmals zu Herzen, dass Ihre Gefühle, der bewusste und freie Umgang mit Ihren Gefühlen, das Geheimnis für den Erfolg beim Üben und überhaupt in Ihrem Leben darstellen. Schaffen Sie wieder Raum für Gefühle. Gefühle brauchen Zeit. Interessanterweise findet sich auch leicht Zeit, wenn wir uns mit relativ unseriösen Dingen beschäftigen wollen, die vielleicht einfach nur Vergnügen bereiten. Genießen und Sichfreuen bringt Gefühle in Fahrt und sensibilisiert unseren Gefühlssee. Kontrollieren und überprüfen Sie sich nicht dauernd beim Üben. Skepsis und Zweifel sind absolut fehl am Platze, wenn Sie vorankommen wollen. Vertrauen Sie, unterstellen Sie immer das Beste, und lassen Sie Ihrer Neugier freien Lauf. Das nährt Ihre Gefühle und wird sie zu kraftvollen Werkzeugen machen für den bewussten Umgang mit Wirkungskräften.

Die bereits erwähnten Übungskassetten mit der speziell dazu entwickelten Tontechnik sind ebenfalls sehr hilfreiche Werkzeuge, um den Zugang zu den Gefühlen im Unterbewusstsein und den kontrollierten Umgang mit Wirkungskräften zu erleichtern (genauere Beschreibung im Anhang dieses Buches).

Alles in allem ist dieses Buch nicht eigentlich als Übungsbuch gedacht, sondern eher als Grundlagenbuch über paranormale Wahrnehmung, ihre Funktionsweise und die enge Verknüpfung der bewussten und erfolgreichen Gestaltung unseres Lebens mit einer ganzheitlichen Wahrnehmung. Im nächsten Abschnitt erhalten Sie trotzdem noch einige zusätzliche Übungsanregungen, die Ihnen helfen werden, eigenständig und mit viel Phantasie noch unendlich viele mehr dazu zu entwickeln.

Viel Spaß beim Üben wünsche ich Ihnen schon jetzt, und viel Glück und Erfolg bei der Umsetzung von allem, was Sie gelernt haben und lernen werden – bei der Erweiterung Ihrer Wahrnehmung und Ihres Bewusstseins, beim Finden Ihrer Lebensabsicht und Ihrer inneren Melodie und vor allem bei einem Leben in Liebe, Freiheit und Freude.

Ihr Harald Wessbecher

Zusätzliche Wahrnehmungsübungen für den Alltag

Bitte erinnern Sie sich immer daran: Alle Übungen zur Erweiterung Ihrer paranormalen Wahrnehmung werden umso besser funktionieren, je leichter und spielerischer Sie damit am Anfang umgehen. Seriöser werden Sie mit zunehmender Übung von selbst werden.

Ich möchte Ihnen zunächst einige Vorschläge machen, mit welcher Art von Fragen Sie nach der gewohnten Einstimmung den Informationsfluss in Gang bringen können. Nehmen wir an, Sie stimmen sich über ein Foto, z. B. ein Portrait, auf eine Person ein. Nach einer allgemeinen Einordnung mit der auf Seite 100 ff. angegebenen Fragetechnik in Kopf- oder Gefühlstyp können Sie die Informationstiefe mit Detailfragen verbessern.

Mehr allgemeine Fragen zur Persönlichkeit und zum Wesen:

- Was ist diesem Menschen wichtig in seinem Leben?

- Worüber hat er sich bis jetzt am meisten gefreut und was würde ihn in Zukunft stark begeistern?

- Liebt er eher kraftvolle, deutliche Energien in seinem Umfeld, oder zieht er feine, sanfte Energien vor?

- Welche Farben mag er, kontrastreich oder Ton in Ton, hell oder dunkel?

- Ist er ein unternehmerischer Typ, selbstständig, ideenreich, mit Mut zum Risiko, oder liebt er Sicherheit, Beständigkeit und arbeitet lieber in einem begrenzten, sehr überschaubaren Rahmen (z.B. als Angestellter oder Beamter)?

- Lebt er am liebsten eigenständig als Freigeist ohne größere Verbindlichkeiten, oder ist er anpassungsfähig, sucht Anlehnung an Menschen und Strukturen?

- Erscheint er zuverlässig, oder lebt er sprunghaft?

- Legt er Wert auf Kleidung, oder hat er keinen Bezug dazu?

- Wie ist sein Verhältnis zu seinem Elternhaus, hat es sich in der Vergangenheit stark verändert?

- Ist er ein Familientyp, will er eigene Kinder?

- Was könnten seine Ziele sein im Leben, die es für ihn sinnvoll machen?

- Wie wäre sein natürlicher Lebensstil, und wie lebt er tatsächlich?

- Welche Menschen sprechen ihn als Vorbilder an, welche Länder und Kulturen?

- Schätzt er Gemütlichkeit und ein vertrautes Zuhause, oder ruht er völlig in sich und ist überall zu Hause, oder ist er zu aktiv, um Gemütlichkeit wirklich erstrebenswert zu finden?

- Sind ihm materielle Werte, Besitz, Geld oder auch Erfolg als solcher wichtig, oder sucht er seine Befriedigung eher in zwischenmenschlichen Beziehungen oder vielleicht auch geistigen Ideen?

- Liebt er sein vertrautes Heim oder seinen gewohnten Urlaubsort, oder liebt er Flexibilität und zieht gerne um und sucht immer wieder andere Orte auf im Urlaub?

- Hat er Sinn für Ästhetik und schöne Details, oder sucht er hauptsächlich nach Funktionalität?

- Ist er offen, direkt und kommunikativ oder eher verschlossen, vage und zurückhaltend anderen Menschen gegenüber?

- Hat er romantische Vorlieben, oder ist er sachlich?

- Ist er phantasiereich und kreativ oder eher sachlich und konkret?

Konkretere Fragen zu äußeren Details und Eigenheiten des persönlichen Umfeldes:

- Würde er lieber am Meer oder in den Bergen Urlaub machen, oder braucht er beides?

- Welche Küche mag er am liebsten, – italienische, französische, deutsche, indische, chinesische, thailändische, mexikanische und so fort?

- Fühlt er sich eher in einer klar gegliederten, übersichtlichen Wohnung/Haus wohl, oder mag er es verspielt, verschachtelt, unübersichtlich?

- Liebt er moderne Möbel, klar und kühl, oder antikes oder verspieltes Mobiliar?

- Lebt er lieber in einer Stadt oder am Stadtrand oder auf dem Lande, eher unten in einem Haus oder in der Mitte oder im Dachgeschoss?

- Liebt er kleine Räume, mäßig beleuchtet, und sucht er dort nach einer höhlenartigen Geborgenheit wie vielleicht im Mutterleib, oder schätzt er helle, große und lichtdurchflutete Räume, die Freiheit und Großzügigkeit ausstrahlen?

- Zieht es ihn beruflich zur Technik, zur Kunst, zur Natur, zu Tieren, zu Menschen?

- Lebt er eher leistungsbezogen oder mehr für Lebensqualität?

- Lebt er gerne routiniert und bleibt in seiner Komfortzone, oder sucht er nach Abwechslung, Herausforderung und sucht gierig das Neue (ist also neugierig)?

Man könnte natürlich noch seitenweise Fragen anführen, aber ich glaube, dass Sie mit den obigen Fragen schon ausreichend

Anregungen finden, um sich weiter neue Fragen und Themen auszudenken, auf die Sie Ihre Wahrnehmung ausrichten können.

Für meine Seminarteilnehmer ist es meist zu Beginn einfacher, Fragen zu beantworten, die sich mit der Persönlichkeit oder mit emotionalen Qualitäten einer Person beschäftigen, und erst danach die Wahrnehmung auf konkrete Details im Leben zu richten. Vielleicht steckt dahinter die Angst, falsche Informationen könnten allzu deutlich aufgedeckt werden, wenn die Fragen scheinbar eher konkrete und eindeutige Antworten erfordern.

Um herauszufinden, was für Sie am besten funktioniert, sollten Sie vielleicht für sich selbst zwei Fragenkataloge aufstellen mit für Sie interessanten Fragen. Einer beschäftigt sich mit der Persönlichkeit eines Menschen, seiner Lebensweise und seiner erlebten Geschichte und der andere erfasst einfache, vielleicht sogar unwichtige Details, wie z.B. die Farbe der Zahnbürste oder Lieblingsfilme im Kino, einfach nur so aus Spaß.

Was immer Sie jedoch fragen, es sollte leicht und schnell überprüfbar sein, damit Sie bald in Ihrer Wahrnehmung sicherer werden, indem Sie von Anfang an echte Wahrnehmungen von Projektion und Phantasie unterscheiden lernen.

Für die Einstimmung über ein Foto können Sie alte oder neue Fotos benutzen, Ganzkörper- oder Portraitaufnahmen, Einzelabbildungen oder Gruppenfotos, um mit unterschiedlichen Herausforderungen spielen zu können. Statt sich auf ein Foto einzustimmen, können Sie auch Unterschriften oder Schriftproben heranziehen. Sie können sich auch über Zeichnungen oder Bilder auf die Menschen einstimmen, von denen sie stammen. Wichtig ist dabei, sich nicht von den Motiven oder der Qualität der Zeichnung oder des Bildes beeinflussen zu lassen, sondern ganz bei den Wirkungskräften zu bleiben.

Sie können sich als Einstimmung auch den Namen, den Wohnort und das Alter einer Person sagen lassen, damit Sie nicht nur die Namensenergien erspüren, sondern sich auf die Energie dieser *individuellen* Person einstimmen können, die genauer lesbar ist.

Sie können sich auf die Wirkungsenergien von Orten oder Menschen auch über Gegenstände einstimmen, die von den

Wirkungskräften des Ortes oder des entsprechenden Menschen geprägt wurden. Voraussetzung ist, dass der betrachtete Gegenstand auch längere Zeit an diesem Ort war bzw. von nur einem Menschen und lange getragen wurde oder zumindest in seiner Nähe war.

Solche Gegenstände können Steine, Zweige oder Sand sein bei Orten, oder Brillen, Schmuck, Kugelschreiber, Schlüsselbund usw. bei Personen. Die Gegenstände sollten möglichst keinen Vorbesitzer gehabt haben, weil die Wirkungskräfte eine Mischenergie erzeugen und klare auf eine Person oder einen Ort ausgerichtete Informationen nicht mehr zulassen.

Genauso interessant ist es auch, sich auf Unterschriften oder Schriftproben einzustellen, wobei Sie sorgfältig vermeiden sollten, graphologische Kenntnisse mit an der Schrift selbst wahrgenommenen Energien zu mischen.

Wenn Sie Ihren Spieltrieb anregen wollen, der für die Entwicklung Ihrer paranormalen Wahrnehmung (aber auch zum Verbessern Ihrer Lernfähigkeit ganz allgemein) sehr wichtig ist, dann versuchen Sie doch einfach so aus Spaß an sich völlig bedeutungslose Eindrücke zu erhalten über Fragen wie zum Beispiel:

- Das Telefon klingelt – wer ist dran?

- Morgen um 16.00 Uhr – wie wird das Wetter sein?

- Welche Kleider könnte ein Freund oder eine Freundin vielleicht heute tragen, wenn ich sie abends treffe?

- Wie wird ein Fußballspiel ausgehen?

- Wie viele Briefe werden im Postkasten sein?

- Ein Brief hat keinen Absender, oder Sie haben ihn nicht erwartet, – was könnte im Brief   stehen?

- Was soll ich heute essen, was wäre am besten für mich, sollte ich überhaupt essen?

- Welches Auto würde besser zu mir passen, wo kann ich ein günstiges Angebot finden?

- Wo wird ein Parkplatz auf mich warten?

- Was wird mein Boss sagen, wenn ich ihn um eine Gehaltserhöhung bitte? Könnte ich ihn günstig stimmen?

- Was wird dieses Jahr, die nächsten 5 Jahre für mich bringen?

Fragen Sie zu allem, was interessant für Sie sein könnte oder eben einfach nur Spaß macht und Ihre Neugierde befriedigt.

Ich habe schon erwähnt, dass ein gemeinsames Üben mit Personen, die ebenfalls motiviert sind, die besten und schnellsten Erfolge bringen wird. Deshalb möchte ich noch einige Vorschläge machen, wie Sie effektive Übungsgruppen zur Entwicklung der Fähigkeiten Ihres »dritten Auges« gestalten können.

Die Größe einer solchen Übungsgruppe sollte zwischen 5–12 Personen sein, damit sie abwechslungsreich und fruchtbar bleibt. Bei zu wenigen Teilnehmern erschöpfen sich Enthusiasmus und Ideenreichtum schneller. Ist die Gruppe zu groß, verzettelt sie sich leicht und hat dann keine Richtung mehr. Man sollte sich optimalerweise einmal wöchentlich oder einmal alle zwei Wochen treffen, um eine Übungskontinuität beizubehalten, die für die Öffnung unseres Unterbewusstseins sehr wichtig ist.

Treffpunkt sollte zwar zu einer bestimmten Zeit sein, z. B. 20.00 Uhr, aber man sollte Raum zum Entspannen lassen, vielleicht bei einer Tasse Tee, so dass das eigentliche Üben etwa 15–30 Minuten später anfangen kann. Für jeden Abend sollte ein Gruppenleiter bestimmt werden – schon beim vorhergehenden Treffen –, der vorbereitet ist und Übungen mit entsprechenden Fragen bereit hält oder sogar Gäste eingeladen hat, die ihre Aura lesen lassen möchten.

Am Anfang eines Übungsabends sollte man sich mit einer kurzen Meditation einstimmen, um das Unterbewusstsein und seine Wahrnehmungsfähigkeit zu öffnen. Ähnliche Meditationen sollten dann auch zwischen den Übungstreffs gelegentlich zu Hause wiederholt werden, selbst wenn man darüber hinaus keine praktischen Wahrnehmungsübungen macht. Die Meditationen aus dem Buch eignen sich dazu ebenso wie meine Übungskassetten, die im Anhang erwähnt sind.

Wichtig ist, dass im Übungskreis keine Diskussion über die mögliche Korrektheit geführt wird. Entweder kann derjenige, um den es geht, Eindrücke bestätigen oder eben nicht. Darüber zu diskutieren hilft nicht, allenfalls ist es sinnvoll, sich nochmals klarer auszudrücken, wenn ein Missverständnis auf rein sprachlicher Ebene vorliegt. Jegliche Diskussion über »richtig und falsch« bringt alle Teilnehmer in den Kopf und stört die weitere Einstimmung.

Um die Übungstreffen interessant zu halten, ist es wichtig, viele unterschiedliche Übungen anzubieten, Übungsgäste einzuladen, einmal ganz wichtige und interessante Informationen zu suchen und ein andermal ganz albern mit merkwürdigen Fragen zu spielen, nur um der Freude willen.

Es hat sich in der Vergangenheit sehr bewährt, dass immer ein anderer Übungsteilnehmer das Treffen vorbereitet, damit nicht nur die Übungen, sondern auch die Atmosphäre und der Stil immer abwechseln und es spannend bleibt.

Wenn die Wahrnehmung von Wirkungskräften immer besser gelingt, kann man solche Treffs dann auch einmal unter das Motto »Wirkungskräfte erzeugen« stellen. Beispielsweise könnte man heilende Energien für die Runde erzeugen oder auch gezielt Wirkungskräfte freisetzen, um bestimmte Ziele zu unterstützen, die für alle interessant sind, z. B. hilfreiche Energien für eine Prüfung oder ein wichtiges Gespräch oder eine Operation.

Nicht hilfreich ist es, wenn diese Abende mit zu viel Disziplin veranstaltet werden. Das dämmt die Motivation stark ein, aber ebensowenig sollten die Treffs zu geselligen Anlässen verkommen, wo das praktische Üben in den Hintergrund tritt.

Interessant kann es auch sein, als Einstimmung oder eventuell als Ausklang einzelne Passagen aus diesem Buch vorzulesen. Es fördert die Motivation und lässt das Unterbewusstsein offener werden für die Impulse aus dem paranormalen Bereich der Wirklichkeit.

Gemeinsames Üben macht Spaß und fördert auch das Gefühl, nicht der einzige Merkwürdige weit und breit zu sein. Es ist wichtig, sich über dieses Thema immer wieder auszutauschen, um sich nicht von den alten üblichen Sichtweisen und Ideen einholen zu lassen.

»Wir sind mehr als unser Körper, mehr als Materie, wir sind unbegrenztes Bewusstsein, das sich frei ausdehnt durch Raum und Zeit.« Daran sollten wir uns täglich erinnern, wenn wir wieder in Kontakt mit unseren wahrnehmenden und gestaltenden Bewusstseinskräften gelangen wollen.

Im Anhang finden Sie noch einmal die Kerninhalte der Meditationen aus diesem Buch, ohne Vor- und Nachspann. Lesen Sie sie nach, um sie gezielt in Ihrem Gedächtnis zu verankern. Es ist wichtig, sie inhaltlich auch in tiefer Entspannung erinnern zu können. Sie können natürlich die Meditationstexte auch für sich auf Band sprechen, wenn Sie einfach nur zuhören möchten.

Ebenfalls im Anhang finden Sie die Kurzbeschreibungen meiner verschiedenen Übungskassetten. Sie sind mit ihren unterschiedlichen Themen und der unterstützenden Rauschtechnik für einen schnelleren Übungserfolg sehr hilfreich, besonders dann, wenn Sie durch einen angespannten Tagesablauf nicht richtig loslassen können und Ihnen die Einstimmung schwer fällt.

Jetzt wünsche ich Ihnen nochmals viel Erfolg und Freude bei der Entwicklung Ihres »dritten Auges«, der paranormalen Dimension Ihrer Wahrnehmung. Freuen Sie sich darauf, wie sehr Ihr Leben sich zu Ihren Gunsten verändern wird, wenn Sie mit den Wirkungskräften unseres Seins bewusst umzugehen verstehen.

Anhang

Meditationssammlung

1) MEDITATION – ERWEITERUNG UNSERES BEWUSSTSEINS

Jetzt, ganz leise in Gedanken sage zu dir selbst und spüre, wenn du möchtest:

Ich möchte mein Bewusstsein und meine Wahrnehmung über die Grenzen meines Körpers hinaus ausdehnen lernen, frei durch den Raum, frei durch die Zeit.

Ich möchte die ganze Größe meines Bewusstseins spüren.

Ich möchte spüren, dass ein Teil von mir überall ist, überall im Raum, überall in der Zeit.

Atme tief ein und aus.

Und jetzt spüre, wie du mit jedem Einatmen größer wirst und dein Bewusstsein sich auszudehnen beginnt wie eine Blase oder ein Ballon, den man aufbläst. Es wird größer und größer.

Spüre, wie der Ballon sich um deinen Körper herum ausdehnt, und immer größer und größer wird.

Spüre, wie dein Bewusstsein sich ausdehnt und immer größer wird, größer als die Wohnung, größer als das Haus, in dem du dich befindest.

Dehne dich noch mehr aus, hinein in den Weltraum. Werde größer und größer, so groß, bis du spürst, dass die ganze Welt in deinem Bewusstseinsfeld ist.

Gehe noch weiter darüber hinaus und spüre, wie die Weltkugel sich in deinem Bewusstseinsfeld dreht, du aber noch viel größer bist. Spüre die Natur, die Meere, die Flüsse, wie sie durch dich hindurch strömen, während die Erdkugel sich dreht.

Dehne dein Bewusstsein noch weiter aus. Mache es so groß, dass auch der Mond darin Platz hat und sich auf seiner Bahn durch dein Bewusstsein bewegt.

Spüre den Mond auf seiner Bahn und spüre die Erde, wie sie sich dreht in deinem Bewusstseinsfeld.

Jetzt ziehe dein Bewusstseinsfeld wieder zusammen, lass es kleiner werden.

Spüre, wie die Erde in dir größer wird.

Lasse dein Bewusstseinsfeld noch kleiner werden.

Spüre, wie Europa deutlich wird in deiner Wahrnehmung und dann das Land, in dem du dich derzeit aufhältst, und ziehe dich zurück an den Ort, an dem sich dein Körper befindet.

Spüre das Haus, den Raum. Ziehe dein Bewusstsein noch mehr zusammen, bis du deine Sinne wieder im Körper spürst.

Atme langsam tief ein und aus und sage dann leise in Gedanken zu dir selbst, wenn du möchtest, und fühle es: Ich kann mein Bewusstseinsfeld ausdehnen – und damit meine Wahrnehmung – beliebig weit durch den Raum, beliebig weit durch die Zeit.

Was in meinem Bewusstseinsfeld ist, kann ich spüren, wahrnehmen, verstehen, begreifen.

Ich möchte mehr und mehr fühlen und erfahren, wie ich mit meinem Bewusstseinsfeld alles einschließen und durchdringen kann, was existiert, um es zu verstehen.

2) Phantasieübung im Wachzustand – Einstimmung auf paranormale Wahrnehmung

Nehmen Sie sich abends oder irgendwann etwas Zeit und stellen Sie sich in Ihrer Phantasie vor, wie sich Ihr Bewusstsein als Wahrnehmungsfeld ausdehnt. Spüren Sie den Stuhl oder das Bett, auf dem Sie sind, das Zimmer, in dem Sie sich befinden. Dann dehnen Sie sich aus und spüren Sie das Haus, danach werden Sie noch größer und spüren das Umfeld. Dann, wenn Sie sich groß und weit fühlen, schicken Sie Ihr Wahrnehmungsfeld zu einer bestimmten Person oder an einen bestimmten Ort, an den Sie reisen möchten, und beobachten Sie, wie sich Ihre Gefühle dabei verändern. Was nehmen Sie wahr? Dann ziehen Sie sich wieder zusammen, bis Sie sich wieder auf dem Stuhl oder dem Bett im gewohnten Umfeld wahrnehmen und konzentrieren Sie sich darauf, die Beweglichkeit Ihres Bewusstseinsfeldes zu erspüren. Werden Sie neugierig und erforschen Sie, genießen Sie diese neue Beweglichkeit und Freiheit und bleiben Sie gelassen, wenn Sie nicht so klar wahrnehmen, wie Sie dies natürlich am liebsten gleich möchten. Ihr Unterbewusstsein spürt Ihre Bemühungen und wird versuchen, Sie erfolgreich zu machen, denn es weiß, dass Sie diese Fähigkeiten besitzen.

3) Meditation – Einstimmung auf Wirkungskräfte

Und jetzt sage ganz leise in Gedanken zu dir selbst, wenn du möchtest, und empfinde: Mein Bewusstsein ist unabhängig vom Körper. Es ist ein Feld von Energie, das sich über die Grenzen des Körpers hinaus ausdehnen kann, frei durch den Raum und frei durch die Zeit.

Alles, was in dieses Feld meiner Wahrnehmung eindringt, kann ich wahrnehmen, eins damit werden und verstehen.

Alles, was ich in mein Bewusstseinsfeld aufnehme, kann ich wahrnehmen und in seiner Wirkung erkennen.

Jetzt atme langsam tief ein und aus.

Und jetzt stelle dir vor, wie mit jedem Atemzug dein Bewusstsein größer wird, wie es sich ausdehnt über die Grenzen deines Körpers hinaus – größer, immer größer.

Spüre, wie dein Bewusstsein den Raum erfüllt, und wie alles, was in diesem Raum ist – Menschen, Tiere, Dinge –, dein Bewusstsein erfüllt.

Und jetzt in diesem Zustand ausgedehnten Bewusstseins, ausgedehnter Wahrnehmung, lasse deine Gefühle ganz still werden – ruhig und still wie ein See.

Und jetzt, in diesem ruhigen See, mache dich bereit, verschiedene Wirkungskräfte zu spüren. Spüre sie in ihrer Existenz, in ihrem Sein, in ihrer Wirkung.

Jetzt spüre die Wirkungskraft »Rau«, eine raue Oberfläche.
Spüre die Wirkungskraft von Rau in deinen Gefühlen. Rau…
Jetzt lasse diese Wirkungskraft wegtreiben.

Jetzt im Gegensatz dazu spüre die Wirkungskraft »Glatt«, eine glatte, spiegelglatte Oberfläche. Glatt…
Lasse auch diese Wirkungskraft wegtreiben.

Nun spüre in deinem Bewusstsein »Spitz«, ganz spitz…
Und lasse auch diese Wirkungskraft wegtreiben.

Und jetzt empfinde »Rund« – rund, harmonisch, rund, kugelrund…
Und lasse auch diese Wirkungskraft wegtreiben.

Und nun empfinde einen runden, aber stacheligen Kaktus, stachelig…
Lasse auch diese Wirkungskraft wegtreiben.

Jetzt empfinde einen runden, moosbewachsenen Hügel.
Spüre das weiche, saftige Moos, einen runden Hügel voller Moos…
Und lasse diese Wirkungskraft wieder wegtreiben.

Und nun empfinde hohe Geschwindigkeit, eine schnelle, vorwärtsdrängende Geschwindigkeit – eine rasend schnelle Wirkungskraft…

Jetzt halte diese rasend schnelle Wirkungskraft an, ganz plötzlich, und komme zum Stillstand – und empfinde Ruhe und Stillstand…

Jetzt, aus diesem Stillstand heraus, empfinde, wie du nach oben treibst, höher und höher, schwerelos nach oben. Es zieht dich nach oben, unendlich hinauf, immer weiter…

Halte diese Bewegung jetzt an und lasse dich fallen, erst langsam und dann schneller, immer schneller nach unten.
Spüre die Wirkungskraft des Falles, schwerelos. Falle tiefer und tiefer…

Und nun bremse diese Abwärtsbewegung ab und schwebe schwerelos im Raum,
leicht und schwerelos…

Lasse jetzt dieses Gefühl von Schwerelosigkeit zu Schwere werden, werde ganz schwer, immer schwerer…

Jetzt löse dich von alldem, werde wieder still in dir, ganz still…

Spüre jetzt eine neue Wirkungskraft: Wie fühlt es sich an, wenn deine ausgestreckte offene Hand gestreichelt wird – von einer Person, die dich liebt?

Stelle dir vor, du sitzt mit dieser Person, die deine Hand streichelt, am Strand.

Es ist noch dunkel vor Sonnenaufgang.

Ihr beide schaut auf den Horizont. Spüre die Hand, wie sie gestreichelt wird, während sich der Horizont langsam rot färbt.

Und nun fühle die Kraft der aufgehenden Sonne, wie sie dich berührt.

Spüre, wie eure Hände zu einer Einheit verschmelzen und eure Seele der aufgehenden Sonne entgegen fliegt.

Jetzt atme ganz langsam tief ein und aus und nimm dieses Gefühl, diese Wirkungskraft in deinem Bewusstsein, mit zurück hierher – in deinen Körper, in deine Gedanken, in deine Gefühle.

Welcher Satz fällt dir in diesem Moment ein? Welcher Gedanke?

4) Meditation – Einstimmung auf die Aura

Jetzt, ganz leise sage zu dir selbst und empfinde, wenn du möchtest:

Ich möchte spüren, dass mein Bewusstsein unbegrenzt ist, ewig und frei. Ich möchte erfahren, wie ich mein Bewusstsein und meine Wahrnehmung über die Grenzen meines Körpers hinaus ausdehnen kann, frei durch den Raum, frei durch die Zeit.

Ich möchte erfahren, wie mein Bewusstsein alles durchdringen kann, was ich wahrnehmen möchte: Menschen, Tiere, Pflanzen, Mineralien, Situationen, Begebenheiten und Dinge. – Ich möchte spüren, wie mein Bewusstsein all dies durchdringen kann und eins damit wird und es in diesem Zustand des Einsseins versteht.

Ich kann eins sein mit allem, was ich verstehen möchte, und kann es damit begreifen.

Und ich möchte dieses Einssein in liebevollem Einverständnis mit allem Sein erleben.

Jetzt atme weiter langsam tief ein und aus.

Stelle dir nun vor, wie dein Bewusstsein sich ausdehnt und größer wird.

Spüre, wie dein Bewusstsein sich aufbläht wie ein Ballon. Größer… und größer…

Dehne dich aus und erfülle diesen Raum.

Durchdringe alles, was in diesem Raum ist.

Spüre, wie alles in diesem Raum in dir ist, ein Teil von dir ist.

Jetzt spüre eine Person, die du jetzt auswählen kannst, die du wahrnehmen möchtest in diesem Raum oder irgendwo.

Stimme dich auf sie ein und nimm sie in dich auf. Spüre sie, versuche mit ihr zu verschmelzen.

Und jetzt, wenn du mit ihr verschmolzen bist, frage: Wer bist du? Ich möchte dich spüren, erkennen und begreifen. Wer bist du? – Bleibe ruhig, spüre und lasse ihre Energie und Wirkungskräfte in dir klingen.

Dann frage sie: Was willst du erlebt haben, bevor du aus diesem Leben scheidest? Was sind deine Ziele? Und jetzt stelle dir vor, wie dieser Mensch zu dir spricht und dir erzählt, welche Ziele er verfolgt und wie er zu diesen Zielen kommen will. Lass dir berichten, welche Lebensqualität er sucht und welchen Lebensstil. Stelle dir vor, wie er es dir erzählt, höre zu, spüre.

Jetzt frage ihn: In deiner Kindheit, welche Energien herrschten da vor? Wie war deine Stimmung damals?

Und dann frage dich: Welche Hände passen zu diesem Menschen?

Stelle dir seine Hände vor. Welche Merkmale hätten Hände, die zu ihm passen würden?

Fühle sie in deiner Vorstellung, fasse sie an, beobachte sie und spüre sie. Sie erzählen dir über sein Wesen.

Jetzt atme langsam tief ein und aus.

Und dann, wenn du möchtest, sage noch einmal in Gedanken leise zu dir selbst und empfinde: Ich kann meine Wahrnehmung ausdehnen, weit in den Raum und weit durch die Zeit. Ich kann mit allem verschmelzen, womit ich verschmelzen möchte. Und in dieser Verschmelzung kann ich es spüren, in meinen Gefühlen empfinden und verstehen. Denn mein Bewusstsein und meine Wahrnehmung und der See meiner Gefühle sind unbegrenzt, ewig und frei.

Jetzt ziehe deine Wahrnehmung wieder zurück zu dir selbst. Spüre wieder deinen Körper, empfinde dich wieder in deinem Körper und atme tief ein und aus.

5) Meditation – Die innere Stimme hören

Jetzt, ganz leise in Gedanken sage zu dir selbst und fühle, wenn du möchtest:
Mein Bewusstsein, das Feld meiner Wahrnehmung kann sich weit über die Grenzen meines Körpers hinaus ausdehnen und die wirkenden Kräfte dieser Wirklichkeit wahrnehmen.

In diesem Feld meines ausgedehnten Bewusstseins kann ich auch die Wirkungskräfte spüren, die in meinem Wesen verankert sind, die ich mitgebracht habe in dieses Leben, um sie zum Ausdruck zu bringen und zu manifestieren – als Lebenserfahrung in allen Bereichen.

Ich kann die Wirkungskräfte meines Wesens spüren und ich kann die Wirkungskräfte hinter der äußeren Form wahrnehmen, hinter Farben, Strukturen, Proportionen, Rhythmen, Formen, Materialien, Klängen und Düften.

Jetzt dehne dein Wahrnehmungsfeld aus, lasse es groß werden, immer größer.

Und dann, tief in deinem Inneren, formuliere die Bitte und die Sehnsucht, die Wirkungskräfte deines Wesens als innere Stimme, als Stimme des Gewissens hören und spüren zu wollen.

Spüre tief in dich hinein und fühle den Wunsch: Ich will dich hören, dich, die Stimme meines Wesens. Ich möchte dich finden, das Wissen um mein Wesen, die Stimme meines Gewissens.

Wer bin ich in diesem Leben?

Was will ich und wohin will ich? Auf welche Weise will ich dorthin?

Und jetzt sei ganz still und lausche.

Die Stimme deines Gewissens spricht zu dir, hör ihr zu: Wie bin ich?

(Einige Momente Pause lassen)

Höre, wie die Stimme deines Gewissens erzählt: Wie bin ich?

(Pause)

293

Und dann frage die Stimme deines Gewissens: Was möchte ich erleben in diesem Leben?

Welche Inhalte sollen mein Leben erfüllen?

(Pause)

Und dann frage deine Stimme: Wie will ich durch dieses Leben gehen?

Welche Gefühle sollen mich begleiten, welche Stimmungen?

Und jetzt beobachte, ob diese Stimme für dich die Gestalt eines Symbols annimmt, das zu dir spricht.

Nimm diese Stimme in dein Herz auf.

Spüre, wie sie sich niederlässt im Bereich deines Herzens, wo sie jederzeit erreichbar ist.

Und dann sage dieser Stimme, dass du dir wünschst, sie möge zu dir sprechen, wenn du sie rufst und wann immer es notwendig ist; dass sie dich lehrt, dich führt, dich in Kontakt bringt mit den Wirkungskräften im Außen, die dir helfen, klarer zu sehen und zu spüren: Menschen, die in dein Leben treten, Umstände, Inhalte, die du liest oder hörst.

Bitte sie, dass sie dich immer begleitet und dich spüren lässt, wann immer du Dinge tust, denkst und vor allem fühlst, die nicht zu deinem Wesen passen, die unwesentlich sind.

Such diese Stimme täglich, auch wenn es nur kurz ist, vielleicht beim Aufwachen und beim Einschlafen. Rede mit ihr, spüre sie, höre sie. Und nimm sie wahr in deiner Umwelt, in deinen Beziehungen und Kontakten, in welcher Gestalt auch immer sie dir begegnen mag.

Jetzt atme langsam tief ein und aus.

Und dann frage diese Stimme, was wichtig ist für dich, heute genau jetzt, für diesen Tag.

6) MEDITATION – SPIEL DER WIRKUNGSKRÄFTE

Jetzt sage ganz leise in Gedanken zu dir selbst und fühle, wenn du möchtest:

Ich kann mein Bewusstsein und das Feld meiner Wahrnehmung ausdehnen, weit über die Grenzen meines Körpers hinaus durch Raum und durch Zeit.

Ich kann Wirkungskräfte im Außen suchen und sie verstehen, und genauso kann ich in diesem Feld meiner ausgedehnten Wahrnehmung und meines erweiterten Bewusstseins Wirkungskräfte in mir erzeugen, sie intensiv und stark werden lassen und über sie meine Stimmung, meinen Körper, mein Umfeld und meine Lebenserfahrung gestalten.

Ich kann mich, mein Sein und mein Leben verstehen und lenken, indem ich meine inneren Wirkungskräfte wahrnehme und ausrichte – und ebenso die Wirkungskräfte, die mein Leben von außen bestimmen.

Jetzt atme langsam tief ein und aus.

Und dann lasse dein Bewusstsein und das Feld deiner Wahrnehmung größer werden. Mache es so groß wie einen Ballon.

Jetzt in diesem Feld ausgedehnter Wahrnehmung und erweiterten Bewusstseins, gestalte in dir selbst Wirkungskräfte und lerne, leicht und verspielt damit umzugehen.

Zunächst spüre und erzeuge in dir die Wirkungskraft »leicht, weit und großzügig«.

Stelle dir Szenen vor, phantasiere, entwickle Bilder, die von Leichtigkeit, Weite und Großzügigkeit geprägt sind.

Leichte weite, großzügige Bilder und Szenen.

Dehne dich aus, hinein in diese Weite.

Spüre, wie du dich durch den Raum bewegst.

Spüre, wie der Raum durch dich hindurchfließt.

Dehne dich aus, ganz weit.

Halte diesen Zustand der Weite und Ausdehnung. Beobachte, empfinde ihn. Dann ziehe dich wieder zurück.

Gehe durch den Raum zurück und lasse die Weite ein wenig schrumpfen.

Ziehe dich zurück, zurück in das normale Maß deiner Ausdehnung.

Und jetzt empfinde, wie dich eine liebende Energie berührt und dir ein Gefühl von Weite vermittelt und gleichzeitig von »Aufgehobensein«.

Eine liebende Energie berührt dich und gibt dir das Gefühl, ganz weit, aber auch aufgehoben und angenommen zu sein.

Die Energie lässt dich frei, macht dich weit und berührt dich liebevoll.

Jetzt denke an eine Pflanze. Betrachte sie in der gleichen Stimmung:

Gib ihr Freiheit, gib ihr Weite.

Gib dieser Pflanze diese Energie, diese Qualität, liebevoll angenommen zu sein.

Und jetzt spüre in dieser Pflanze die Lust am Sein.

Jetzt spüre in dieser Stimmung den Austausch dieser Pflanze mit anderen Pflanzen.

Spüre, wie die Wirkungskräfte hin- und herfließen.

Jetzt, in dieser Stimmung, denke an eine Person, eine Person, die du unterstützen möchtest.

Lasse zu dieser Person die Energie der Weite, des liebevollen Angenommenseins und der Freiheit fließen.

Weite, Liebe, Freiheit.

Und spüre, spüre, wie diese Wirkungskräfte Angst und Enge auflösen und wie neue Ideen einkehren, wie das Prinzip der Wandlung sich zu zeigen beginnt.

Und jetzt denke an eine andere Person, die du kennst.

Denke an diese Person und dann spüre, wie ihr Körper durchströmt wird von ihrem Wesen, wie Lebenskraft und Wesenskraft durch diesen Körper fließen, ihn formen, ihn nutzen, aber nichts mit ihm zu tun haben.

Spüre wie der Körper geformt wird von den Wesenskräften dieser Person – jede Kleinigkeit des Körpers.

Und dann löse dich, löse dich von diesen Wirkungskräften.

Ziehe dein Bewusstsein zurück, hinein in deinen Körper.

Und dann spüre deine rechte Hand.

Spüre dein Wesen, das sich in dieser rechten Hand zeigt und dort Form annimmt.

Löse dich von dieser Hand.

Und dann, tief im Kern deines Bewusstseins drücke, wenn du möchtest, die Absicht aus:

Ich öffne mich für den Fluss der Wirkungskräfte in mir, die aus meinem Wesen entspringen.

Begreife sie, wecke sie und nutze sie.

Ich bin. Ich bin ein Wesen, das wirkt.

7) Meditation – Wahrnehmung gezielt ausrichten

Atme langsam tief ein und aus und dann sage leise in Gedanken zu dir selbst und empfinde, wenn du möchtest: Ich möchte meine Wahrnehmung erweitern über die Grenzen meines Körpers hinaus.

Ich möchte die Wirkungskräfte spüren und begreifen, die diese Wirklichkeit bestimmen.

Ich möchte spüren, was in mir nach außen wirkt, und welche äußeren Kräfte auf mich wirken.

Atme langsam tief ein und aus.

Und jetzt, für dich selbst, entscheide und fühle: Wie soll sich meine erweiterte Wahrnehmung in meinem Leben auswirken? Was will ich spüren? Was will ich sehen? Was will ich hören und begreifen?

Was will ich von den Menschen verstehen? Ist es ihre Vergangenheit, die mich interessiert? Ist es die Motivation hinter den Dingen, die sie tun? Ihre Sehnsüchte? Ihre Möglichkeiten? Ihre Gedanken? Ihr körperlicher Zustand? Ihre vergangenen Leben? Oder sind es die Farben ihrer Aura?

Dann frage dich: Wie will ich meine eigenen Wirkungskräfte spüren, jene Kräfte, die ich ausstrahle, die mein Leben beeinflussen und mein Schicksal?

Auf welche Weise will ich diese Kräfte spüren?

Wie stark will ich mir ihrer bewusst sein?

Dann frage dich in Bezug auf deinen Körper: Wie will ich spüren, was er braucht – was er essen möchte und wie viel? Was er trinken möchte? Welches Umfeld er sucht? Und welche Behandlung er sich wünscht?

Auf welche Weise möchte ich all dies spüren?

Atme langsam tief ein und aus.

Jetzt frage dich: Was möchte ich wissen und spüren über die Welt?

Wie viel möchte ich spüren von dem, was in ihr vorgeht – in der Politik, in der Wirtschaft oder in der Wissenschaft?

Was möchte ich spüren von dieser Welt?

Dann frage dich: Wie stark möchte ich meine eigene Zukunft spüren?

Die nahe und die ferne Zukunft?

Auf welche Weise und wann, bei welchem Anlass möchte ich sie spüren?

Und dann frage dich: Wie möchte ich die Zukunft der Welt spüren?

Was will ich dabei wissen und wann will ich es wissen?

Atme langsam tief ein und aus.

Und jetzt frage dich: Welchen bewussten Kontakt möchte ich haben mit geistigen Freunden und Helfern?

Atme langsam tief ein und aus.

Und dann frage dich: Wie soll meine erweiterte Wahrnehmungsfähigkeit mein Leben beeinflussen?

Was soll sich damit verändern? Was soll sich dadurch entwickeln?

Und dann frage dich: Welche Art der Wahrnehmung möchte ich üben? Und was möchte ich überhaupt wahrnehmen, weil es mir gefällt und mich interessiert?

Atme langsam tief ein und aus.

Und dann sage noch einmal leise in Gedanken zu dir selbst, wenn du möchtest: Ich möchte meine Wahrnehmung erweitern, mehr und mehr, und die erweiterte Wahrnehmung nutzen für eine leichte, gezielte, phantasievolle Gestaltung meines Lebens.

Ich möchte darauf achten, meinen Gefühlen Raum zu geben.

Ich möchte meinen Gefühlen Raum geben, um die Wirklichkeit wahrzunehmen und sie frei zu gestalten.

8) Meditation – Wirkungskräfte in die Zukunft schicken

Atme langsam tief ein und aus und sage dann leise in Gedanken zu dir selbst und empfinde, wenn du möchtest: Meine Wahrnehmung, mein Bewusstsein dehnt sich aus, über die Grenzen meines Körpers hinaus, durch den Raum und durch die Zeit – auch in andere Dimensionen des Seins.

In diesem ausgedehnten Zustand kann ich die wirkenden Kräfte wahrnehmen, die meine Wirklichkeit und jede Wirklichkeit gestalten.

Und indem ich sie wahrnehme, kann ich sie lenken.

Atme langsam tief ein und aus.

Und jetzt stelle dir vor, du wirst größer. Du dehnst deine Wahrnehmung und dein Bewusstsein über diesen Raum hinaus aus, wirst immer größer.

Du dehnst dich aus, weit in den Raum hinein.

Und jetzt beginnst du dich zu öffnen für andere Dimensionen der Zeit.

In dieser Ausdehnung frage dich: Was wird die nahe Zukunft bringen für die Menschen und die Welt?

Was gibt es zu tun für dich in dieser Zukunft und welche Rolle spielen die Hüter und Wächter des schöpferischen Prinzips für dich und in deinem Leben?

Und jetzt bitte die Wächter des Seins um die Zukunft der Welt, die du für sie wünschst.

Und jetzt frage dich: Welche Stimmung ist es, die mich das nächste Jahr begleiten soll – die gut für mich selbst ist und gut für die Welt?

Technisch unterstützte Übungskassetten/CD's für einen leichteren und schnelleren Übungserfolg mit diesem Buch

Auf all diesen Kassetten dienen Dreidimensionale Rauschformen (DRF) und harmonisierende Tonimpulse als technische Unterstützung, um leichter und intensiver in die erforderlichen Übungszustände zu kommen. Rauschformen, die im Kopf zu dreidimensionalen Mustern verschmelzen, Tonimpulse, die unsere Gehirntätigkeit harmonisieren, und Musik, die unsere Gefühle befreit, erzeugen eine tiefe körperliche und geistige Entspannung und bringen Sie direkt in Kontakt mit Ihren verschiedenen Bewusstseinszuständen. In über fünfzehn Jahren Forschung entwickelte ich diese Technik, deren Wirksamkeit nicht nur über Gehirnstrommessungen (EEG) und Hautwiderstandsmessungen nach der chinesischen Akupunkturmethode (Mora-Methode) nachgewiesen wurde, sondern die vor allem von den Seminarteilnehmern als deutliche Hilfe beim Üben während der Seminare und auch später zu Hause erlebbar war. Einige Kassettenübungen beziehen sich inhaltlich direkt auf die im Buch beschriebenen Übungsthemen und helfen Ihnen, sie erfolgreich und leichter zu verinnerlichen. Andere dienen als ergänzende Übungen mit dem Ziel, Ihren Übungserfolg auf eine breitere Basis zu stellen und eine Umsetzung im Leben zu unterstützen. Es sind nachfolgend die wichtigsten Übungen aus dem vorliegenden Buch nochmals aufgelistet und um die dazu passenden Übungskassetten ergänzt. Eine kurze Inhaltsbeschreibung der Kassetten folgt anschließend.

Zum Hören brauchen Sie ein Stereo-Kassetten/CD-Abspielgerät mit Kopfhörer und mindestens 45 Minuten Zeit, in der niemand Sie stören kann. Nehmen Sie sich auch nach der Übung nicht sofort allzu viel vor, damit Sie die Erlebnisse noch nachwirken lassen können.

Kassettenübungen, bei denen Sie neue Ideen in Ihrem Unterbewusstsein verankern wollen, brauchen Sie nicht bewusst zu hören, Sie können dabei einschlafen. Aber für eine intensivere Verankerung der neuen Inhalte ist es sinnvoll, sie 21 Tage hintereinander zu hören (z. B. »Unbegrenztes Selbst«). Bei Kassenübungen, bei denen Sie aktiv Aufgaben durchführen, sollten Sie wach bleiben. Diese können Sie nach dem Lustprinzip beliebig häufig hören, z. B. »Bewusstseinskontrolle«.

Auflistung der verschiedenen Übungen und dazu passende sowie ergänzende Übungskassetten:
Meditation: Erweiterung unseres Bewusstseins, S. 81, 287

- »Tiefenentspannung«
- »Bewusstseinskontrolle«

Phantasieübung im Wachzustand: Einstimmung auf paranormale Wahrnehmung, S. 85, 288

- »Unbegrenztes Selbst«
- »Freies Bewusstsein«
- »Erweiterte Wahrnehmung«
- »Wahrnehmungsausrichtung«
- »Suchen und Finden«
- »Multidimensionales Ich«

Meditation: Einstimmung auf Wirkungskräfte, S. 93, 289

- »Kommunikation der Gefühle I + II«
- »Farbenergie I + II«

Praktische Übung: Erspüren der Wirkungskräfte im Umfeld, S. 118

- »Kommunikation der Gefühle I + II«
- »Farbenergie I + II«

Meditation: Einstimmung auf die Aura, S. 145, 291

- »Erweiterte Wahrnehmung«
- »Wahrnehmungsausrichtung«
- »Suchen und Finden«

Praktische Übung: Erspüren der Aura-Farben und Farbenergien, S. 152

- »Farbmeditation I + II«
- »Heiltransformation«
- »Chakrameditation«
- »Grundpersönlichkeit«
- »Selbsterkenntnis«

Praktische Übung: Einstimmung auf die Energietore des Menschen, S. 174

- »Chakrameditation«

Meditation: Aktivierung der geistigen Prinzipien, S. 204

- »Chakrameditation«

Meditative Phantasien zur Erzeugung von Wirkungskräften, S. 224, 232

- »Neue Perspektiven«
- »Leitgedanken abends/morgens«
- »Ich Bin«
- »Persönlichkeitsgestaltung im Schlaf«
- »Schöpferische Gefühle«
- »Befreiende Gefühle im Schlaf«
- »Gestaltendes Selbst«

Praktische Übung: Gefühle frei wählen, Gefühlsenergien befreien, S. 228

- »Unabhängigkeit«
- »Persönlichkeitsgestaltung im Schlaf«
- »Chakrameditation«
- »Schöpferische Gefühle«
- »Befreiende Gefühle im Schlaf«
- »Lichtmeditation«

- »Loslassen«
- »Selbstbeobachtung abends«
- »Frei von der Vergangenheit«

Praktische Übung: In Gefühlen baden, S. 244

- »Selbstausdruck«
- »Befreiende Gefühle im Schlaf«

Meditation: Die innere Stimme hören, S. 245, 293

- »Intuition«
- »Lebenssinn im Schlaf«
- »Grundpersönlichkeit«
- »Selbsterkenntnis«

Meditation: Spiel der Wirkungskräfte, S. 250, 294

- »Schöpferische Gefühle«
- »Heiltransformation«
- »Selbstheilung passiv«
- »Persönlichkeitsgestaltung im Schlaf«

Meditation: Wahrnehmung gezielt ausrichten, S. 258, 297

- »Gestaltendes Selbst«
- »Selbsterkenntnis«
- »Selbstbeobachtung abends«

Praktische Übung: Kontakt mit geistigen Freunden und Helfern, S. 262

- »Geistige Helfer«
- »Kontakt«
- »Kanal Sein«

Meditation: Gemeinsam in die Freiheit gehen, S. 264

- »Liebe, Freundschaft, Partnerschaft«
- »Intuition«

Meditation: Wirkungskräfte in die Zukunft schicken, S. 267, 298

- »Schöpferische Gefühle«
- »Zukunft in 28«

Zu allen Meditationen und praktischen Übungen gibt es auch Übungskassetten ohne sprachliche Führung, die zwar durch die verwendete Tontechnik einfacher in die gewünschten Übungszustände führen, aber trotzdem Raum lassen für eigene Ideen und einen eigenständigen Übungsverlauf.

Für Wahrnehmungsübungen eignen sich:

- »Vision«
- »Jenseits von Raum und Zeit«
- »Fließen«
- »Meditation«

Für das intensive Gestalten von Wirkungskräften eignen sich:

- »Konzentriert Sein«
- »Kreativ Sein«
- »Meditatives Fließen«

Kurze Inhaltsbeschreibung zu den ergänzenden Übungskassetten/CD's (in alphabetischer Ordnung)

- »Befreiende Gefühle im Schlaf«
Sie lernen grundsätzliche Stimmungsmuster – Kerngefühle – aufzubauen, die Ihnen unabhängig von Ihrer derzeitigen Lebenssituation und individuellen Sehnsüchten mehr Kraft, Motivation und Vitalität geben, Sie vor Verwicklungen mit ungünstigen Energien bewahren und Sie frei machen, Ihr Potential zu leben.

- »Bewusstseinskontrolle«
In tiefer Entspannung lernen Sie Ihr Bewusstsein und Ihr Wahrnehmungsfeld frei auszudehnen und zu kontrollieren. Diese neue Freiheit Ihres Bewusstseins ist die Basis für jede Form von Wahrnehmungserweiterung und später mögliche außerkörperliche Erfahrungen.

- »Chakrameditation«
Sie aktivieren Ihre geistigen Energiezentren, um Ihr Leben mit mehr Liebe, Vertrauen und Selbstbewusstsein, kraftvoller, gesünder und mit mehr Motivation gestalten zu können. Über die geistigen Energiezentren lernen Sie Einfluss zu nehmen auf Ihren Körper genau so wie auf Ihr Bewusstsein.

- »Erweiterte Wahrnehmung«
Sie lernen Ihre außersinnliche Wahrnehmung bewusst und gezielt zu öffnen und Dinge, Orte, Menschen oder auch Situationen wahrzunehmen, die außerhalb Ihrer Sinneswahrnehmung liegen.

- »Farbenergie I + II«
Sie lernen die Wirkungskräfte von Farben klar wahrzunehmen und auch bewusst für Ihre Lebensgestaltung einzusetzen. Gleichzeitig dient diese Übung auch zur Steigerung Ihrer außersinnlichen Wahrnehmungsfähigkeit von Wirkungskräften aller Art.

- »Freies Bewusstsein«
  Aus einem Zustand tiefer Entspannung heraus lösen Sie
  Ihr Bewusstsein und Ihr Wahrnehmungsfeld von Ihrem
  Körper und lassen es treiben oder zu einem bestimmten
  Ziel reisen, mit dem Sie eins werden wollen.

- »Frei von der Vergangenheit«
  Sie lernen Verwicklungen und Abhängigkeiten mit Ihrer Vergangenheit zu lösen, alte Verhaltensmuster loszulassen und frei zu werden für eine von Ihrer Geschichte unabhängige Gestaltung der Zukunft in der
  Gegenwart.

- »Geistige Helfer«
  Sie öffnen Ihre Wahrnehmung für den bewussten Kon-
  takt mit geistigen Freunden, Helfern und Lehrern, die Sie
  ständig begleiten, und lernen deren Impulse, Ideen und
  Energien deutlicher wahrzunehmen und zu verstehen.
  Auch ein Kontakt mit Ihrer Seelenebene ist möglich.

- »Gestaltendes Selbst«
  Sie erinnern sich wieder daran, dass Sie Ihr Leben und
  Ihre Lebensqualität ganz unabhängig von Ihrer Vergangenheit im Jetzt beliebig neu gestalten können, durch die
  Energien, die Sie bewusst in sich aufnehmen und die Sie
  als prägende Energien auch nach außen abstrahlen. Dies
  lässt Ihr Selbstbewusstsein und Ihr Vertrauen wachsen
  und Sie bewusster und umsichtiger mit Ihrem Leben umgehen.

- »Grundpersönlichkeit« *
  Sie lernen sich von Ihrem geschichtlichen Ich zu lösen
  und Ihr Wesen, Ihre Kernpersönlichkeit mit Ihren Sehnsüchten, Fähigkeiten und Möglichkeiten wieder wahrzunehmen. Die erwachenden Kräfte Ihres Wesens geben
  Ihnen Motivation und Klarheit, damit Sie Ihr Leben
  leichter, erfolgreicher und vor allem sinnvoll leben
  können.

- »Heiltransformation«
Sie nutzen die Kontrolle über die gestaltenden Kräfte Ihres Bewusstseins, um die physischen und geistigen Energien Ihres Körpers gezielt zu formen für einen neuen körperlichen Ausdruck, für eine Aktivierung Ihrer Selbstheilkräfte oder zum Aufbau des Körpergefühls und der Körperform, die Sie sich wünschen.

- »Ich bin« *
Sie erinnern sich an die unbegrenzte Kraft und die große Fülle von Fähigkeiten und Möglichkeiten Ihres Wesens und entwickeln Motivation und Kraft, diese wieder entschieden und voll Vertrauen zu leben. Ihr Selbstbewusstsein und Ihre Bereitschaft, Veränderungen im Leben als natürlichen Entfaltungsprozess anzunehmen, wachsen.

- »Intuition« *
In tiefer Entspannung öffnen Sie Ihre Wahrnehmung für Informationen, Impulse und Energien aus den größeren Ebenen Ihres Bewusstseins. Sie öffnen sich für Antworten auf Fragen, Lösungen zu Problemen oder auch einfach für Ideen für sich selbst und eine sinnvolle Gestaltung Ihres Lebens. Sie nehmen bewusster wahr, was Ihr größeres Sein Ihnen sagen möchte.

- »Jenseits von Raum und Zeit«
Klangmuster ohne sprachliche Führung helfen Ihnen, Ihre außersinnliche Wahrnehmung frei durch die Zeit (Gleichzeitigkeit und Zeitlosigkeit) auszudehnen in Vergangenheit, Zukunft oder auch andere Leben.

- »Kanal Sein«
Sie öffnen Ihr geschichtlich geprägtes Ich für Impulse aus den tieferen Schichten Ihres Bewusstseins und äußerer Quellen aus Ihrem Umfeld, so weit sie zu Ihnen passen und Ihrer Entwicklung förderlich sind. Sie lernen diese Impulse zu integrieren und Ihr Bewusstsein durch sie zu erweitern.

- »Kommunikation der Gefühle I + II«
Sie lernen die Ebene Ihrer Gefühle als Wahrnehmungs-,
Informations- und Energieebene zu nutzen und damit
jede Form von außersinnlicher Wahrnehmung und Kommunikation – direkt von Bewusstsein zu Bewusstsein –
möglich und klar verständlich zu machen.

- »Kontakt«
Ihr Bewusstsein öffnet sich – frei von den Grenzen von
Raum und Zeit – für jeglichen Kontakt und Austausch
mit geistigen Quellen von Energie und Information, die
in der jetzigen Lebensphase für Sie hilfreich und wohl-
tuend sind.

- »Konzentriert Sein«
Klangmuster ohne sprachliche Führung intensivieren
Ihre Konzentrationsfähigkeit und helfen Ihnen mit Ihrer
Wahrnehmung klar und ausschließlich bei einer Sache zu
bleiben.

- »Kreativ Sein«
Klangmuster ohne sprachliche Führung helfen Ihnen in
entspanntem Zustand Ihre Gedanken, Gefühle und
Phantasien mühelos treiben zu lassen und einen Kanal zu
öffnen für neue Ideen und Kreativität.

- »Lebenssinn im Schlaf«
Im Schlaf, wenn Ihr geschichtlich geprägtes Ich nicht
mehr aktiv ist, kommen Sie in Kontakt mit Ihrem Wesen,
das Ihnen Antworten geben kann auf Fragen wie: Wie
will ich leben? Was will ich erreicht, erfahren oder geschaffen haben, bevor ich sterbe? Was sind die Kerngefühle, die mich in allen Bereichen in diesem Leben begleiten sollen?

- »Leitgedanken abends/morgens« *
Sie können den Tag sanft und harmonisch ausklingen lassen und aufbauende, Zuversicht spendende und motivie-

rende Ideen mit in den Schlaf nehmen, damit Sie Ihre geistigen Energien wieder ausgleichen und Ihren Körper regenerieren können.
Morgens kehren Sie sanft wieder in die Wachheit zurück und nehmen die in der Nacht entstandene Zuversicht und Entschiedenheit für eine leichte, erfolgreiche Lebensgestaltung mit in den Tag.

– »Lichtmeditation« *
Sie lernen in Kontakt zu kommen mit der Kraft Ihrer Seele, die Sie als liebevolles Licht mit Verständnis und bedingungsloser Zuwendung trägt und auf Ihrem Lebensweg begleitet und schützt. Dieser Kontakt ist eine heilsame und schöne Erfahrung, die Ihren Ursprung wieder in Ihnen lebendig werden lässt.

– »Liebe, Freundschaft, Partnerschaft«
Sie lernen Ihre Gefühle wieder fließen zu lassen und andere Menschen in sich aufzunehmen und zu verstehen. Sie spüren Liebe als verbindendes Prinzip und öffnen sich dafür, zu lieben und geliebt zu werden. Liebe wird wieder zu einer bestimmenden Qualität in Ihrem Leben.

– »Loslassen« *
Sie lernen Verwicklungen mit momentanen Situationen, Menschen oder Umständen, die Ihr Denken und Fühlen beherrschen, aufzulösen und Ihre geistigen Energien neu auszurichten. Es entsteht wieder Raum für neue Ideen, klare Beobachtung und unabhängige Entscheidungen.

– »Meditation«
Klangmuster ohne sprachliche Führung führen Sie in einen Zustand vertiefter Stille. Gedanken und Gefühle kommen zur Ruhe und Sie werden offen für Impulse aus den Tiefen Ihres Seins.

- »Meditatives Fließen«
Harmonisierende Musikkompositionen laden Sie ein, Ihre Gedanken und Gefühle fließen zu lassen. Ihr Bewusstsein wird ruhig und klar, Ihre körperlichen und geistigen Energien ordnen sich und gleichen sich aus. Es entsteht Abstand zum Alltag und Raum für neue Ideen und Impulse.

- »Multidimensionales Ich«
Sie erinnern sich wieder an die größeren Dimensionen Ihres Seins, an Ihre verschiedenen unterbewussten Schichten, Ihre Traumdimension, Ihre astralen Ebenen und die raum- und zeitlose Dimension ihres Bewusstseins. Diese Gewissheit wird tief in Ihrem Unterbewusstsein verankert und öffnet Ihre Wahrnehmung wieder für Informationen und Energien aus diesen größeren Bereichen Ihres Seins.

- »Neue Perspektiven« *
Sie entwickeln neue Visionen und schaffen Raum für Veränderungen. Ihre Bereitschaft, Altes loszulassen, wächst, und Entscheidungen für Neues können klarer und mit mehr Motivation gefällt werden.

- »Persönlichkeitsgestaltung im Schlaf«
Sie lernen Ihre bis jetzt gelebte Persönlichkeit neu zu formen, die größeren Möglichkeiten und Fähigkeiten Ihres Wesens zu integrieren und damit die Basis zu schaffen für eine sinnvolle und erfolgreiche Lebensgestaltung, die Ihrer ursprünglichen Lebensabsicht entspricht.

- »Schöpferische Gefühle«
Sie lernen Ihre Gefühle als gestaltende Energien zu benutzen und damit Umstände, Situationen und Menschen anzuziehen, die Sie sich wünschen und die Ihrem Wesen und Ihrer Lebensabsicht entsprechen.

- »Selbstausdruck« *
Sie lernen die Sehnsüchte, Fähigkeiten und Möglichkeiten Ihres Wesens nicht nur zu spüren, sondern ihnen auch kraftvoll und entschieden Ausdruck zu verleihen. Statt sich den Umständen oder Menschen in Ihrem Umfeld anzupassen, vertreten Sie bewusst und klar sich selbst und Ihre Lebensabsicht.

- »Selbstbeobachtung abends«
Die abendliche Betrachtung des Tagesgeschehens und Ihrer Rolle dabei schafft ein tiefes Bewusstsein über die Art und Weise, wie Sie denken, fühlen und handeln, und das ist Selbstbewusstsein im eigentlichen Sinne. Diese Klarheit hilft Ihnen, Ihre geistigen Energien für eine freie Lebensgestaltung eindeutiger und vor allem bewusster ausrichten zu können.

- »Selbsterkenntnis« *
Sie lernen sich Ihrer Gedanken, Gefühle und Handlungen bewusst zu werden und zu spüren, ob Sie Ihrer Lebensabsicht und Ihren Sehnsüchten folgen oder ob Sie sich von Ihrem Wesen entfernen. Sie werden sich Ihrer selbst bewusst und entwickeln Selbstbewusstsein und Selbstwertgefühl.

- »Selbstheilung passiv«
Beim Hinübergleiten in den Schlaf öffnen Sie sich bewusst für die Heilintelligenz Ihres Unterbewusstseins und aktivieren dort Ihre Selbstheilkräfte während der Nacht. Beim sanften morgendlichen Aufwachen regen Sie diese Heilkräfte nochmals an und nehmen sie mit in den Tag.

- »Suchen und finden«
Sie lernen mit Ihrer erweiterten Wahrnehmung Dinge und Menschen zu finden, sie zu erkennen und zu beschreiben, unabhängig davon, wo im Raum sie sich befinden. Ihre außersinnliche Wahrnehmungsfähigkeit steigert sich und wird präziser.

- »Tiefenentspannung«
Sie gleiten in einen körperlichen und geistigen Entspannungszustand, in dem Sie sich wohl und geborgen fühlen. Der Körper kann sich regenerieren und Ihre Gedanken und Gefühle kommen wieder ins Gleichgewicht.

- »Unabhängigkeit« *
Sie lernen mit Ihren Gefühlen als die stärksten schöpferischen Bewusstseinskräfte unabhängig, frei und souverän umzugehen. Ziel ist nicht mehr, auf das Umfeld oder Ihre Vergangenheit oder sogar die mögliche Zukunft zu reagieren, sondern aktiv und kontrolliert nur den Gefühlen Intensität zu verleihen, die Ihr Leben gestalten sollen.

- »Unbegrenztes Selbst«
Sie werden sich wieder bewusst, dass Sie mehr sind als Ihr Körper und dass Sie Ihre Wahrnehmung frei durch Raum und Zeit ausdehnen können. Diese Gewissheit wird tief in Ihrem Unterbewusstsein verankert und aktiviert Ihre außersinnlichen Wahrnehmungsfähigkeiten.

- »Vision«
Klangmuster ohne sprachliche Führung helfen Ihnen, Ihre außersinnliche Wahrnehmung frei durch den Raum auszudehnen und Orte, Personen oder Situationen wahrzunehmen, die sich Ihrer sinnlichen Wahrnehmung entziehen.

- »Wahrnehmungsausrichtung«
Sie schulen Ihre außersinnliche Wahrnehmung und lernen sie gezielt und ausschließlich auf bestimmte Punkte und Bereiche im Raum auszurichten und damit alle anderen Informationsquellen auszublenden, die unerwünscht sind.

- »Zukunft«
Sie erleben in Ihrem Bewusstsein die Qualität der Gleichzeitigkeit und können Ihre Wahrnehmung von der

Gegenwart aus in die Zukunft hinein richten, die Sie bis jetzt geschaffen haben mit Ihren Gedanken, Gefühlen und Erwartungen. Diese ist aber veränderlich, wenn Sie bewusst in der Gegenwart entsprechend neue Wirkungskräfte erzeugen, aber dazu ist es Voraussetzung, die Konsequenzen der jetzigen Wirkungskräfte für Ihre Zukunft vorher zu begreifen.

Kassettenpreis:	DM 29,80 / € 15,90
CD-Preis:	DM 36,00 / € 18,90
Doppel-CD:	DM 49,00 / € 24,90

Bezugsadressen:

Deutschland: Dynamis-Seminare, Sylvia Barris
Scheffelstr. 65, 76135 Karlsruhe
Tel. 0721-85183, Fax 0721-842895
Email: sbarris.dynamis-seminare@t.online.de

Österreich: Wera Schmölzer, Seminarorganisation
Weissgerberlände 54/II/11, A-1030 Wien
Tel. + Fax (0043-1)-9133557
oder 0699-1-9133557
Email: wera@erfolgsclub.at

Schweiz: Eigenverlag Harald Wessbecher
Verena-Conzett-Straße 7,
Postfach 9628, CH-8036 Zürich
Tel. (0041-1)-2400954, Fax (0041-1)-2427686

---

* auch als CD erhältlich

Weiterführende Literatur

Eine Hilfe, Ihre neu gewonnenen Ideen und Fähigkeiten leichter für Ihren privaten und beruflichen Erfolg zu nutzen

Individualität und Freiheit – *ein praktischer Weg zur freien und intensiven Lebensgestaltung*

Dieses praktische Arbeitsbuch zeigt Ihnen, wie Sie Ihre bewussten und noch unbewussten Fähigkeiten und Möglichkeiten entwickeln können, um möglichst in allen Lebensbereichen erfolgreicher und Ihren Sehnsüchten entsprechend zu leben.

Leicht nachvollziehbare Schritte mit konkreten Übungen helfen Ihnen, sich selbst und Ihr Potential kennen zu lernen und mehr Selbstbewusstsein, Selbstwertgefühl und Selbstvertrauen zu entwickeln.

140 Seiten, leinengebunden, DM 32,00 / € 16,90, Eigenverlag, ISBN 3-928333-02-X

135 Seiten, kartoniert, DM 19,80 / € 9,90, Eigenverlag, ISBN 3-928333-11-9

Die Energie des Geldes – *Finanzielle Freiheit durch spirituelles Geldbewusstsein*

Der Fluss des Geldes wird von klaren, dynamischen Gesetzen gelenkt, die weder mit Zufall noch mit günstigen Randbedingungen etwas zu tun haben. Ihr Ursprung liegt im Menschen selbst. Dieses Buch vermittelt praktische Übungen in leicht nachvollziehbaren Schritten, um Gefühle, Gedanken und innere Bilder auszubauen, die den dynamischen Prinzipien des Geldes folgen und seinen Fluss lenken können.

280 Seiten, Paperback, DM 26,00 / ab 1.1.2002 ca. € 12,95 (Preisänderungen vorbehalten), Integral Verlag, München, ISBN 3-7787-9082-X

Der Mensch als unerschöpfliche Quelle *– Impulse der Ebene II für ein tieferes Verständnis unserer Möglichkeiten.*

Vorträge aus einer größeren Bewusstseinsdimension – der Ebene II – schaffen ein ganzheitliches Bild von unserer menschlichen Existenz. In erfrischender Klarheit werden tiefe Fragen nach unserem Sein beantwortet, Fragen wie:

- Wohin kommt der Mensch, wohin geht er?
- Was bestimmt unser Schicksal, und wie können wir die Freiheit finden, unser Leben selbst zu gestalten?
- Wie können wir unser Wesen und unser Potential entdecken und leben?
- Was ist Liebe, und wie können wir sie in unserem Leben manifestieren?

Ein Buch, das neue Perspektiven vermittelt und inspiriert.

297 Seiten, leinengebunden, DM 38,00 / € 19,90, Eigenverlag, ISBN 3-928333-03-8

Die kindliche Psyche *– Ursprung und Entwicklung menschlichen Bewusstseins*

Gespräche mit einer größeren Bewusstseinsdimension – der Ebene II – vermitteln umfassende Einsichten in das Wesen des Menschen und die Entwicklung und Möglichkeiten unseres Bewusstseins. Aus einer ganzheitlichen Perspektive werden Fragen beantwortet wie:

- Wie entwickelt sich unser Bewusstsein in den Phasen Zeugung – Schwangerschaft – Geburt – Kindheit – Erwachsensein bis hin zum physischen Tod?
- Welche Möglichkeiten hat unser Bewusstsein für eine freie, bewusste und erfolgreiche Lebensgestaltung?
- Woher kommen Krankheiten? Wie sind sie aufzulösen?

- Wie findet man seinen individuellen Lebenssinn? Wie kann man ihn leben?
- Wie kann man Störungen im Bewusstsein erkennen und auflösen?
- Was kann man Kindern für ein optimales Leben mitgeben?

297 Seiten, leinengebunden, DM 42,00 / € 21,90, Eigenverlag, ISBN 3-928333-05-4

Gedanken und Leitsätze – *Ideen der Ebene II zur Meditation und Inspiration*

Eine sorgfältig zusammengestellte Auswahl von Zitaten aus Gesprächen und Vorträgen mit einer größeren Dimension von Bewusstsein – der Ebene II.

Sie inspiriert mit wertvollen Ideen und Informationen unser alltägliches Bewusstsein, regt zum Nachdenken an, rüttelt an unserem Wertesystem, hilft bei Lösungsfindung von Problemen und dem Fällen von Entscheidungen.

Auf der Suche nach Antworten kann Sie dieses Buch inspirieren und intuitiv neue Wege zeigen.

88 Seiten, leinengebunden im Schuber, DM 34,00 / € 17,90, Eigenverlag, ISBN 3-9520804-1-1

Die Bücher sind (bis auf *Die Energie des Geldes*) im Eigenverlag Harald Wessbecher erschienen und im Buchhandel in der Regel auf Bestellung oder bei den unter den Übungskassetten/CD's genannten Bezugsadressen erhältlich.